入会・入会権と
ローカル・コモンズ

北條　浩〔著〕

御茶の水書房

入会・入会権とローカル・コモンズ　序

序

本書は、英文用として作成した、二つの異った入会地について、旧部落有の入会の歴史（一つは、長野県下高井郡山ノ内町平穏、財団法人・和合会。二つは、山梨県南都留郡山中湖村の浅間神社入会と北富士数村入会）を概説し刊行したものに若干手を加えて掲載するとともに、これを入会の具体例として依拠しながら、入会・入会権について簡単に解説して、さらに二〇〇九年にコモンズ研究でノーベル賞を受賞したE・オストロム教授のコモンズ研究（Elinor Ostrom, Governing the Commons : the Evolution of Institutions for Collective Action. Cambridge University Press, 1990.）で有名になった、日本でのコモンズ研究を、民法・法社会学から、その接点をさぐるとともに批判したものを併載した。

入会研究とコモンズ研究とが、どのように重なり合うかは今後の問題である。

コモンズ研究――とくに、ローカル・コモンズ研究――のフィールドワークの多くは入会に関係する。したがって、コモンズ研究においては、その学際的研究のいかんにかかわりなく、これまで法社会学において行なってきた入会権研究の理論と実証をどう批判的に理解しなければならないかは重要な課題である。とりわけ、川島武宜・渡辺洋三氏の入会研究は理論と判決研究ならびに実態調査の上に立つもっとも精度の高いものである。しかも、この実体調査には紛争、裁判に直接関係する実践的解明が行なわれているから、コモンズ研究者にとって、これの理解と克服は容易なことではないであろう。

さらに、福島正夫氏の入会研究は、法制定過程の史実と実態調査の両様や、「鑑定書」の作成も行なわれている。これの理解や克服も容易なことではないであろう。

しかし、近時において、私は、この川島武宜入会理論と渡辺洋三入会理論にたいして、その近代化論とともに問題を提起しているので、なおさら、入会研究は複雑なかたちをとることになる。したがって、ローカル・コモンズ研究にあたっては、フィールドワークの多様さと、多くの積み重ねとともに、これまでの入会理論の再検討がさらに求められることになる。

念のために付言すれば、入会は貧困な知識しか持たない――全く知識がない者もいるであろう――多くの法解釈学者の手に成る民法概説書では正確に理解することができないからである。むしろ、誤った知識を与える場合が多い。かつて、ドイツの法律学者ギールケ（Otto von Gierke. 1841～1921）は、形式的概念法学が形式的分析的論理のために法律学が法律技術に到ったために、これらからは法の本質・実質を把握することはできないと指摘した。末弘厳太郎・川島武宜氏も同様に指摘している。研究者であるならば、このことを十分に理解し、認識して入会を把握すべきであろう。

なお、本書は私の入会研究の帰結点ではない。私の入会研究の集成は、ひきつづき刊行を予定している『入会権論―法解釈学と法社会学―』である。

入会・入会権とローカル・コモンズ　目次

目次

一　入会と入会権

一、入会

入会ということばは、『民法』の教科書的解釈においては、㈠村々が共同で土地・水等を使用する場合と、㈡領主の土地か他村の土地を使用する場合、に使用されている。

入会権は、明治三一（一八九八）年に『民法』を制定するときにおいて、入会権についての起草委員の趣旨説明と、これにたいする委員達との論議で例示されたものがある。その例示の多くは産物の採取である。しかし、例示はそれにとどまるものではないから、論議のなかで例示されたものが入会の対象のすべてというものではない。また、『民法』二六三条のように、土地所有を権原とする土地そのものを独占的に利用するとなると、ここには他の村が利用できなくなるために村々で利害が対立する。そのために、村々の協定によらなければならない。入会地は村々の共同支配地だからである。

これにたいして、徳川時代に村が「村持」として独占的に支配・所有し利用している土地は、多くの場合――そのほとんど――地元では、入会ないしは入会地というようにはよんでいない。また、この土地での使用・収益も入会とはよんでいない。村持地は、その村の所有地であるからにほかならない。村持地を、現在の入会についての法律的解釈では入会というようによんでいるが、これは、入会の歴史的規定性では正しいとはいえない。村持地は徳川時代では村所有であり、明治時代以降では部落所有、あるいは村落的団体所有とよぶべきである。しかし、以下においては、今日の学術的ならびに裁判の一般の法律的解釈にしたがって、村持地も入会のなかにいれてよぶことにする。なお、入会については多くの呼称をみる。

入会の起源については明らかではないが、上代の文書に「入会」という文字があるところから推測すると、かなり古い時代に権利ないしは形態として法制度上で入会は確認されていたのであろう。しかし、その態様がどのようなものであったのかは明らかではない。

人々が特定の土地に定着し、ここで生活するようになると、しだいに集団をつくり集落をつくるようになる。自分が必要とする土地ならびに水を確保し、生活や耕作・生産にも直結する資源を確保するために、集落全体が協力して、距離的にも資源的にも集落の近くにある林野地を集落共同のものとして確保し支配するとともに維持・管理にあたる。これがのちの「村持」であり村所有なのである。

封建的領主体制下に展開する村落制度は、領主が集落を村として捉え、支配に都合のよい公法的な単位として編成する。しかし村は、生活を協同する集落組織を原基形として維持しているものなのであるから、領主との関係において規律される村法とは別に集落の自治規範をもっていた。その多くは不文律であり、今日、法律学の用語において慣習とよばれているものである。

入会もその一つである。入会は大きくわけて、村だけの入会地と他村入会とにわけられる。村だけの入会地の多くは集落に接続している。接続するといっても、広大な山林・草地を持つ場合が多い。これらの土地は、いずれも生活をしていく上において必要とするものの供給源であり、この土地の産物がなければ生活していくことができない大切な土地なのである。したがって、この土地の資源を絶やすことがないように、村中で保護・管理につとめていた。山見《やまみ》という制度をつくり、山野を見廻る者は、たんに経験があるばかりでなく、指導や取締ることができる村の実力者があたっていた。水についても同じである。

山林野からは、通常、日常の生活に必要な薪材などの燃料に用いる林産物等の採取はもちろん、肥料や動物の飼料にする草の採取、建築材やその補修材料、炭焼きに必要とする燃料や炭材とする林木の給源である。養蚕・製糸を行なっている家にとってはこれに必要な材料。また、薪や炭を売っているときには生活資材をはるかにこえた林木を必要とするであろう。さらに、土地そのものを利用することがある。いわゆる「割り地」である。このほか食材などの採取もある。村の山林野への依存は、これらの事例に尽きるものではない。生活・生業の変化によって、入会地の利用も変化するのである。原野の利用についても、生活・生業とのかかわりで変化する。

もちろん、入会は――したがって村（部落）支配・所有・用益権等は――山林野に限られるものではなく、水関係――たとえば、海・湖・池・川・地下水（水・温泉）――や、その他についても存在する。これらがあまり知られていないのは、ただ単に学術研究が山林に比べて少ないというからに過ぎないからである。『民法』において、部落所有地については第二六三条の「共有の性質を有する入会」と規定した。それにもかかわらず、一般的にいって入会ということばを部落所有地（旧村所有地）にたいして使用していない。さきに述べたように、入会というのは、村所有地以外の、他村との関係において使用するか、もしくは、土地所有が異なるところでの使用・収益について使用されていた。紛争が生じたときに初めて部落所有地が登記簿上どのような名義になっているのかを知る。また、自分達の土地が『民法』上の入会の規定のもとにあることを初めて知るのである。

徳川時代においては、一般的に「村持地《むらもちち》」といわれている土地にたいして、村人《むらびと》は入会とはよんでいない。紛争のときも村持地なのである。これにたいして、他村との間で支配し共同で使用・収益ないしは土地の利用を行なう場合には、土地が共同所有であるか、または他村の所有であるか、にかかわりなく入会とよんでいたのである。また、領主が直接支配する「御林《おはやし》」、あるいは「御巣鷹山《おすたかやま》」などの山林において使用収益する場合には入会とよんでいたこともある。これらについては、領主によるきびしい管理制度のもとに置かれていた。このうち、「御林」については、領主が良材を確保するために支配するのであるから、良材がなくならないかぎり領主の支配はつづく。この典型的な例は、尾張藩が檜をはじめ四木（合計五木）を禁伐として支配していた木曽山林をあげることができる。これにたいして、領主が鷹を使用して鳥類や動物をとらえさせる「鷹狩り」といわれる倍侈のために、鷹の生棲場所一帯の立入り禁止あるいは制限し禁伐林にする「御巣鷹山」では、鷹がいなくなれば、あるいは領主が倍侈を止めれば禁伐林も立入りも解除される。しかし、この土地が村持地であれば、領主の直接支配が解除されれば村持地の旧に復するために入会とはよばない。領主支配が続き、制限つきではあるが、使用・収益が認められている場合には、入会とよぶことがある。領主の直接支配地であるにもかかわらず、入会が認められているのは、「御林」や「御巣鷹山」が、かって村所有もしくは数村入会であった場合か、山林保護のために使用・収益を認めているからにほかならない。ということは、これらの山林にたいして、なんらかのかたちで人の手が入らないかぎり、木の育成や自然の状態を保持することができなくなるからである。倒木・落枝、木にからまる蔦《つた》などの除去、不要な木の除去などについては採取することができる。

村所有の山林ならびに入会山林においては、植林が行なわれているが、木を伐採して売却するという営林を目的とした材木の育成をしているところは少なく、山林は生活・生業の資源というばかりでなく、村の生活・生存のための存在として、治山・治水等や、いわゆる環境保全のために保護・管理が行なわれていた。これは、明治時代に部落となっても同じである。

徳川時代における入会の紛争は全国的にかなり多くみられた。この紛争の特徴は、入会村々に入会の権益があるか、ということと、その内容がどのようなものであるのか、ということである。入会紛争は、山林原野ばかりでなく、川・湖・池・海等でも争われたのである。入会村々が他の入会村々と入会境界をめぐって争われたのも多い。一つの地域に一〇〇か村以上が入会したという例もある。この、数か村（あるいは一〇〇か村）を単位とする入会は、それぞれの村が所有する村持の山林原野では、とうてい生活や生業資料を採取することができないために、村々が共同で広大な山林原野に入会うことになったのである。

数村入会は、その権利主体が村であるから、入会についてのとりきめ（規範）は入会村々が全体として合意しなければならない。このとりきめの重要なものは、木の伐採と草の刈り取りや土地の利用である。木の伐採について厳重な規制を設けるのは、自然保護・資源の確保である。森林では、不必要な木を伐採することは森林の保護につながる。間伐がその一つである。したがって、森林において絶対に木を伐ってはならない、というものではない。森林を維持するためには不要な木を伐採をしなければならないが、その不要な木を認定するのが村々の合意によるものなのである。森林資源を枯渇させないために不必要な木を伐採するのである。水源を涵養したり、土砂の扞止にもつながる。草の採取については、採取時期・時間・方法が定められているのは、草を必要とすることについて、平等の原則によって行なうことが基本的条件だからである。一権利者（一戸）について一人だけの採取しか認めない。あるいは、刈った草の搬送については、人力による、というのもその原則が適用されているからである。ときには、刈った草を譲渡や転売することを禁止することもある。いっせいに（山の口明けには）草を刈ったあとは、いつでも自由に立入り草を刈ることができる例も多い。草といっても、下草については制限がない場合が多い。下草を刈ることは材木の生育につながるから、いつでも下草を採取してもよいということになる。

民法概説書に書いてある「小柴」の採取は立木の保護、したがって森林の保護につながるのであるから、下枝の採取とともに自由な採取が認められる。民法概説書にしばしば書かれている、いっせいに・共同で、採取するというようなものではない。これはことばの混同ではなく、概念の混同であり、無知に基因する。

入会森林については、入会村が皆伐したということはほとんどない。徳川時代においては、領主がその利益のために森林を皆伐するという例は多くみられる。また、明治時代以後においては国が森林を皆伐することが多くみられる。これは、大森林経営者にとっても同じである。しかしながら、今日にいたるまで、入会林野では林木の伐採が皆伐的に行なわれ、森林が荒廃したという例をみないのである。

入会林野の多くは雑木林である。いわゆる美林は少ない。この雑木というのは檜や杉などの領主や国家に必要とする林木以外にたいする用語で、明治政府以来の国策による特定樹種――たとえば、槻・栗・樫・ブナ・ショージ（明治四年）、杉・檜・松・栂など（明治五年）――以外のものを指している。木の大きさや、国策による富国強兵・国防国家策に指定された木以外の木が、どのような効用があるのかにかかわりがない。雑木ということばは、木が細いとか、用途がないような、あるいは価値のないような木をあらわすのが一般的なイメージとしてあるが、実際はそうではないのである。村にとっては、もっとも重要な木なのである。入会林野のなかには、杉や檜の植林が行われているところもあるが、これは、封建領主や、明治国家以来の富国強兵策による国策上から強制的に植林されたものが多いのである。

この、国防国家策については、明治政府が明治四（一八七一）年四月三日に太政官達として出したなかに、「軍艦製造」用として、槻・栗・樫・松・ブナ・ショージをあげている。これらは良木のうちに入る。また、七月の『官林規則』では、「国家必用ノ品」（第四条）として、「松・杉・檜・栂・槻・樫・栗・樟・山毛欅ショウシ等」をあげ、これらの樹種は私林にも適用されることが指示されている。これ以外の木は、国防国家に役に立たないところから、いわゆる雑木となる。この思想は、国防国家策が消滅した今日においても、依然として農林省（農水産省）にうけつがれ、さらに、『入会林野近代化法』（昭和四一年・一九六六年）の実施にかかわった多くの民法学者らにも無批判的に引き継がれているのである。

雑木林は、入会林に特徴的な山林の形態である。かっては、入会民が、この雑木林に日常生活に必要とする品々を得ていたばかりでなく、生業に必要な品々を得ていたのである。草地についても同じことがいえる。と同時に、水源涵養・土砂扞止・気候調節の役割りをはたしていた。それはまた生態系の維持にともなう生業のために資源の確保でもあった。こうした点について民法概説書ではほとんど触れていない。故意にネグレクトしているのではない。知らないのである。とくに、近代化を主張する者に多い。

徳川時代の一村持の林野――明治時代の合村後においては部落有林野――にたいして、林野利用について厳重なおきてがあったのも、たんに、村民（入会権利者）の生活資源ならびに生業のための資源の保護のためばかりではなく、生活環境の保護という面があったからにほかならない。

数村入会についても、入会の原理は同じである。入会村々できめられたとりきめは入会村のおきてとなる。乱伐・乱採を防ぎ、生活と生業に必要な資源の永続性を確保することは当然であるが、森林のもつ効用を維持するためでもある。

村々では、特定の大地主を除くと、個人所有の大きな林野はほとんどない。草地にいたっては、大地主といえども所有していない。入会村民は、必要とする木を入会林に求める。材木の伐採には村民の総意によらなければならない。入会林だからといって自由に木を伐採することはできないのである。木の伐採を必要とするかどうかの判定は「山見」といわれている監視員の判断による。木の伐採については、通常、伐期のきた木と、間伐木が対象となる。それらがない場合には、森林の状態をみて伐木の選定が行なわれる。伐木のあとでは植林することが行なわれることがあるが、多くの場合、天然更新である。しかし、天然更新といっても、木の生育に必要とする作業は行なわれる。間伐もその一つである。また、下草刈りや小柴の採取、あるいは不必要とする枝の打技も行なわれる。これらは、いずれも生活・生業にとっての必需品だからである。

多くの民法学者が概説書（教科書）において、入会について、その権利を「小柴・下草の採取」という収益行為であると記述しているが、これは、入会の多大な効用性についてまったくなにも知らないことを示しているだけである。小柴というものがどのようなものであるのか、下草というものがどこにあり、どのようなものであるのかを知らないで、下草と草地の草とを同一のものと思っている無知な例である。草地の多いところでは、新しい草が成育する前には枯草の原野にほかならない。原野の多いことは、草の需要の多いことをあらわしていることにもつながる。草を刈る時期がはるかに過ぎたときに草地をみて、これを自然のまま放置されている荒地とみる民法学者もいるくらいであるから（たとえば、『入会の研究』の著者・戒能通孝氏。山梨県山中湖村入会裁判での証言）、総じて、民法学者は入会の実態や効用についてなにも知らないのである。

今日、入会林野の多くは、入会地に存在するもの、とくに林産物を直接に生活や生業の資料とすることが少なくなってきている。入会林野は、旧時におけるように、入会村民の再生産――また、村の再生産――のために絶対的に不可欠な存在であったのとは大きく異っている。だからといって権利が失われるわけではない。しかし、入会林野の他の側面である自然環境の重要性はこの方面において、依然として重要な存在として残っているのである。国・行政庁は明治以来、入会集団以外の組織や団体、地方自治体には、多額の補助金を支出しているが、入会集団には補助金を支出したことはない。入会集団では、国・県の補助がなくとも、自然保護を行なってきていたのである。

二〇〇九年にコモンズ研究でノーベル賞を受賞したE・オストロム教授は、その著において、日本の入会地が荒廃している例をみないと記している。(1)以下、長文にわたるが、富士山麓の旧部落について記述したところを掲出する。

日本では、何世紀にもわたって、広大な入会地が（現在にいたるまで）存在しており、地方の村落の組織によって規制されてきた。M・マッキーン教授（Margaret A. McKean）著は、日本の伝統的入会地に関する重要な研究書（一九八六）において、著者は、徳川時代（一六〇〇～一八六七）には、約千二百万ヘクタールの山林および耕作されてない山林原野が何千もの地方村落によって入会として所有され、管理されていたと推測されるとし、約三〇〇万ヘクタールは現在もそのように管理されていると推定している。近年、入会地を売ったり、貸したり、分割したりした村々は多いが、M・マッキーン教授は、「入会として存在している間に、環境的破壊をこうむった入会の例を一つも自分は見出さなかった」

としている。

M・マッキーン教授は、日本における財産法の発展の概観を提示するとともに、入会地の規制（または管理）に関して、日本の三つの村落――平野・長池・山中（山梨県山中湖村）――で用いられた規則、監視方法および、罰則の具体例も提示している。M・マッキーン教授が調査した村落の環境条件は、Torbelの調査したものにきわめて類似している。村落はけわしい山あいに形成され、多くの異なる微気候がみられる。百姓たちは、彼らの所有する土地を耕し、稲（米）や園芸野菜を作り、馬を育てる。日本の入会地は、多種の貴重な山林産物――木材、萱ぶき屋根および織物用の萱、さまざまの家畜の飼料、肥料としての腐食した植物、薪、木炭等を含む――を生産する。共同保有されている土地は、個人所有財産よりも共同財産を助長するものとして、Nettingが示した、前述の、五つの条件に合致する。

もっと前の時代には、各村落は、その村落において、政策決定権を付与された、すべての「家」の家長より成る会議によって運営されていた。政治的権利の基となるものは、各村ごとに異なっていた。諸権利は、土地の耕作権、租税の義務、あるいは、土地の所有権など、さまざまなものに基づいていた。ほぼすべての「家」が、政治的権利および入会使用権を所有している村落も存在していた。また、それらの権利の所有が、より少数（の「家」）に限定されている村落も存在していた。

村落の近くの耕作されてない土地の所有は、土地支配人および地方武士がかかわる、いくつかの中間的段階を経て、皇室から村落へと委譲された。今日我々が耕作地の「所有権」とみなす権利のほとんどを、その土地に住み、その土地を耕作している百姓に付与することを定めた、土地改革がおこなわれた一六世紀の末期に、全国的地籍測量がおこなわれた。これ以前の制度での、広大な地所の所有者は、いくつかの村で代理人を雇い、その代理人たちに、非耕作地を利用する権利を規制する権限を与えた。村落は、これらの土地に対する権利を主張していたゆえに、どの土地が個人所有であり、どの土地が共有地であるかの明白なイメージを共有していた。村落は、共有地は、それに依存する百姓たちの長期的利益に役立つよう、管理を要するという立場をとった。

伝統的な日本の村落では、「家」が最小の単位であった。しかし、数軒の「家」から成る「組」というものが、入会地に関する経理と分配の単位としてしばしば使用されていた。各村は、正確に記録され、特定（または定義）された数の「家」を有した。村の許可なしに、一つの「家」が複数の「家」に分割することはできなかった。共有の土地を利用する権利は、側々の村人にではなく、「家」ごとに与えられたのである。それゆえ、家人の多い「家」が有利となることはなかった。却って、入会地へのアクセスに関しては、相当の不利益となった。

人口の増加は非常に低かった（一七二一～一八四六の期間で、〇・〇二五％）。また、各村落内の、所有のパターンは、安定していた。

すべての土地の所有の状態を明確に定めるばかりでなく、入会地から産出される貴重な産物の一つ一つについて、一軒の「家」が採取できる量や、採取の条件などについて、村落の集会は、詳細で、具体的な規則を定めた。これらの村落で使用された規則は、スイスの村落におけると同様、それぞれの環境に応じて作られており、山林の産物がその地方独自の経済に果たす役割に適応するように作られ、労働力の投入、資源単位の産出量、および、規則の遵守、を監視する費用の軽減をはかる必要に応じて作られていた。一つ一つの産物の採取日をいつにするか決めるのは、通常、村の首長の責務であった。収穫量の豊富な産物については、採取日は、その産物が完熟し、増殖したことを保証するために設定された。採取量については、制限が設けられなかった。希少産物については、さまざまな採取規則が用いられた。一村落における、一つの限定された備蓄場から、役畜（荷車を引かせる動物）に与える冬の飼料の分配に関する規則を例にあげておく。

各「組」は、一年ごとの輪番制により、一区画をわりあてられる。各「家」は、一人、ただし、大人一人に限る、を出さねばならない。定められた日に、各代表は、冬の飼料入会地のなかの、当該区画に出向き、飼料の刈り取り開始を告げる寺の鐘の鳴るのを待つ。しかし、草は、大きな鎌で刈るのだ。それぞれの組の区画内で、その組の人々が、ばらばらの場所で、大鎌をあちこちに向けて振りかざすのは危険だ。それゆえ、各組の人は、その組の区画の、こちら側の境界線上に一列に並び、反対側の境界線に向かって前進するが、まるで、大きな農作業のドリルのように、全員が足並みをそろえて鎌を振るのだ。刈られた草は乾燥させるためにその場においておく。……その後、各「家」から二人の「代表」が飼料入会地に入り、草を、同じ大きさの束にたばねる。各組の束は、一カ所にまとめられ、その中で、各「家」に分配される、均一の量の束が、家の数だけ作られる。各「家」がどの束を受け取るかは、くじ引きで決められる。

村人たちは、入会地の収穫を助長し維持するため、共同の作業を行うことを義務付けられる――毎年の焼畑、特定の材木の伐採や萱の収穫など。各「家」は、これらの作業に貢献する義務がある。入会を維持するための共同作業への参加を各「家」に義務付ける、成文化された規則があった――毎年の焼畑（前もって九フィートの防火帯を作る・炎を慎重に監視する・炎が防火帯を超えてしまったときに必要となる消火活動、を含む）、山開きの日に、収穫作業に参加する、または、材木や萱を伐採するなど――。義務を逃れようとする「家」が見逃されることがないように、誰がどのような貢献をしたかについての記録が残される。病気、家族の不幸、または、労働のできる大人がいないため、定められた作業を免除される、ということのみが、共同の労働の義務を免除され得る理由（口実）として認められた。……しかし、容認され得る口実がない場合は、罰が与えられた。

各村は、それぞれの監視と罰則の制度を考案した。山は、特定の期間を除いて、通常は閉じられているので、その期間以外の時期に共有の地区に入ってつかまれば、その者は、規則に従っていないということが明白であった。多くの村では、「探偵」を雇った。探偵は、二人一組で、馬に乗って入会地を毎日パトロールし、無許可で入会地に入り、使用する者を見つけ出すのだ。いくつかの村では、この探偵の仕事は、「若者にとって、最も格式が高く、貴重な地位の一つ」と考えられていた。また、いくつかの村では、資格を持つすべての男子が、一定の基準に基いて、輪番で、これらの役職に就いた。一つの村では、正式の探偵を使わず、一種の「私人逮捕」の方法に依存し、誰でも、規則違反を通報することが認められていた。

各村の成文法によると、入会を守るための規則に違反した場合、違反者の過去の行為に応じて罰則を段階的に重くする制度を設け、時たま、違反を犯した場合は、探偵が目立たぬように、単純に処理した。「探偵が、違反者から現金や酒を要求し、それを自分の遊興費として使うことは、全く当り前のこととみなされていた。」。探偵に支払う罰金に加えて、違反者は、不法に収穫した産物、道具、および馬を没収された。村が不法に収穫されたものを（差し押さえ）保持した。違反者は、道具と馬の返還を受けるには、罰金を支払わねばならなかった。罰金は、違反の深刻さの程度と、違反者が適切で迅速な弁償を行う意志の有無とを反映して、非常に低いレベルから、極めて高額なレベルまで、段階的に設定された。最も重篤な罰則として設けられ、時折、実際に課せられる罰として、完全な追放、つまり、究極的に村から追放する、というものがある。

規則の遵守の程度は非常に高いが、違反は確かに起きた。M・マッキーンは、何種類かの違反を報告している。山開きの日まで、収穫を待てない、という理由。ある特定の植物の収穫のために、入会地を正式に開く期日の直前には、探偵は、平常時より多くの違反者が出ることを想定し、実際に捕まえている。それゆえ、探偵たちは、酒の備蓄が多くなった。

規則違反の二つ目の理由は、村の首長の経営上の決定にたいしての、正真正銘の異議だ。M・マッキーンは、この種の違反について次のような例を示す。

平野での、元探偵で、現在は、尊敬されている村の長老が、或る日、閉じられた入会地をパトロール中に、一人や二人ではなく、三〇人の侵入者にぶつかった。――そのなかには、名だたる家の長も含まれていた。その日は山開きの日ではなかったが、彼らは、私有地で栽培している園芸野菜を支える蔓棚を作る、特定の棒を切る目的で、大勢で入会地に入った。もし、彼らが早急に、その棒（柱）を切ることができないと、野菜全部の収穫が失われる恐れがあった。彼らは、村長が、これらの野菜の収穫のために必要な時期よりも遅く、山開きの日を設定したことは、誤りであったと信じて行動した。

この例の場合、罰金が課せられたが、それは、通常の酒による支払いではなく、村の学校への寄付という形をとった。M・マッキーンは、結論として、これら各地方で考案された規制が長期間にわたって成功していることから、「外部から強圧的に入会の規則を課することは不必要である」ことを示していると強調している。

注㈠

農業生産を補うための基本的な山林産物を得る方法として、村の入会地に、もはや、依存しなくなった村落は、しばしば、その入会地をリースし、その収入を、村の他の企画の財源として使用してきた。リースの使用については、Sharma（一九八四）およびM・マッキーンの著書を参照されたい。

注㈡

速見（一九七五）は、他の多くのアジアの国々と比較して、日本では、村の組織（構成）が近現代の発展に大きな強みとなったことに論及している。同じことは、Sharma（一九八四）によっても強調されている。Sharmaは、村の行政にあらゆる階層・身分の村人が広く参加し、その結果、村レベルでの組織構成技術が存在することになったと述べている。

以上によってあきらかなように、E・オストロム教授は日本の民法概説書の著者よりも――ときには、法社会学者の入会にたいする認識よりも――、入会についてはるかに、正確な知識をもっている。それは、その基礎的な研究をM・マッキーン教授に依拠していたからにほかならない。(2)

(1) ELINOR OSTROM Governing the Commons, Cambridge University Press 2010. なお、山中《ヤマナカ》という部落の読み方を誤っていたので訂正しておいた。

(2) この問題と社会組織については、同一地域を調査し、マッキーン教授の記述のもとになった上村正名『風俗・習慣の社会構造』（御茶の水書房）を参照されたい。

二、入会権

入会権が制定法上で明確に規定されるのは、明治政府成立後の明治三一（一八九八）年の『民法』制定においてである。すなわち、『民法』は入会権をつぎの二か条に規定した。

第二六三条（共有の性質を有する入会権）共有の性質を有する入会権に付ては各地方の慣習に従う外本節の規定を適用す。

第二九四条（共有の性質を有しない入会権）共有の性質を有せざる入会権に付ては各地方の慣習に従う外本章の規定を準用す。

『民法』が制定される以前の明治時代において、入会の権利を争った紛争では、裁判所は入会を物権的権利として判決している。これは、徳川幕府体制下の裁判においても同じである。『民法』が制定されても、それまでの判決を変更したり修正したりする必要は、この規定によってまったくなかった。なお、裁判制度として頂点に大審院を置き、職制を整えたのは明治八（一八七五）年である。

徳川時代における入会の紛争と、領主・幕府による判決は相当数にのぼるが、これの集成をみることはない。また、大審院の創設以来の最上級審での入会判決は、今日にいたるまで相当数が確認されている。(1)入会に関する論文・資料の数量となると厖大なものである。これを把握することは容易ではない。(2)

入会ということば（用語）は、徳川時代には一般的に数村入会と他村入会とを実態的に示すと同時に権利をも示していた。このうちの他村入会は、『民法』の第二九四条（地役の性質を有する入会権）に該当する。入会は、徳川幕府の直轄地である「天領《てんりょう》」においても、各藩領においても、ほぼ共通する権利として認められていた。数村入会においては、特別な例をのぞき、一般的には土地の所有については判定していない。他村入会においては、土地の所有を確定することがある。数村入会については土地の所有を確定することがむづかしく、およそ、入会村々の共同の所有というように思われていたのである。

これらにたいして、『民法』で規定した「共有の性質を有する入会権」（第二六三条）に該当する村持地では、一般的にいって本百姓（担税者）である村民の全体が土地所有者として地上・地下の産物を支配する。当然のことながら、土地の利用も行なう。また、地下水（水・温泉）や池も所有し、使用する。村持地においては「所有」ということばでよんでいないが、その実態において村所有にほかならない。もともと、「所有」ということばは徳川時代には存在しないのであるから、これをどのように表現しても、実態を知らないで用語だけを論じても意味がないことである[3]。数村入会もまた、多くの場合、数村の所有にほかならないが、土地の利用が共同で行なわれているために、利用については入会村々間での協議がととのわなければ変更することができない。

村持（入会）にかぎらず、数村入会においても、資源の枯渇は生存にもかかわることであるから、利用についてはきびしいとりきめ（規範）があるのは当然である。

入会の権利者（資格）は、伝統的に村民であり、土地・屋敷（家屋）を所有し、租税を納入していなければならないし、村の費用も負担しなければならない。御伝馬《おてんま》ともいわれている村の共同の義務を果たし、村にたいする共同の責任主体でなければならない。

明治近代国家は、天皇制絶対主義国家としてあらわれ、半封建的・軍事的・官僚国家体制を形成する。[4]『民法』は、はじめ、『フランス民法』の直訳をもって『日本民法』にすることに着手したが、その編纂は中断した。のち、フランス人ボワソナード(Gustav Boissonade)によって『民法』は完成し、明治二三(一八九〇)年に公布されたのである。[5]しかし、この『民法』は日本の実情に合わないということで公布は中止され、新しく『民法』の起草が行なわれ、明治三一（一八九八）年に公布された。ボワソナード『民法』が問題となった最大の原因の一つに、入会権の規定がなかったことである。[6]そのために、明治二六（一八九三）年に法典調査会が設置され、幾多の論議を経て明治三一（一八九八）年に公布・実施された。[7]

それによって、入会権は国家制定法上において物権として規定され、「各地方の慣習」が権利となったのである。

入会権について、その実態を知らない多くの民法学者は、その概説書のなかで、「地方の慣習」を小柴・下草の採取というように書いている。これでは、特定された単なる収益権にすぎなくなっている。たしかに、入会集団が小柴・下草を採取したことは誤りではないが、それは些細な収益行為にしかすぎない。それ以上に重要なのは草地の草刈りである。草は、田畑の肥料にするほかに、農耕用の牛馬の飼料となる。さらに、牛馬を輸送用に使役するところでは、広大な草地が必要である。森林もまた、入会集団にとって不可欠の存在である。林木や雑木等を伐採して使用することはもちろんであるが、森林は、環境保全にとっても重要なのである。水利保全・土砂扞止にも直接的な役割りをはたす。小柴・下草の採取という些細な収益行為のみが権利の内容であり、それが権利なのだと理解しているのは、あまりにも入会権について無知であるばかりか、有害でもある。

入会権が「共有の性質を有する」（第二六三条）場合には、権利者総体の所有権なのであるから——これを講学上で「総有権」Gesamteigentum とよんでいる——、この権利者総体の意志によって、どのようにでも利用することができる。総有権の客体が土地である場合、この土地をどのように利用するかは権利者総体の意志による。たとえば、植林をしてもよいし、耕地としてもよいし、外部の者へ貸してもよい。また、売ることもできる。したがって、この権利をあらわすことについて、小柴・下草の採取行為として規定することは歴史的にも、実状にもそぐわないし、事例としてさえも誤っているのである[8]。

これにたいして、「地役の性質を有する」入会（第二九四条）についても同じようなことが指摘できる。この入会の場合は、同一の場所において複数の入会集団の権利をみるために、入会地の利用については、入会集団間の同意を必要とする。これは、入会の権利に差がある場合についても同じである。したがって、単独の入会集団の土地利用等のように「自由」ではない。権利は入会集団に分属していても、その権利の行使に制限——入会集団間による規範——があるからである。そうだからといって、権利の行使が固定されていて、それが入会権なのだ、というように概念構成をすることは誤りである。たとえば、採取地の一部を植林地とすることは数村間での同意が決定すれば植林が行なわれる。また、数村間において割り地が行なわれ、単独の入会地とすることもできる。それらは、いずれも所有を権原としているからである。

明治政府の政策によって入会地が、国・地方公共団体や特定の入会集団の名義になっている場合においても、そのいきさつによっては土地の所有者は無権限か、これに近い状態になることもある。

入会権は、入会集団の全体的権利であるが、この全体を構成するのは家である。この家は、(イ)形式と実態との両様を兼ね備えたものである。入会権はこれに付与される。徳川時代では、この家は、村の構成員であり、(ロ)家屋と貢租が賦課されている田畑を所有する本百姓であり、(ハ)村の諸役《しょやく》・伝馬《てんま》をはたしていなければならない。明治時代にも、この徳川時代における入会権者の基本的原則が適用されていた。

今日でも、権利者資格は「家」が単位であることにほかならないが、その内容は必ずしも家屋と田・畑を所有することが原則ではなくなっている。慣習ないしは規範の変化である。権利者の資格は入会集団によって附与されるが、一般的にいって寄留者の家には認められない。入会権利者の資格については、入会集団によって独自の方法がとられる。

入会権は制定法上において権利なのであるが、その内容については「各地方の慣習」による、とされていて一定の規定はない。この「各地方」というのは、地方の入会集団のことであり、権利内容については入会集団によって異なる。入会集団そのものの権利は前に述べたように、講学上において総有権(Gesamteigentam)として把握しているが、このほかに、合有権(Eigentum Zur gesamten Hand)でもあることが確認されている。

入会権は、『民法』上の私権として規定しているにもかかわらず、『民法』の成立以前においても以後においても、行政庁は入会権を解体して国や地方自治体の財産として編入する政策をとった。これは、国防国家の強化とともに激しくなり、明治時代末期頃(一九〇〇年)から、部落有林野の統一・公有林野の整理という名のもとに行政庁(農商務省山林局、内務省)と府県によって強圧的に進められてきた。(9) この政策は、戦後になっても続き、入会林野近代化(10)という名のもとに法律をつくり、入会解体作業が主として民法学者等を中心にして進められた。そのほとんどの者が、入会について熟知していないか、さらに、かっての入会林野の解体政策についての認識をもっていないし、いわゆる、近代化の理論的な知識もないことをもって特徴とする。

右の行政庁政策の基本にあるのは、入会林野は荒廃している。あるいは非効率である、という前提に立っているからである。しかし、実態的にみると、入会林野が荒廃したということはないし、また、非効率であったということもない。いずれも行政庁の指示に従わなかっただけのことである。入会林野は、伝統的に自然環境の保護を行なってきていたにもかかわらず、戦前における富国強兵政策による行政庁の入会解体政策と戦後における入会林野近代化の政策のために、自然環境の保護ないしは植林にたいして補助金を支出されたことはない。早い話しが、北富士（山梨県）を見渡せばよい。原野・荒蕪地は自衛隊とアメリカ軍の演習場で、緑で覆われているのは入会地である。

現在、『入会林野近代化法』は、その実効性がなくなり、法律としての価値や存在は失われているように思われる。

(1) 川島武宜《たけよし》・北條浩「入会判決について」、川島武宜監修・北條浩編『判決原本版・大審院最高裁判所入会判決集』（全二〇巻）一九七九年、御茶の水書房。

(2) 入会に関する資料・論文等の、ごく僅かな例示をあげておく。左記『注釈民法』では文献が集録されている。川島武宜編『注釈民法(7)』五〇一頁以下、昭和四三年、有斐閣。古島敏雄編『日本林野制度の研究』主要文献目録、一九五五年、東京大学出版会。

(3) その典型として戒能通孝『入会の研究』がある。判決の検討を中心としているが、入会研究書としては、それ以前に発表された諸氏の著作——たとえば、中田薫・奈良正路・末弘厳太郎・川瀬善太郎氏等——と比較してみても、入会権の基本的な認識が誤っているのである。

(4) 山田盛太郎氏は、『日本資本主義分析』（昭和九年）において、日本資本主義を「軍事的農奴制的＝半農奴制的性質」・「軍事的半農奴制的性質」とよんでいる（『同書』岩波文庫版、七頁、一二三頁）。

(5) 穂積陳重『法窓庭話』二一〇〜二一三頁、同・福島正夫解説、一九八〇年、岩波文庫。岩田新『日本民法史』一三頁以下、昭和三年。同文館。

(6) 北條浩『入会の法社会学・上』二〇〇〇年、御茶の水書房。

(7) 北條浩『前掲書』。

(8) 川島武宜「入会権の基礎理論」（『川島武宜著作集・第八巻』六四頁以下）一九八三年、岩波書店。

(9) 古島敏雄編『日本林野制度の研究』一九五五年、東京大学出版会。北條浩『日本近代林政史の研究』一九九四年、御茶の水書房。同『入会の法社会学』（上下）二〇〇〇年、二〇〇一年、御茶の水書房。同『部落・部落有財産と近代化』二〇〇二年、御茶の水書房。

(10) 「入会林野等に係る権利関係の近代化の助長に関する法律」昭和四一年。北條浩『部落・部落有財産と近代化』二〇〇二年、御茶の水書房。

（追記）入会権の概説ならびに文献については、さしずめ、前記の川島『注釈民法』と、中尾英俊《ひでとし》『入会権』二〇〇九年、勁草書房、を参照されたい。

三、入会権・補足

一

入会と入会権とは同義語であるが、にもかかわらず、入会は利用の事実関係を示し、入会権は法律的権利の概念的規定、もしくは権利の内容を示すことばとして使用され、法解釈の裁判規範に直結する実用性をもつものとされるようになっている。たとえば、入会は入会権という事実上の形態を明らかにするので、歴史学上では徳川時代の入会を入会権というようにはよんでいない。しかし、ともに入会の主体を集団としている。徳川時代には、入会の権利主体は村であり、幕府・領主の支配機構の末端に位置づけられている。村は、行政単位であるが、同時に私的集団という側面をもっているとされている。(1) これを学術用語上では二面性とよんでいる。

法律解釈上では、この二面性について、なかなか理解されていない。判決においては、裁判官がこの二面性を理論的（学術的）に理解していないまでも、訴訟代理人もしくは鑑定人が二面性について具体的に指摘している場合には、これを採用している例がある。もちろん、訴訟代理人においても、この二面性について理解していないまでも、訴訟技術として採用することがある。

一般的に言って、入会——入会権——は、徳川時代以前から存在する権利で、集落を基本的権利主体とする。入会は、日本固有の権利ではないから、入会権を特別に日本的な権利形態とみることは誤りであるし、また、徳川封建社会に一般的であった固有の権利であるということも誤りである。入会は集団的権利として、今日の社会においても存在価値があるし、環境保全ということにおいても重要な役割りを果しているのである。

入会がいつ頃から発生したのかは明らかではないが、集落と集落とが隣接し競合するようになったときから入会関係が生じるようになったものであろう。記録上で「入会」ということばがみられるのは七世紀で『律令』という法律にみられる。

こうした入会の歴史のうち、入会紛争の記録を残したのが徳川時代であるが、その多くは村と村とが争ったものである。それでも、法解釈や法社会学の研究者が、これを十分に知って採用することはない。入会は、その史的必然性と実態の把握をしなければならないのであるが、今日の研究的状況では、ほとんど行なわれていない。にもかかわらず、民法概説書では入会について誤った知識——ときには、無知識の状態で——をもって、入会の内容としている。たとえば、法解釈においては、入会は小柴・下草の採取であり、それを慣習的権利と概念規定している。これについては、法律学者から批判したのが川島武宜氏である(2)。川島武宜氏は、入会権を、集団的・団体的権利であり、その根底には所有権があることも理解されていない、と指摘している。法律解釈学にたずさわる者が慣習的権利を、なぜ、特定の使用収益行為に限定したのか、明らかではない。慣習という用語を、単純に収益行為、そして、その収益行為のくり返しと考えていたからであろうか。慣習法にたいする無知もある。

入会権が団体的権利であることは、法典調査会・民法起草委員が明確に指摘しているのであり、それは所有権を基準としている、とも指摘している。明治中期の学者の方が、今日の民法学者よりも入会権にたいする認識があったのである。

二

幕末期（一七世紀中期）に、天皇を頂点として王政復古をスローガンとする宮廷貴族を擁した薩摩・長州・土佐・佐賀等の諸藩と、これに加盟した諸藩によって引き起された幕府諸藩との国内戦争は、明治元（一八六八）年に終結し、天皇制中央集権国家（明治政府）が成立する。ひきつづき廃藩置県（一八七一年）が行なわれ、幕藩制支配体制は形式的にも実質的にも解体する。

明治政府は、諸外国との関係を深めるためと、政府・国家の絶対主義的体制を確立するために旧藩の諸制度を改変して、法制度の絶対主義的な近代的改革を行ない、人民に権利を付与することに反対した保守派の主張を排除して、外国の法制度の導入を決定する。

その一つである『民法』の作成は、明治初年に政府に招かれて日本に来たフランス人のボアソナード（パリ、ソルボンヌ大学教授）によってつくられ、天皇の裁可を経て公布されたにもかかわらず、多くの知識人から日本の実情に合わない、という理由で施行が延期となり、やがて廃止となった。その理由の大きなものに、入会権の規定がないということであった。

明治二六（一八九三）年に法典調査会が設立されて新民法を作成することになる。入会権の全国調査が行なわれたのはこのときである。その結果、入会権は、『民法』の物権編に二か条の規定となる。すなわち、

第二六三条　共有ノ性質ヲ有スル入会権ニ付テハ各地方ノ慣習ニ従テ外本節ノ規定ヲ適用ス
第二九四条　共有ノ性質ヲ有セサル入会権ニ付テハ各地方ノ慣習ニ従フ外本章ノ規定ヲ準用ス
との二か条（以上の二か条が、改正までの規定である。改正後については「二」を参照）である。
入会権はこれだけで、権利についての詳細な規定はない。したがって、ともに法源は各地方の慣習である。きわめてめずらしい法律条文の規定である。それは、『民法』に入会権の規定を設けるために、法典調査会において入会権についての全国調査を行なって膨大な資料を得たにもかかわらず、結果として、入会の内容が複雑で多岐にわたるために、短期間のうちに入会権の内容を詳細に規定することができなかったためである。

右の二か条のうち、第二六三条の入会権というのは、「共有の性質を有する」入会のことであり、土地の所有が入会部落（入会集団）である場合についての規定である。この法律的内容を、法律学者や裁判所の判決では総有 Gesamteigentum というドイツ法制史の用語を使用している。しかし、なにもドイツ法制の用語を使用して説明しなくとも、集団的所有・団体的所有とよんでも良いし、これまでに一般的に使用してきた部落有というよび方でもよいのである。とにかく、二六三条は、入会集団の所有であることを規定したものである。

第二九四条の入会は、㈠同一の土地を複数村が所有ないしは支配し、ここでの土地を協同で利用しているか、㈡土地の所有が他の者であるが、ここで強固な土地の利用・支配を集団（部落・入会）が行なっている場合である。その内容は物権である。

この「他の者の土地」とは、どのような土地であるのか。その一例をあげる。㈰国有地・地方自治体有地・神社有地・部落有地・財団法人有地等である。国有地は、旧幕府時代「御林」という領主の直轄支配地と、(ロ)明治初年に民有の土地の所有が認められなかった土地と、(ハ)明治初年の所有権認定の際に、入会地には所有権がないということで強制的に国の所有地としたところである。この第三番目の土地は、今日まで土地の所有をめぐり紛争があるほか、入会権をめぐって紛争がある。すなわち、明治中期（一九世紀末期）に国有林野法制を強化した農林省は、国有地の入会権を否定して、富国強兵策にもとづく森林行政を強行に展開してきた。これにたいして入会集団では国有地入会を主張した。この紛争は裁判となり、大正四（一九一五）年に裁判所の最高機関である大審院が国有地入会権否定の判決をだした。その理由は、明治初年の土地改革の際に国有地に編入された土地には入会権はないという法制が存在したというのである。にもかかわらず、それ以後においても、国有地入会をめぐる紛争はつづいた。当時、学説上においても、国有地入会権否定の判決にたいして不当であることを指摘していた者もいる。

戦後の昭和四八（一九七三）年に最高裁判所は、大正四年の国有地入会否定の判決をくつがえして、国有地入会権の存在を認める。その理由は、明治初年の土地改革の際に、国有地に編入した入会地について、入会権を否定する法律上の根拠はない、というのである。最高裁判所が国有地入会を認めた背景には、民法学者、とくに法社会学者達の国有地入会存在の学説があり、下級裁判所でも、この学説をうけ入れて国有地入会権存在の判決をしたからにほかならない。その一つである、昭和四三（一九六八）年の甲府地方裁判所の判決がある。この裁判では、石井良助・川島武宜・渡辺洋三氏（いずれも東京大学教授）らによる『鑑定書』が出されていて、このなかで、三人の教授はともに国有地入会権存在を肯定しているのである。これをうけて甲府地方裁判所は国有地入会権の存在を認めた判決をしている。そうして、その結審である昭和五三（一九七三）年の最高裁判所も国有地入会を認めているのである。さらに、国有地入会については、昭和三一（一九五六）年一月一八日、青森地方裁判所鰺ヶ沢支部を始審とした判決以後、最高裁判所の判決にいたるまで国有地入会を明確に認めている。

入会が団体的（集団）権利であるのは、徳川時代については歴史的事実であり、また、幕府の裁判所（評定所・勘定奉行所等）においても認めているところである。[4]『民法』制定時においても団体的権利であることを確認しており、民法起草委員であった富井政章氏（東京帝国大学教授）も、民法概説書（『民法原論』[3]）において、共有の性質を有する入会権とは、「森林原野ノ共有タル一定地域ノ住民カ共同シテ其森林、原野ニ於テ収益ヲ為ス権利謂フ即チ土地共有権ノ行使ニ外ナラス」（二五八頁）・「一ノ包括名称ノ下ニ一定ノ性質、要件ヲ具ヘタル種多ノ財産権ヲ総称スルモノト謂フヘシ」（二八四頁）と述べている。

富井政章氏は、第二六三条の説明において、「土地共有権」と指摘しているが、その内容は、「一定地域ト住民カ共同シテ」と言うのであるから、『民法』の共有権とは異なるものとして捉えている。第二六三条が置かれているのは、第三章所有権の第三節「共有」である。規定の位置づけとしては共有という所有権であるから、説明は照合する。しかし、その「共有」は、共有の規定が適用されない共同所有にほかならないから、共有権から独立した共有とでもいうべきものである。富井政章氏の説明は、このことを意味しているのである。団体的所有（部落有）という認識は、富井政章氏以後の民法概説書においても認識されている。たとえば、杉一郎氏は「共有ノ性質ヲ有スル入会権ノ入会権ノ目的タル山林又ハ野地カ村民ノ共有ニ属スルモノヲ云ウ」（『民法概要』明治四四年）と述べ、川名兼四郎氏も「共有ノ性質ヲ有スル入会権ニハ即チ土地ノ共有権ニ外ナラス、故ニ下草ヲ刈取リ落葉ヲ拾取ルハ共有権ノ行使ニ外ナラス」（『物権法要論』大正四年）と述べている。共有はほかならぬ所有なのであるから、その所有地をどのように利用するかは共有権者――ここでは総有権者――の自由である。民法概説書においても、部落においても、第二六三条の入会については、「共有」という用語がしばしば使用しているのがみられる。[5]しかし、このことばは共同の・全体の所有ということなのであり、『民法』の共有権ではない。共同所有を示す「共有」ということばが『民法』制定以前から先行されていたために、これを使用したままでであって、入会の共同所有を示す「総有」・「合有」という学術用語は『民法』制定以後における学術用語であり、一般的な慣用語としても普及していなかったからである。

ところで、戦後の入会権研究の代表者である川島武宜氏は、一般の民法概説書において、入会権を小柴・下草の採取という収益を権利の内容としているのがみられることについて、「民法上の入会権は特定の収益行為を要素とする権利ではない。」・「広汎な権能を包含し・収益行為をしない場合もありうるところの・共同所有の一形態である」と述べている。[6]念のために付言すれば、この説示は、民法起算委員の室井政章氏の概説書とも同じであり、法典調査会の審議の内容に近いものである。

(1)　中田薫「徳川時代に於ける村の人格」・同「明治初年に於ける村の人格」（中田薫『法制史論集　第二巻』昭和四五年、岩波書店。川島武宜「入会権」（『注釈民法(7)物権』昭和四八年、有斐閣）、同『川島武宜著作集　第八巻』一九八三年、岩波書店。

(2)　川島『前掲書』。

(3)　富井政章『民法原論』明治三八年、有斐閣。

(4)　中田薫・古島敏雄・川島武宜・大塚久雄・福島正夫・渡辺洋三氏ならびに北條浩の論考を参照されたい。

(5)　地方における「共有」使用の用語については、現在でも二六三条の「共有の性質を有する入会権」について共有ということばを使用しているところが多い。また、長野県下高井郡平穏村の明治二一（一八八八）年の土地台帳では、「沓野組共有」・「沓野共有」という表示をしている（『和合会の歴史』財団法人・和合会）。共有ということばを使用しているが、この「共有」というのは権利者全体の共同の所有ということであって、それは、ほかならぬ「総有」なのである。「総有」については、中田『前掲書』・川島『前掲書』のほか、石田文次郎『土地総有権史論』（昭和二年、岩波書店）が、ドイツ＝ゲルマンの総有について、その歴史的な経緯を、ドイツのマウラー Maurer ならびにギールケ Gierke に拠って詳細に検討している。

(6) 川島『前掲書』。

（追記）本稿は、別掲を併載したので、内容的に前二とは重なるところがある。

四、徳川時代における入会

はじめに

入会（権）は、学説上においても判例上においても、しばしばその原型ないしは淵源が徳川時代にさかのぼって求められる。また、入会は、徳川時代に特徴的なものであり、したがって封建遺制である、というような概念規定をしている者が多くみられる。[1] たしかに、入会は徳川時代の村方《むらかた》において一般的に存在していたし、町方《まちかた》においてもかなりみられた。

今日のように、入会を制定法ならびに解釈・学説・判例によって、部落集団という団体による所有ないし利用の権利が入会であるとするならば、徳川時代における村持地は入会にほかならないし、また、一村が支配する土地利用も入会ということになる。しかし、部落集団による土地所有ならびに利用について入会とよぶのは、多くの部落集団でためられている（前出）。それは、徳川時代における入会とは、一般的に他村との関係において使用されていたことばにほかならないからであり、そのことば用語の意味を今日にまで慣用語として踏襲しているからである。これは現実的な意識の問題である。権利の解釈、もしくは概念規定上においては、ことば＝用語の使用の慣習にはかかわりなく、部落集団という団体的所有については入会権が適用される。

明治維新以後において、右の部落集団の所有を「共有」とよんでいる例もかなりみられる。土地台帳上において「共有」という用語を使用している例もみられる。この「共有」という用語は、『民法』における「共有」とは異なるものであるから、「共有」ということばや用語が存在するからといって、『民法』の「共有」の規定や解釈をあてはめることはできない。ここでいう「共有」とは、共同の所有という意味であって、この共同とは部落全体の共同ということなのである。学術用語では、これを「総有」というように概念しているが、[2]この「総有」とは、ドイツ法制史上の Gesamteigentum の訳である。ただし、ここでの総有とは、部落ないしは村落の全構員である住民が有する権利という意味ではなく、権利者総員と解すべきである。村居住者のなかには、権利者でない者もいるからである。

また、この総有というのは、個人が総集されたという意味ではない。なんとなれば、入会の権利は個人に附与されているのではないからである。権利主体としては個人ではなく、家である。ドイツ＝ゲルマン法制の総有においても同じである。[3]したがって、家を継承し、代表するものが実態的に権利を行使することができる。「一戸一権」といわれているのがこれである。いうまでもなく、一戸というのは家屋のことであり、世帯ではない。家屋には、貢租を負担すべき田・畑の存在をみる。したがって、「入会権は土地を所有しない無産者の生存のために認められた物権であって」[4]（傍点、引用者）というような認識では、入会権にたいする基本的認識を誤っている。富士山麓の山中村・平野村・長池村の場合には水田がないから畑地に貢租が賦課される。これが一戸の負担にほかならない。一戸は、貢納しないままの状態で置かれているのであれば「一権」の権利は停止もしくは留保ないしは廃止される。一戸は、租税を負担する能力と、「お伝馬《てんま》」といわれる村の義務負担の能力がなければならないからである。これを具体的に果すのは、ほかならぬ家（一戸）の継承者にほかならない。継承者の存在によって入会権は現実のものとなるのである。入会権の権利と義務とが表裏一体（セット）となっているのであるから、どちらを欠いても入会権の資格はない。

それでは、入会（権）というものは、徳川時代にはどのようなものであったのかを、ここに掲出した山中部落のケイス・スタディに沿って明らかにする。入会は、紛争の事例がなければ文書・資料では明らかにならないのである。したがって、入会は紛争の歴史とでもいえる。

(1)　川島武宜編『注釈民法(7)』五〇八頁、昭和四三年、有斐閣。
(2)　中田薫『法制史論集 第二巻』九八八頁、昭和四五年、岩波書店。『川島武宜著作集　第八巻』一九八三年、岩波書店。
(3)　石田文次郎『土地総有権史論』七六頁以下、昭和二年、岩波書店。
(4)　吉田久『日本民法論』（物権編上巻）二〇一頁、昭和二八年、中大出版社。吉田久氏は、大審院判事を務め、土地法制についての著書もあるが、入会権について、このような程度の基本的認識に欠ける知識で判決をしていたのであれば、誤判を招くのは当然のことである。事実、最上級審判決も含めて誤判の例は多いし、さらに、政治的な判決と思われる判決もみられる。

第一節　村中入会

「村中入会」というのは、明治維新後における学術用語であって、徳川時代には、その用語例をほとんどみない。実際には、村持・村中持と文書・資料に記されている——記されていなくとも——土地にたいして、村が支配ないし所有する土地へ、村中（権利者全員）の者が利用するのである。村中の単独利用であるから、他村の利用ということは行なわれない。村持地に他村の者が利用する場合には入会となるから、このような例では、たとえ村持であっても、村中入会とはならないのである。

山梨県富士北麓の旧村々（現在の部落・区）に現存する近世の林野入会関係文書には、「村中持」という自村の土地において自村の者が使用・収益をする村中入会に関する文書がきわめて少なく、とくに、旧山中村・平野村・長池村については、まったくないといってよいくらいである。したがって、村中入会についてこれを具体的に明らかにすることはできない。これは、他県においても同じで、入会の一般的現実である。村中入会は、ことばのうえでは、いわば村人の「自由進退」なのであって、村人＝総百姓は村の統制下において「自由」に入会地で使用・収益ができるのである。しかしこの土地で「自由」に使用・収益できるとはいっても、ここには、総百姓がとりきめた村の規範――成文か不文律かを問わず。ただし、成分化されたものはきわめて少ない――があり、この規範にしたがって使用・収益を行なうのであるから、まったく、各人が勝手に、何人にも拘束されることなく使用・収益が行なえるものではない。

村中入会という用語は、すでに指摘したように、近世の入会文書には記載されていない。村中入会ということばは現在の法律用語なのだからである。入会という用語は、一般的には村中入会の場合には使用されないからである。入会とは、通常、他村の土地で使用・収益を行なうときか、もしくは、数村が同一地域で使用・収益を行なう場合に使用された。村中入会に相当する入会を、文書上では村持あるいは村持地というようによんでいる。しかしながら、右については研究史上の慣例によって村中入会という用語を使用する。[1]

村中入会地における村人の使用・収益は、慣習として維持されてきている入会規範と、その時の事情によって定められる規範、および、同じことながら、慣習を一部変更――ときには全部変更――して行なう規範とがある。

入会規範が、慣習として長い間にわたり続いており、これが絶対的な法として遵守されなければならないということはない。村中＝入会民総体の事情によって変更されることもあるし、慣習が破られたままの状態がつづくことがある。入会慣習――そうして慣習[2]そのもの――は、絶えず入会民全体によって確認され実行されているかぎり慣習なのである。この慣習は、一般的にいって、そのほとんどが成文化された規範となっていない。したがって、この慣習について具体的に検討するということは文書・資料にもとづくかぎり不可能に近いのである。

村中入会地――厳密には村持地――には二種類あって、その一つは『検地帳』をはじめ村方の公文書類に記載されている土地と、その二つは、公文書類には記載されていないが、村の強い支配下に置かれて利用されている土地とがある。後者の場合には、隣村がこの土地を当該村の村持地であると認識している場合が多い。この村持地は、多くの例では、ともに村に接続している。言葉を変えていうならば、概念として村に包摂されているのである。

村中入会は、場所によってもその利用・使用の目的によって異なる。山中村・平野村・長池村の公文書類の例では、公文書類に記載されているか、いないかの別なく、(イ)木材・薪・炭材・農業用材等を採取する場所と、(ロ)薄《すすき》・萱等の採草地として利用する場所と、(ハ)畠地として利用する場所とに分かれていた。このほか、畠地利用予定地として放置されている土地がある。この土地は、一見すると荒地として放置されているようであるが、荒地を切替畑として利用する場合には、切替畑として利用した（一年くらい）あとは放置している。数年を経なければ切替畑として利用できないからである。これらの土地の利用については、村の規範によってきまるのであり、公文書上の記載の形式的表示には関係なく、総百姓の意思によっていつでもその使用目的を変更することもできたし、また、継続することもできた。

入会地の利用は、総百姓全体の意志によって行なわれるが、入会地の管理は、(イ)総百姓がそれぞれ規範を守って利用することによって自然と管理が行なわれるのと、(ロ)総百姓がそれぞれ監視人となって入会地の状況を注意し——この場合には監視という意味も含まれる——、違反者をみつけたらただちに取り押えるとか、あるいは村役人へ報告するとかすることによって規範を実行することと、(ハ)山守をきめて、この山守が入会地を監視するという方法がとられた。

村持地（単独入会地）に山守が置かれるという例は、文書上では山中村の「御立林」・「御巣鷹林」（幕府直轄林）にもみられるが、この例は、「御立林」・「御巣鷹林」という特殊な例であるので、山中村の一般的な例としてとりあげることはできない。しかし、山中村が、この「御立林」に山守を置いて、——といっても山守は選出制であり、代々伝えられるという例は少ないのである——管理をしていないと、他村がこの土地に入り、やがてはこの土地にたいして権益を主張することにもなるので、この土地の管理は、たんに「御立林」・「御巣鷹林」であるために行なうというばかりでなく、山中村の権益のために行なうという側面をももっていたということが指摘できる。

村内での個人持の畠地を利用する例について、「入会」ということばを使用しているのがある。長池村の例である。

文書によれば——文書そのものはいたって意味が通じにくいものである——、長池村では、草を利用して切替作付を行なっているが、この草生地は、山畑として長池村の人々の持地となっているため、ここで長池村の者が草を刈るについて、この持地主が土地（持地）の面積によって年貢を納めていたのである。しかし、これで不公平となり問題を生ずるので、山畑年貢は家数割とし、「秣肥等」の採取については入会とする。このようなかたちで山畑請地を利用してきたのであるが、水カ久保の〈畑地利用の個人が行なうことについても〉年貢を平均割にするのでは、これをとうてい認めることはできないし、また、そのようなことをすれば、入会うことができなくなり、秣肥の採取に重大な支障もきたし、いろいろと問題が生ずるので、前々どおり行なってきた方法を命じてほしい、というのである。（なお〈　〉中は、そのような読み下さなければ、この文書のもつ意味がわからなくなるために行なったものである）。

ここで「入会」ということばを使用しているのは、村々との関係でもなく、他村との関係でもない。また、村持地において利用ないしは収益を行なっていることについてでもない。村民の持地についてなのである。この村でも、他人の土地にたいして共同で使用・収益することを「入会」とよんでいるのである。他人の土地は、たしかに自分達のものではない。ここでは採草という使用収益が目的なのである。村持地にたいして共同で使用することを「入会」とよんでいないのであるから、使用収益といっても、土地の所有によって名称を区別しているのである。この例は、きわめて例外に属するかも知れないが、一例であることには違いがない。

この例の文書は、完全なものではなく、支配役所へ出されたものの下書きであるかどうかも明らかではないが、これと同じような問題は他にも生じているので、事実としてこのような問題をかかえていたことは明らかである。

ところで、この事例が意味するところは、つぎのようなものであろう。

すなわち、山畑高請地として、個別的に年貢を上納していた個人持地をなんらかの事情で――宝永の富士山の噴火により荒地となった以降――総百姓がこの土地を入会地として利用し、草を刈っていた。この土地についての年貢は、村が総百姓から家割という平均割で徴収し、これを上納していたのである。土地の所有は、帳簿上においては個別的な私的「所有」ではあるが、この土地に課せられた公租については、村が上納している。しかし、年貢は、実際上は総百姓が家別に平均的に出費しているものであって、それは、総百姓全体による右土地の入会を前提としているのである。

訴状の内容は、つぎのようなものである。

長池村の名主善左衛門・組頭源六および新七より、私を相手に出訴したのは、村内の高請地である水ヶ久保・水ノ本・ふちかを・ふとふ坂の四筆の場所のことで、同所は、宝永四年（一七〇七）に富士山が噴火したときの焼砂が降ったために作付することができなくなり、年貢は村中の総百姓が家別に負担して上納してきたのである。ところが、近年になって土地（地方）が回復するにしたがい、開発を行なうようになった。その際、人数が多い家では多くの土地を開発し、少ない家では少なく開発してきた。もっとも、開発された場所は近くて土地もよいところであり、そのほかの土地は誰の持分ということもなく村持として村の者が勝手に切替畑として利用してきたのである。ところが、本年正月五日に、名主善左衛門が役職替について連判をしたさいに、別に帳面をつくり印形をとったので、このことについて聞いたところ、右四筆の場所を今回割地にするためであると返答した。そこで、どのような割合にするのかを聞くと、これまで利用してきた面積を、もとの高請反別に合うように割地にするのであると答えた。しかし、右の土地は、これまで数年来、年貢は村中の総百姓に差別なく家別に割って上納してきており、土地を割地にするときになって、家によって差があるような割地の方法では納得がいかないので印判することを止めたのである。ところが、去年、総百姓が決議して連判しているのにもかかわらず、私だけが印判を怠っているというような偽りを言って、私のような貧乏な者にたいして訴訟を行ないたいへん困っている。だいたい総代の新七は、すでに四年以前に隠居しており、そのあとは倅の源左衛門が継いで、農業もせず、商売にも出ず、毎日、訴訟のことばかりをたくらんでいる悪い者であり、村を混乱に陥れている。善左衛門にしても、すでに役職を引いていながら新七と馴れ合い、小前百姓をそそのかして訴訟をしており、全く彼らのすることがわからない。このような事情であるので、善左衛門・源六・新七にたいしてその理非を問い、私たちがこれまで問題なく利用してきた土地にたいして、いまさら混乱を起こすようなことなく、安心して百姓が続けられるように命じて欲しい。その余の点についでは御吟味のさいに口答で申し上げる。

このような内容である。

貢租を負担している土地（水ヶ久保・水ノ本・ふちかを・ふとふ坂）が宝永四年の冨士山の噴火によって畑作ができなくなったが、(イ)年貢は、持主からではなく長池村の百姓全員（家）に家別に平均割して上納している。(ロ)その後、この土地が回復するにしたがって、同所を開発する者がでてきて、開発の力量に応じて土地を開発していた。(ハ)今回、右の土地を割地とすることにしたが、その割地の方法は、開発した土地は開発人の持地とすることと、他はもとの高請人の持地とする、という二つの方法がとられた。(ニ)これにたいして一部の者は、右の土地を村のものとして、これまで利用してきた方法で利用することを主張している。つまり、入会であろう。これにたいして、ここでは、割地の内容がよくわからないが、おそらく、個別的（私的）な「所有」となるのであろう。

そうすると、本事件の問題の中心は、土地の入会的利用か、個人的所有かという土地の性質にある。土地の性質といっても、後者は、個人の「所有」地となるために、その者の排他的・独占的な権利となり、入会地におけるような割地の利用ないしは秣場等の利用は不可能となる。こうしたことにたいして抵抗したものである。ところが、右の四筆が個別的な「所有」地に転化するについては、少なくとも訴状の当事者（被告）を除く全員がこのことを承諾しており（という前提）、そのかぎりにおいて、村と個人の内部対立となったのである。村側が、多数決——しかも、ほとんど全員に近い——をもって右土地の個別的「所有」地への転化を強行に行なわなかったことについては明らかではないが、おそらく、村の方針に不本意であっても、あえて反対の意志表示をしないときには——ここでは、行政単位としての村ではなく、村落共同体総員である入会集団の——、村落共同体（構成員）の重要な権利にかかわる問題を処理するためには全員賛成の原則は貫徹するが、明確に反対の意思表示をし、さらに、場合によっては出訴の可能性があるという事情では、多数決をもって総百姓の承諾を得たということにして押し切ることができなかったのであろう。したがって、村側では、幕府という権力によって、この者の反対を押しつぶそうとしたのであろう。いずれにしても、このような問題については、百姓全員の賛成を必要としたことは明らかである。

水ヶ久保・水ノ本・ふちかを・ふとふ坂は、もともと高請地であって、個別的な私的「所有」地であった。宝永四年の冨士山の噴火は、この土地に被害をもたらし、土地の利用——山畑であろう——を不可能にした。

しかし、ここに課せられている年貢は、一時的には免ぜられていたであろうが、時代を降るにつれて徴収されるようになり、そのために、この土地の年貢を村が負担するようになった。村といっても、百姓全員にたいして家割の徴収方法であり、これを貢納するのである。こうしたことから、右の土地は、百姓全体のものとして意識されるようになったのである。土地の利用についてもこの意識が貫かれ、入会地となったのである。ここでの入会としての土地利用には二つの方法があって、その一つは、全体的な利用であり、全員が立ち入って草を刈るなどした。その二つは、割地としての利用であり、それは割地＝開発が行なわれている当該土地が高請地の土地であるか否かにかかわりなく、「自由」に行なわれた。この「自由」というのは、村＝総百姓全員の決定によるものであり、この決定の範囲内において行なわれることを意味する。つまり、決定に従って利用すれば、他の何人にも制約されることはないというかぎりでの「自由」なのである。この高請地を、今回、さらに百姓全員の総意によって個別的な「所有」地としようとしたのであるが、ここでとられた方法は、第一に、高請人の存在の有無にかかわらず、実質的にその土地を開墾した者に土地「所有」の権利を認めるものであり、第二に、残余の土地については高請人の土地「所有」の権利を認める、というのである。第一の方法が優先するのはいうまでもない。これにたいして、反対者は、入会地として維持することを主張している。この結末のいかんにかかわりなく、村中入会は、総百姓の合意によって成立する。また、総百姓の合意によって解体し、個人的な私的「所有」へと転化することができるのである。

つぎに、同じ長池村の寛政五年（一七九三）の村持山林についての取決めについて検討する。村持の山林についての文書は、通常、存在しないことが多い。長池村の例では、村持の山林にたいして、村人が勝手に伐採するなどをして荒したために、このような取決めが文書化されて残ったのであり、しかも、このような違反行為がしばしば生じたことから作成されたものである。慣習ないしは、口達による取決めが村人によって遵守されているうちは、成文化された取決めはつくられることはない。違反の事実が、もはやこれ以上黙視することができないまで重大化したときに、そうして、口達などではほとんど無意味になってしまったときに、このようなことが行なわれるのである。

文書によると、長池村で村の山林について総百姓が連判しなければならなかったのは、村の山林を村人が勝手に伐採するなどしたためであり、村の山林についてたびたび厳重に取決めておいたにもかかわらず、これがなかなか実行されていなかったことによる。そうして、違反者にたいしては、すでに文書をもって定めていたような制裁を加えるというのであり、山林の見廻り役として、治兵衛・新右衛門ならびに五人組の組頭七人がつねに見廻ることにしている。そうして、違反者をみつけたときには必ず罰金をとりたて、もし、不足がでたときにはその者が属している組が負担することをきめたものである。

これによっても明らかなように、村持の山林にたいする管理は、長池村の場合、成文化した規約をつくっており、また、山林の見廻りも置いていることがわかる。にもかかわらず、違反者がつねにでており、幾度となく、山林の取締規約を作成しなければならなかったのである。連判に際しては総百姓がこれを行なっており、この総百姓が「村役所」に対して連判状を出しているが、実際、この連判は名主・組頭などがすべて含まれているので、村役所とは、幕府の行政機構としての末端組織という意味で使用しているといえる。

(1) 村中入会については、中田薫「明治初年の入会権」(中田薫『法制史論集』第二巻、一九七〇年、岩波書店、所収)における分類を参照されたい。

(2)　慣習については筆者はすでに「共同体的慣習の一側面」（潮見俊隆・渡辺洋三編『法社会学の現代的課題』（昭和四六年、岩波書店）。ならびに「林野利用における慣習」（昭和四八年『研究紀要』、徳川林政史研究所）として発表しているが、拙著『林野法制の展開と村落共同体』（一九七九年二月、御茶の水書房）においては、後者の論文に若干の補正を行なって論じているので同書を参照されたい。

第二節　他村入会

ある村が他の村の土地に入会うという例は、富士山麓の例では、平野村の土地に、山中村・平野村・長池村が入会したという三カ村入会のほかに、長池村と平野村との例がある。この例は、長池村が平野村の土地に立入り、使用・収益を行なうもので、この点に関する文書によると、この入会地は「数ケ所」存在した。

この点を、文書上において、より具体的に考察するために、つぎに、平野村が長池村の入会を拒否したときに長池村より出された文書についてみる。

長池村は、古くから平野村の枝村として、平野村の土地に薪山・稼山のほか、かや・すすき等を採取するために、入会ってきて、百姓利用の品々については不足がなかった。しかるに、今年になって平野村では、いままで長池村が数カ所へ入会ってきた山々をすべて差し止めてしまう。つまり、入会を禁止したために、長池村の者は困っている。平野村の主張するところは、長池村が自村の『御水帳簿』（検地帳）を所持しているからには、平野村の枝村ではなく単独の村であるために、平野村の土地へ入会うのを禁止したのである、という。なるほど、長池村では公落である『御水帳』（土地台帳）を平野村と分けて所持し、年貢も上納し、縄請地の境も決まってはいるが、それは無反別であって、山野に境をたてることなく入会ってきており、『御水帳』を別に所持しているからといって、それだけの理由で入会を禁止されるのでは迷惑である。よって、これまでのとおり入会うことができるように命じてほしい、というのである。

長池村が平野村の枝村であることについて、平野村では、長池村がもと平野村の一部であり、それが分離・独立したものであることは他の文書でもたえず述べている。しかし、長池村では、時によっては、平野村の枝村であることを否定していて、その主張に一貫性がない。長池村と平野村との関係は、長池村の側からみれば、自村に都合のいいように枝村としたり、または枝村ではないと主張したりしており、きわめて勝手なものである。今日の長池村の者たちが述べているところをみても、枝村――この場合の枝村とは、もと村から分かれた村というよりも、もっと密接な、分身（そうして村の一部）というような意味にとれる――であるがために入会の権利があるのだ、というようにとれる主張をしている。他方、平野村では、もと村（親村）であるという意識――この意識は、あたかも本家・分家関係と同じである――をつねにもっており、こうした態度で長池村にのぞんでいる。平野村と長池村との婚姻関係も多い。これにたいして、隣村でありながら、山中村との婚姻関係は、きわめて少ない。というよりも稀である。こうしたかたちにおいても、平野村と長池村とは密接であった。

長池村が、平野村からいつ頃・いかなるかたちで分村したのか、ということについては明らかではないし、また、入会がいかなるかたちで発生したのかも明らかではない。だが、長池村は、寛文九年の検地以前において、すでに一村として独立しており、年貢を長池村として上納していたことを示す文書があることから、かなり早い時期に一村を形成していたものといえる。

平野村と長池村との間における紛争には、(イ)地境紛争と、(ロ)入会紛争とがある。地境紛争には、これを長池村側からみれば、長池村の村持地（共同体所有地）と個人持地、ならびに長池村の単独入会地にたいする平野村の侵害である。平野村側からみれば、平野村の村持地（これには平野村の村持入会を含む）にたいする長池村の侵害である。

入会紛争は、平野村から入会を差し留めるということが行なわれたことからみて、係争地には、平野村の支配が強く働いていたことが知られる。先に指摘したように、平野村と長池村との関係は、決して対等というわけではない。それは、地元村との関係のほかに、大村と小村、親村と枝村という事情も加わって、つねに、平野村が優位な状態を保っていたのである。しかしながら、入会の形式的な面では、平等の入会である。であるから、平野村の要求にたいしては、長池村がいつも従っていた、というようなことはみられず、幕府（支配役所、ないしは勘定奉行）にたいして、平野村を訴えることもしている。

入会の実質的な面、つまり入会についていかなる制約が平野村から行なわれたか、ということについては、文書上で確認されるかぎり、長池村の入会にたいする妨害が、山留めというかたちで行なわれていたことが知られる。したがって、入会うという使用・収益の現実においても、平野村の小規模な妨害があったことは推測される。

なお、入会の明確な規範については明らかではない。

文書によると、平野村と長池村との入会地で、薪山・馬草山の場所を平野村が差し留めたことから問題が生じたことがわかる。「山留」めについての平野村の言い分は、係争地は、平野村が「御運上金」を差し上げているところであるというのである。これにたいして長池村では、係争地には、長池村としては「御運上金」を出していないが、それにもかかわらず入会ってきた。今日の山留が「御運上金」の上納に関することであり、平野村がこの「御運上金」の上納を怠ったために生じたことなのであれば、長池村としても、その幾分を負担するということで平野村と交渉したのであるが、平野村はこれにたいして納得しないために出訴したのである。これが、長池村の主張である。そうして、長池村としては、「御運上金」の上納の用意があることを述べている。

係争地の「御運上金」の性質については明らかではないが、おそらく炭焼ないしは薪について課せられたものであろう。また、「御運上金」が、係争地のみに関することなのであるのか、平野村のすべての炭焼・薪に関するものなのであるのかも明らかではない。しかし、いずれにしても、平野村は「御運上金」を単独で上納していることを理由にして長池村の入会を排除している。長池村にしてみれば、これまで、「御運上金」の上納の有無にかかわらず係争地へ入会ってきたのであり、この入会が突然として差し留められることについては納得がいかなかったであろうが、とにかく、入会が「御運上金」の上納の有無にかかわったのでは、長池村としても、この「御運上金」を若干でも負担しなければならなくなったのであろう。

すなわち、長池村が訴訟におよんだのは、平野村が長池村が入会っている数か所を差し留めたためである。これにたいして平野村では、長池村が薪を採取している場所は富士山内であり、かや・秣・薄などについて長池村の持山で採取している。また、平野村には他村からの入会は存在しないことをあげている。

この両者の主張にたいして、上谷村の「扱人」は、両村が支配役所の裁決まで争うというのはよくないと判断して、内済というかたちで訴訟を終わらせた。そうして、その内済の条件とは、長池村の天神森より上の「くずれを見通し」それより両村の境までは平野村・長池村の入会とすることにした。そうして、採取物は、かや・秣・薄等としたのである。

右の内済の条件についてみると、入会地の範囲の広狭は別として（この点は不明）、採取物から薪が脱落しているのが注目される。この点については、長池村が譲歩したのであろう。平野村が長池村の入会を認めたということは、平野村の敗北である。しかし、実際には、これまで長池村が入会っていたのであろうから、長池村にとっては薪の入会が認められなかったのは後退したことになる。しかし、いずれにしても、平野村は長池村の入会を法律上においても確認したことになる。その意味において、この訴訟は、平野村の無理から端を発したものであるが、入会紛争には、入会地をめぐる攻防が絶えず生じているのが特徴である。

つぎに、他村入会については、山中村の村持地にたいする忍草村の入会の例がある。

山中村が、村持地と主張する村の荒地において、村の者が切替畑を行なっていた。切替畑といっても、富士山麓は山礫の土質のきわめて悪い土地のために、一年ないし二年、畑地として使用したあとは数年――五年から一〇年――の間放置する。この間、肥料をうるために野焼もした。放置された切替畑地は、自然に草生地となる。ここへ忍草村の者がきて草刈りをしたのである。山中村ではこの土地が山中村の村持地であると主張して忍草村を排除した。忍草村では、この土地は入会地であると主張し、支配役所へ出訴したのである。なお、忍草村はこの土地が村持であるとは主張していない。

紛争の具体的な展開については明らかではないし、支配役所の裁定についても明らかではないが、結果的には、山中村が切替畑とした跡地を、忍草村の者が草を刈りに入ってもよいが、山中村の者が切替畑としたときには入ってはならない、という一定の制約がある他村入会とした。幕府権力によって忍草村の入会が認められたのである。しかし、切替畑としての山中村の利用も認めている。また、切替畑地は山中村の村持地であることも認めている。切替畑の場所は山中村に接続しているが、忍草村では公道である甲駿街道をへだてたところにある。忍草村の地籍でも地続きでもないが、近い距離にある。

第三節　数村入会

数村入会とは、一定の地域に複数村が入会うことを指す。
山中村・平野村・長池村を中心とした数村入会にはつぎの二つの入会がみられる。
一、富士北面一一か村入会
二、向切詰《むこうきりづめ》三か村入会
数村入会における入会地盤の所有ないし支配は、三か村入会では問題となるが、一一か村の入会についてみる場合、問題とはなっていない。というのは、富士北面の一一か村入会地においては、かつては、山中村と新屋村が地盤の「所有」を主張したことがあるが、その後、入会地盤の所有ないしは支配が明確ではない、いわゆる地元村が明確ではないからである。したがって、入会をコントロールする特定の村の存在はまったくみられない。富士北面の入会うことができるという形式的権利については、一一か村ともまったく平等である。もちろん、権利の内容については村々間では差異がある。実質的不平等である。これは、一一か村間の長い間の紛争を経て、幕府勘定奉行所が裁決（判決）したためである。

一一か村の入会が成立する以前においては、山中村・平野村・長池村・新屋村は山稼ぎ運上を幕府・領主に納めて、富士北面での山稼ぎを行なっており、伐採した木材等を他村へ売却することができる権益をもっていた。このほか、山中村と新屋村は、土地の利用を行ない、主として、切替畑を行なっていたし植林もしていたのである。一一か村入会を裁決した元文元（一七三六）年の幕府の裁決以前においては、この、山中村と新屋村とが、小村であるにもかかわらず富士北面にたいしてきわめて強い権利をもっており、これについで、平野村と長池村とが強い権利をもっていた。これにたいして他の村々は、享保期から次第に富士北面の入会を強化するようになったのである。ここに入会をめぐる紛争が生じた。幕府は、山中村・平野村・長池村・新屋村――そうして松山村――以外の村々の富士北面への入会を裁決によって明確にしたのである。裁決によって入会を明確に認められた忍草村・上吉田村・下吉田村・新倉村・大明見村・小明見村では、幕府の裁決を全面的に承認したのである。裁決を不服とし、これに公然と反対したのは山中村と新屋村であった。本来ならば、この二か村――ないしはどちらかの村――が地元村としてあらわれるべきものであった。

一一か村入会は、幕府の裁決が、地元村も認めない入会としたために、そうして、小村側の五か村の権利を押え、大村の六か村側の権利を明確にしたために、入会の現実において、小村側が大村側に抵抗することはできなくなり、いわゆる泣き寝入りのかたちで終った、ということができる。

それでは、いったい、この一一か村入会地には、いかなる態様の権利が存在するのであろうか。幕府の裁決によって一一か村の入会が決定したのであるが、その権利の内容は、使用・収益という面についてみるかぎり、差異がみられる。この入会地に、御巣鷹林・御立林をのぞけば、幕府が直接に介入することはまったくなかった。つまり、入会地について幕府が所有を主張したり、立木の所有・支配を主張したり、入会地や入会にたいして管理・統制を行なったことはないということである。この意味において一一か村入会地における使用・収益＝入会は自由であった。したがって、一一か村入会地は――御巣鷹林・御立林をのぞけば――入会地盤ともに村のものであるといってよい。ただし、この入会には、権利の内容に差異があるから、かりに、この土地を分割する場合には、右の差異に比例した分割が行なわれなければならない。それは、村の規模にはまったく関係はない。一一か村入会地は、少なくとも、山中村・平野村・長池村・忍草村・新屋村についてみる限り、支配の範囲内においては村持（村所有）の林野と同じである。

御巣鷹林についてみると、御巣鷹があり、もしくは鷹が巣をかけるという可能性がある限り、幕府の強い統制下に置かれるが、それは、鷹が必要なのであって、土地や林木が主目的ではないから、鷹が巣をかけなくなれば、幕府はこの林野を統制する必要はなくなるのである。つまり、他の一一か村入会地と同じようになるのである。御巣鷹林であっても、ここに立ち入ることが禁じられていたわけではなく、鷹の存在、鷹の巣づくりに影響を与えない程度において、御巣鷹林での使用・収益＝入会は認められていたのである。御巣鷹林は、美林には違いはないが、この美林も、用材の確保を目的とする直轄地の支配ではないから、幕府が所有する直轄林としての性質とは異なっている。

富士北面の一一か村入会地は、このような内容の入会地であり、入会は、なによりも元文元年の幕府裁決を基本として、一一か村入会の規範をかたちづくっていた。それは、幕府権力を背景としながら、村々相互間のコントロールによって成り立っていたのである。

第四節　数村入会＝一一か村入会の成立

富士北面一一か村の入会は、元文元年の幕府裁決によって一応の解決をみた。しかしながら、この裁決については、新屋村と山中村が相当に激しく抵抗している。このことは、幕府の裁決が、決して実状にそくした裁決ではなかったことを示すものである。

元文元年の幕府裁決の特徴点は、富士北面に一一か村の入会を認めたが、村々間においては、いわゆる差等入会を認めたことである。

すなわち、山中村・平野村・長池村・新屋村・忍草村の五か村は、入会地で伐採・採取したものを他村（入会村々を含む）他国へ商品として売却することを内容とした入会が認められた。いわば、限定されたかたちではあるが、他の六か村にくらべると、入会地利用に関しては土地そのものの利用を除く包括的・全面的な権能が幕府権力によって承認されたともいえるのである。

裁決の事実認定と、裁決については問題があるが、このような裁決は、入会紛争に際して、しばしば幕府による裁決の特徴的な点であることを理解すれば、この裁決の法解釈的な批判は、批判とはならない。政治的な裁決だからである。とにかく、重要な点は、この元文元年の一一か村入会の裁決が、その後において、一一か村入会の規範となったか否か、ということである。つまり、幕府の裁決を、一一か村が入会の最高規範として承認し、同時に、これを一一の各村が入会の規範として遵守したか、ということである。結論的にいうならば、この裁決は、明治中期にいたるまで、一一か村入会の最高規範として存続した。

元文元年の富士北面における一一か村入会の紛争は、一一か村が、富士北面で利害関係が対立したものであり、それは、一一か村の経済的発展が自村の入会地の枠を越えて富士北面へと利用の範囲を広げたことによる。一一か村のうちで、富士北面への権利の確立を強く主張したのは、忍草村が筆頭である。これにつづいて、上吉田村と下吉田村が指摘できる。他方、一一か村入会を強く否定する村々として、山中村と新屋村とがあげられる。この両村は、富士山麓に直接に接続している位置にあり、もっとも直接的に富士北面に利害関係をもつ村である。

一一か村のうち、五か村は、いずれも村の規模が小さい。たとえば、山中村は村高が二六石余で戸数は六二軒。忍草村は村高が三〇石余で戸数は一二三軒。新屋村は村高五六石余で戸数は一三五軒。長池村は村高が三石余で戸数は三四軒である。これにたいして、下吉田村は村高が八九八石余で戸数は五〇八軒。上吉田村は村高が六二八石余で戸数が三三五軒である（いずれも文化一一年調）。このうち、小村の忍草村は持高が少ないわりには戸数が多い。これは、余業としての駄賃稼ぎが飛躍的に展開したからである。この村高にたいする戸数の多さでは、農業による再生産は絶対に不可能であるのはいうまでもない。これにたいして、六か村側は、松山村と新屋村をのぞけば、その村の構成はきわめて大きい。一一か村入会の紛争が、大村連合対小村連合のかたちをとっていることは明らかである。この、村落構成のあり方が、幕府裁決を左右したことは十分に考えられることである。村々の農業生産の展開・商品生産の展開が、富士北面の林野利用を強く要求するようになるにつれて、これまで、富士北面の林野において強い権利をもっていた小村との利害が衝突するようになるのは当然である。一一か村入会の裁決が行なわれる以前においては、五か村側の忍草村と六か村側の富士北面への立入りは、つねに、山中村と新屋村によってさまたげられていた。このことについて、六か村の村々は、その大村の実力を行使することなく、小村のいいなりになっていたのである。

この事実は、明らかに忍草村と六か村側に幕府権力による法的な裏付けがなかったことと、少なくとも二か村の権益を認めていたということである。であるから、元文元年の幕府裁決以後になると、六か村側が山中村と新屋村、とくに新屋村にたいして裁決を盾に反対する村への暴力行為や、新屋村の入会を妨害したり、さらに、新屋村内の畑地、林地にたいして侵入し、ここを勝手に利用するなどの行為が目立つようになる。この事実もまた、元文元年の幕府裁決以前における五か村側の権利を認めていたことの証拠でもある。つまり、少なくとも、山中村と新屋村に抑圧されていた反動の結果の行為なのである。

ところで、幕府の裁決は、いわば批判を許されない。判決は、権威であり、権力そのものだからである。山中村・新屋村に、いかに権利があっても、いったん裁決が行なわれた以上は、これに従うことが要求されるのである。いずれにしても、元文元年の裁決は、富士北面入会の新しい慣習を、幕府権力によってつくりだした点に重要な意味がある。あとは、この裁決を規範として、これを一一か村が遵守し、入会の具体的な内容とすればよいのであり、一一か村がこの裁決を決して犯さないというかぎり、慣習として成立するのである。しかし、忍草村を除く五か村側の村々、少なくとも山中村・新屋村は、この裁決には不服であり、この裁決をもって富士北面の規範とすることには反対であった。だが、この裁決を規範として承認しないということは、とりもなおさず幕府権力に対して抗争するのと同じであるから、およそ、裁決を規範としないことは許されないし、不可能なことであった。それは、六か村連合と五か村とでは、村の規模がまったく異なるという事情も存在する。五か村は、実力——実際は暴力——という点において、六か村連合に、はるかにおよばない、という以上は、しょせん、実力においても五か村の主張は通らないということである。しかも、忍草村は山中村と新屋村に対立していたのであるから、実際は四か村である。その意味からいっても、いかに、六か村と忍草村との産業・商業等の発展を考慮した内容の裁決であっても、絶対的権力者である幕府裁決による規範化を承認しなければならなかったのである。

このようにして、富士北面において、一一か村入会は成立をみたのである。しかし、入会の内容においては各村に差があった。すべてにしてきした講学上でいう差等入会である。差等入会を裁決が認め、これを六か村がうけ入れたということは、それなりに、幕府も六か村も、ともに入会に差異があってもやむをえない、という事実上の問題があったからで、この事実を否定して一律に平等の入会とすることまでの強引さを発揮できなかったほど、五か村側に根強い権利の歴史的問題があったからにほかならない。

裁決は、入会の内容の差異を、たんに、伐木・採取について行なったばかりでなく、土地利用についても判断した。すなわち、畑地利用についてである。裁許では、一一か村入会地で畑地＝切替畑として利用する権能がある村々は、村の「地先」に一一か村入会があることとしている。この地先きというのは、地続きという意味であって、一一か村で、この、村の地続きに一一か村入会地をもつのは、山中湖周辺では、ひとり山中村だけである。このほか、吉田地域では新屋村があげられる。この二か村は、ともに、一一か村入会地となった富士北面の原野を切替畑として利用していた実績があり、切替畑と、これに接続する草刈り場、ならびに切替畑地の跡を草刈り場として支配していたのである。この切替畑地としての利用も、一一か村入会の紛争の原因ではあったが、裁決では、先に述べたように、村の地続きでの畑地利用を山中村と新屋村に認めた。

切替畑地として利用に供される場所は、同じ入会地といっても、普通の入会とは異なる。第一に、切替畑地として利用されている間は、利用している者の独占的・排他的な権利が存在し、この土地の利用は、利用者以外はできないということである。第二に、ここでの切替畑地としての利用の実績が重なれば、なかば永続的な持分地となる可能性がある。第三に、切替畑地としての利用も、あくまで、村を背景としてのみ可能な事実であって、村と村との勢力のバランスが崩れれば、その力によって切替畑地としての利用ができなくなる。

入会も、対象物の採取のみが目的である場合の入会では、採取を行なっている木・草のみが私的な所有となり、採取を終われば、その土地ないしはあとに残っている木・草は、入会の対象物であっても、私的な所有物ではない。

これにたいして、切替畑としての利用には、二つの種類があった。その一つは、切替畑地として利用している周辺の草地は、切替畑地に肥料を得るための供給地として、切替畑地と同じように、排他的・独占的な権利が認められている場合と、その二つは、切替畑地での独占的・排他的な権利は認められているが、切替畑地周辺ならびに切替畑地利用が終って、数年を経なければ切替畑地として利用できない間の草地利用について独占的・排他的な権利が認められていない場合がある。前者は、村の公簿ないしはこれに準ずる帳簿等に「村請地」と記載されているが、形式上の面積と、実際に利用している場合との面積が一致していない。公簿記載の面積よりも、実際に利用している場所の面積が、はるかに広いような例においてみられる特徴である。この例は、山中村にみられる。また、公簿等には記載されていなくとも、村に接続しており、この場所を村のものとして認めて利用させている場合——ここでは、長い間にわたり、近隣の村々がこの利用を暗黙のかたちで認めていることもあるし、利用の期間などは問題なく、その村の利用地であることを放置したかたちで認めているのを含む――とがある。この両者は、ともに裁決によって認められた。ただし、広大な原野を切替畑とし、または、草地として独占的に利用することは禁じられている。しかし、その範囲がどの程度のものなのであるか、ということについては明示していない。したがって、区画を限って切替畑として利用するだけで、その周辺の広大な土地面積を独占し利用することを禁止しただけであり、実際に必要とする土地面積を認めたということである。

元文元年の幕府裁決は、明らかに富士北面における、山中村・平野村・長池村・忍草村・新屋村・松山村・上吉田村・下吉田村・新倉村・大明見村・小明見村の一一か村の共同の入会を裁決したばかりでなく、一一か村の入会村においても、入会に差異を設けた裁決である（差等入会）、という点においても特徴的なものである。

つぎに、三か村入会についてである。

三か村入会は、山中村と平野村・長池村の三か村が向切詰において入会う態様である。この三か村の入会はまったく平等である。三か村入会地の地籍は平野村に属しており、平野村が地元村として三か村入会地の管理を行なっているが、他の二か村も、三か村入会地にたいしては平野村ほどではないが保護・管理を行なっている。

平野村は三か村入会地にたいして、なんらかのかたちで他の二か村よりもより強い権能を有していたのか、ということになると、これを肯定するような文書はみられず、この点についても、三か村とも平等であったといえる。したがって、三か村入会地には、村々間において特別な差異があるようなことはなかった。ここには御巣鷹林があるが、これについては、三か村が同じように保護・管理をしている。

三か村入会において、入会をめぐって紛争が生じたという記録はない。地元村は平野村であるが、地元村であることを理由に優位に立つということはなかった。しかし、甲駿往還の籠坂峠（甲州と駿州との国境）において、ここに山中村の者が茶店を出すことについて山中村と平野村との間で紛争が生じた。両村ともに係争地が村持地であることを主張したのであるが、結果としては、平野村の主張が斥けられて、甲駿往還道は山中村が支配することが認められ、この道を境にして村境となった。また、茶店の土地は山中村持であることも決った。したがって、山中村が独占的に支配するところである。

この紛争の特徴は、行政としての村境を争ったものではなく、村持地であることを争ったのである。この時代の特徴として言えることは、特別の地域を除くと、個人有地のほかの村の地域は、すべて村持のように観念していたことである。これは、特定の者に共通するのではなく、全村民に共通しているのである。

平野村においても、三か村の入会地は、たんに、平野村の行政区域にあるというのではなく、村持という村所有を主張していることによっても明らかである。しかし、たとえ村持地であっても、ここに三か村が入会っていることは否定することができない。また、村持地であることによって、入会う他の二か村にたいして、入会を制限することはできない。たまたま、入会地以外の甲駿往還端において村持であることを主張しているのである。山中村も、係争地を村持として主張していて、三か村の入会とは関係がないことを明らかにしている。したがって、係争地は入会とは関係がないことになる。長池村は、この紛争には参加していない。三か村の入会を争っているわけではないからである。

第五節　入会紛争と費用

ここでいう「入会紛争」とは、村々間において入会をめぐり紛争が生じることをいう。

入会紛争に際しては、これが訴訟として領主・幕府（ないしはその下部の支配機関）にもち込まれるか、もしくは、村々間で紛争が終始し、解決されるかにかかわりなく、出費をともなう。しかし、支配機関に紛争の解決が提起されれば、その費用はかなり多くなるばかりでなく、村の代表者が一定期間、訴訟関係の機関が置かれている場所に滞在することになる。滞在といっても、任意に滞在する場合と、支配役所の命令によって滞在しなければならない場合と、訴訟の進行によって滞在しなければならない場合とがある。いずれにしてもこれについての出費はかなり大きくなる。さらに、幕府への出訴となると、その費用はかなりの額にのぼる。村の経済や機能にも影響を与える。

入会紛争に際して、村方では、出費についての記録をとるのが例であるが、山中村・長池村にはその記録類がまったく存在していない。ただ、平野村には、平野村が主体となって小田原藩領の世附《よづく》村と争った国境ならびに入会紛争の際、入費・出費を記録した帳面が残されている。この紛争は、幕府評定所にもち出される大規模なものである。それでも、紛争に際していかなる金銭の入費・出費があるかを示す重要な例の一つである。

平野村が主体となって相州（神奈川県）世附村ほかの村々と争った天保年間の国境紛争では、およそ、山村が負担できる村入用の範囲をこえて、はるかに巨額の出費となっており、この種の訴訟がいかに山村にとって重大な結果をもたらすかということを示したものである。平野村の訴訟費用の決算は、裁決前の弘化三(一八四六)年に行なわれ、『山論御見分諸入用勘定割賦控帳』というかたちでその一部が残っている。この文書は、表題からもわかるように、紛争に際して幕府役人の見分（実地調査）に要した費用が主たる内容である。したがって、裁判そのものについての費用計算は記載されていない。

右の文書によると、平野村負担の出費の合計は一七五両壱分と銭三七三文であるが、このほかに利足金としての金額が二一両三分と銀三匁五分が加算される。右の金額はそのいずれもが、平野村の六二軒に割り当てられて前者の場合には一軒について二両三分と銭五一九文である。

検分の費用はこれにつきるものではないが、いずれにせよ、一戸当たりの費用は決して少ないものではない。

訴訟ないしは紛争のような不時の費用は、だいたいにおいて戸数に平等に割り当てるのと、持高に応じて割り当てるのと、二つが併用して行なわれるのが一般的である。戸数割りは、村の構成員として平等の権利がある以上は、義務も平等で負わなければならない、という理由によるものである。持高による割当ては、村内の貧富の状態が勘案されている。村内の貧富を持高という年貢負担を基準にして割り当てるというのは、持高に貧富の状況がよくあらわれるということを反映しているということと、持高による割当が、もっとも簡単に比較的妥当な方法である、という村内の一般的な承認があるからにほかならない。これによって形式的平等と実質的平等が満たされるからである。

紛争や訴訟は、村落構成員全員のなんらかのかたちでの同意を前提として行なわれる。したがって、この紛争や評訟に村全体が参加するのはいうまでもないが、費用についても、全体が負担するのは当然である。入会紛争や訴訟に敗れたならば、入会うことはできなくなり、村民の生活上に重大な影響を与えるからである。入会訴訟は、村全体を前提としてのみ一般的に可能なことなのであり、村全体の実力と権利を背景として行なわれる。

平野村の訴訟関係費用の文書は、たまたまその一部が残されているにすぎないが、それでも、訴訟についての経費は少ないものではない。こうしたことからみても、よくよくのことでなければ、紛争の解決策の終局としての訴訟にふみ切れるものではないことを示している。

第六節　入会の規範

入会を、他村との間の入会と、村中だけの入会とに分けると、入会の規範も、二つに分けられる。他村との入会についての規範は、他村との間での入会に関する規範と、村が入会う規範とが対立してはならず、基本的には他村との間での入会の規範に、村が入会う規範が拘束される。これにたいして、村中入会の規範は、村だけの規範であり、他村に拘束されることはない。

入会の規範は、両者とも固定化されるというものではない。また、必ずしも成文化されているというものでもない。

入会の規範が、ある程度、成文化された例というのは、だいたいにおいて次の例に多い。

一、領主・幕府の裁決による入会規範の成立

この例においては、村々間の――ごくまれには村内での――入会規範が対立したために支配権力の力をかりて入会規範をつくりあげるのである。入会規範の対立というのは、入会の実際面では、村と村（入会集団間）が実力をもって支配、使用・収益（入会）を行ない、そのために両者の利害が衝突して紛争となるのである。つまり、これを一か村の入会紛争についていえば、山中村・新屋村が忍草村・上吉田村・下吉田村等の入会を排除するということになる。忍草村等は、これまで富士北麓へ入会っていることがあれば、村において、富士北麓へ入会うことができるということなのであり、それはとりもなおさず規範にほかならない。入会の実際上の細部の点――使用・収益の方法。たとえば、入会の範囲、山の口明け、入会対象物、採取量等――についての取決めについては、もちろん規範であることにほかならないが、入会ができる、ないしはできないということはその前提であって、まず、これが入会のもっとも基本的な規範にほかならないのである。これが或村によって阻止されれば、当然のことながら紛争となる。そうして、この紛争が村々間について解決しない場合には、領主・幕府権力による裁決へともちこされるのはこれまでにみた例である。支配権力は、この紛争を、なんらかのかたちで――和解か判決か――裁決しなければならない。この結果、裁決された条項は、それが当事者間においていかなる利害を与えるものであるのかにかかわりなく、新しい入会の規範として当事者が遵守しなければならないのである。しかし、この裁決の事項も、のちに遵守されなくなる場合もある。それは、入会村々の間において、遵守されないような客観的な条件が生じるからにほかならない。そうしてまた、支配権力による裁決が行なわれる。なお、その際に、新しく行なわれた裁決が、前の裁決と異なる場合もあるが、裁決はあくまで裁決なのであるから、

この新しい裁決が、新しく入会の規範となることはいうまでもない。

二、村々間における協定と、その成文化

村と村との間において、新しく入会を成立させるような場合には、入会についての基本的な取決めを成文化して行なう場合がある。また、入会紛争に際して、紛争を支配権力の裁決によって解決するよりも、村々間の話し合い、ないしは仲介による解決がある。その際に、村々間の入会の取決めが成文化される場合がある。このとりきめは、入会の規範であるから、関係村々は新しく成立した規範を遵守しなければならない。新しい規範といっても、古い規範そのままであれば、その規範の確認ということになるが、形式上は新しい規範である。

三、村内における入会規範の成文化

入会をめぐって、村内で紛争が生じるということは、徳川時代を通じては一般的ではない。だが、入会についての紛争が生じ、その解決として、成文化された入会規範が残されることもある。また、紛争とまではいかなくとも、なんらかのかたちで入会規範を人々が遵守しなくなり、入会規範の遵守を口頭で指示しても、これが実行されないときには、成文化された入会規範ができることもある。このほか、連判というかたちで、入会規範を守ることを誓約する場合もあるが、これもまた、入会規範の成文化と同一のかたちである。いずれにしても、これらはすべて権利者全員の同意を必要とすることで一致している。

ところで、先に述べたように、数村入会・村々入会の場合には、入会の規範は、この入会村々間との入

会規範になによりも従わなければならない。各村の入会規範は、村々間での入会規範に対立しないかぎり入会規範として村々から認められるのである。村々間において生業の変化か、各村の実力の変化、ならびに村々間が共通して規範を変えようとしたときには、入会規範に変更が行なわれたりするのであるから、入会規範は一度これを決定すれば、固定化し永久に続くものであるということにはならない。また、入会村々の消長によっても、権利主体の構成——この場合は村——に変化を生ずる。たとえば、入会構成村が入会に関する費用を出さなかったり、入会紛争に参加しなかったり、ないしは紛争に要する費用を負担しなかった等ということで、入会構成から脱落することがある。この例として、富士北面東側の入会村から内野村が脱落したのと、西側では浅川村《あさがわ》が脱落した例がある。いずれにしても、入会が固定化されるということはありえない事例である。入会の変化、したがって入会を可能とする入会規範の変化は、それが画一的な、もしくは相互の取決めによる新しい規範の成立であるか、ないしは、次第に変化したものかは問わず、すべて、入会村々間の同意を必要とする。つまり、入会が次第に変化していても、この変化を入会村々が同意していれば——この同意は、入会という事実が変化しているのを問題化しないで、そのまま続けて行なう場合でも同意と同じである——、入会（慣習）は、この暗黙の承認のうえに立って変化したということができるのである。この場合、入会の変化について、特別の形式的な協議を必要としない。

数村入会の場合、各村が独自の入会規範をもつことはありうるが、この規範が、数村入会の規範に対立したり、あるいは数村入会の規範に反するようなものであったときには、入会うことはできない。たとえば、数村入会間に、山の口明けが規定されていた場合、各村々が、勝手に山の口明け日を決めて入会うことはできないし、採取器具について制限があった場合、各村は、この制限を無視することはできない。このようにして、数村入会においては、各村の入会規範は、数村入会の規範のなかにおいてのみ、入会規範として認められるのである。一一か村入会においては、しばしば規範を犯した者が出て、本人はもとより、その者が属する村の代表者たちが「詫び書」（謝罪）を出す例がみられる。

村中入会の規範については、このようなほかには村からの誓約はない。村が独自なかたちで規範をつくることができるのである。この規範は、長い間にわたって慣習的に規範となったものもあり、また、新しく規範としてつくられたものもある。規範が、いつの間にか慣習的にきまっているような場合でも、この規範が固定化されるということはなく、いつでも村＝権利者総体の都合によって廃止することや改められることがある。慣習というかたちの入会規範は、その慣習＝規範を、権利者全員が認めているかぎり規範としての地位を保つことができるし、また、効力を発生する。入会が慣習的に行なわれるという事実は、その慣習を権利者総体が絶えず認めているというからなのであって、それゆえにこそ、慣習は、慣習として維持されているのである。しかし、慣習ないし慣習的規範は、それが、前の時代からもちこされてきている規範が、絶対的な地位を与えられているものではない。入会慣習も規範なのであるから、それが成文化されているか、ないしは入会の実際においてのみ顕然化するのかにかかわらず、いつでも、時の事情によって変えることもできるし、廃止することもできる。

すなわち、入会の規範は、入会の客体（土地・動物・植物等）にたいする主体（入会集団・権利者）の行動や意識を規律するものであるから、主体の都合によって、どのようにでも変化させることができるのは当然である。

なお、この入会の規範を外部から制約するものとして、支配権力による入会の制限や変更がある。これらは、あくまでも支配と被支配との対抗関係によって決まるものである。

第七節　入会と地盤の所有

富士北面の一一か村入会地のうち、一部の土地を除いて、残余の大部分の林野は、その地盤の所有が明確ではない。この地盤の所有というのは、入会地にたいする土地の「所有」ないしは絶対的・排他的な支配の主張であり、複数の村による共同の「所有」についてのことである。あるいは、土地の「所有」という観念が何らかのかたちでみられるということによって、特定の村が地元村として他の入会村々よりも入会地にたいする発言も強く、かつ、支配的な管理などを行なっている、ということがみられる、というような意味内容をもつものと規定してもよい。

先に指摘したように、一一か村入会地において、特定村の入会地盤にたいする「所有」の意識と、「所有」の観念がみられるのは、山中村と新屋村の例においてである。なおここで、所有を「　」（カッコ）づきにしたのは、徳川時代における所有の事実ないしは形式＝法制的確認が、近代的な所有権制度における所有とは完全に一致したものではなく、その所有の事実・形式ともにいくつかのニュアンスに分かれているということだからである。したがって、その事実において、これを近代的な所有権と同等に対置するのは、近代的な法制度——したがって、近代的な法律的確認——ができていない、ということからためらわれるだけのことである。事実上においては、近代的な所有の実態となんら変りのない、「所有」に共通する支配がかなりみられるし、意識もみられるのである。とくに、個人持の土地——田・畠・宅地においてはいちじるしい――について、この点を指摘することができる。なお、公簿に登載されている「村持」地は、村「所有」にほかならない。ここには、村による排他的・絶対的な支配が確立され、これを公権力が認めているからである。

この「所有」ということを、近代的な所有と対置しないで、土地支配にたいする独占的・排他的な観念と、その実際的な支配＝所有のあらわれ、という点からみるならば、入会土地にたいする「所有」は、向切詰の三か村入会地における平野村の、入会地全体に対する土地「所有」の意識、ならびに、向切詰の同じ入会地のうち、山中村との村境における山中村の土地「所有」の主張のなかに、端的にあらわれている。また、平野村の村持地に長池村が入会う例においては、平野村が土地の「所有」を主張して長池村の入会を排除したことにたいし、支配役所では、入会を認めている。この例では、土地の所有は入会に対抗することができないことを示している。また、山中村・平野村・長池村の村持（共同体的「所有」）の林野・畠地においても、右のような土地所有の事実がみられる。

ところで、土地「所有」の意識、観念ないしは土地所有の事実といっても、(イ)個人持の土地、(ロ)単独入会地、(ハ)数村入会地、についてはそれぞれ特徴のある土地「所有」の意識ならびに事実がみられる。しかし。この三者に共通する点は、ともに、土地の「所有」――という権利――が、村落共同体を前提としている、ということである。このことが明確にみられるのは、土地にたいするトラブルが他村との間においで生じた場合である。ここでいう土地とは、土地の帰属だけを意味するばかりでなく、土地上の物にたいしても同じである。すなわち、自村の者がなんらかのかたちで他村の者から被害をうけたとか、他村の者との間でトラブルを生じたとかいう場合、たいていの場合、村＝共同体が自村の者の側に立ってトラブルに介入する。個人有地であるといえども、その状況によっては、領主・幕府の強権力よりも自村の方がより確実に自己の財産を保護してくれるわけである。これに反して、自村にたいして被害を与えたり、自村に不利益となるようなことをしたり、規範ならびに制止を聞かないで事を起せば、その財産の保護はされない。その限りにおいて、個人持の土地・物といえども、村＝共同体との諸関係を前提としなければならなかったのである。しかし、個人所有が村落共同体のなかに埋没しているというわけではない。個人所有地は売買されているし、債権にも供されているのである。これにたいして、入会地の場合には、すべて村・共同体を前提とすることは当然である。それればかりではなく、個人持の土地・物が個人の独自の財産であるのにたいして、入会地の場合には、村＝共同体構成員全体の財産だからなのである。したがって、この土地については、村＝村落共同体構成員全体の「所有」が存在する。もちろん、この土地にたいして、構成員一人一人の「所有」の意識が明確にあらわれていることはない。土地にたいする紛争、ないしは入会の紛争、産物や土地に附帯する物（動物・植物・鉱物等）に関する紛争、あるいは土地利用等に際してこの土地「所有」にたいする意識は、全体としてあらわれるのである。つまり、構成員の意識（観念）は、それが、明確に一人一人の自覚を反映しているものではなく、村＝村落共同体全体の意思表示——すなわち、意識ないしは観念——として、個人（の意識）が総集されたかたちをとる。この、全体としての意思表示は、村落共同体構成員の、多数の反対がないかぎり、全員の意思として、対外関係において体現化されるのである。村持＝共同体的「所有」は、全体のものであるから、個人持地とは異なり、もしくは、数人持地という共同「所有」地（ほとんど共有に近い形態）とは異なり、個人はあくまでも全体のなかに埋没しなければならないし、個人は、全体によってのみしか、その利益ないしは意志を表示することができないのである。もちろん、全体のなかで、個人の利益や意志が貫徹されるというものではない。全体のなかに、個人の利益や意志が包摂されており、そのなかにおいてのみ、個人の利益として可能となるのである。

数村入会地において、地盤にたいする「所有」意識がみられる例として、山中村・平野村・長池村の三か村入会地における平野村の地盤「所有」の主張、ならびに、山中村の三か村入会地との境界線にたいする地盤「所有」の主張の事実を指摘することができる。また、先に示した長池村の入会にたいする平野村の村持の主張のなかにもみられる。このほか、一一か村入会地においても、山中村・新屋村が畠地としたり、植林などを行なっている場所においては、土地「所有」の意識がみられるのである。ただ、この土地「所有」の意識は、『検地帳』という公簿に記載されている個人の畠地のように、個人が個人持地（すなわち、所有）であることを主張し、また、この土地を比較的「自由」に処分しているのとは異なり、あくまでも全体である村＝村落共同体を前提としている点に特徴がある。他の一一か村入会地においては、きわだって土地「所有」を意識したり、主張したりしている点はみられない。

村中入会の場合は、山中村・長池村ともに例外なく土地の所有を意識している。

では、一一か村入会地においては、いったいどの村が地盤の「所有」者なのであるのか。このことについては、これを明確に指摘することができない。ごく一部の土地においてなら、地盤の「所有」村を確定することはできても（前記、山中村と新屋村）、全体的にみると、一一か村入会地においては文書上では地盤の「所有」村はみられないのである。とすると、この土地は、一一か村全体の土地であると意識してきたのか、というと、この点について明確に指摘することができる文書がないのである。だが、一一か村入会地においては、地盤「所有」者が、どのように確定されようとも、地盤「所有」の形式によって、入会がいささかも左右されるものでないことは明らかである。封建的支配の強固な時代において、もしかりに、一一か村入会地が天領として、徳川幕府の「所有」であったとしても、その「所有」によってさえ、一一か村入会にはなんらの関係もなかったのである。しかしながら、徳川幕府が、一一か村入会地にたいして「所有」を主張した事実もなければ、土地所有者として一一か村入会についてこれをコントロールするようなこともなかったし、入会に際して賃貸借のような手続や書式なども要求したことはない。いずれにしても土地の「所有」者が入会についてはなんの影響力をもたなかったのである。

一一か村入会地においては、土地の所有は空白であったといえる。この空白ということは、土地の所有がない、あるいは所有者がいないというのではなく、地元村を確定することができないということなのである。逆の言い方をすれば、地元村、ないしは特定の村の所有としてはならないし、地籍ですら確定してはならないということなのである。それを行なえば新しい紛争となることが明らかであるからにほかならない。その意味で、不正確ではあるが一一か村の共同所有地といってもよい。少なくとも、これに反対する文書はない。

この点は、三か村入会についても指摘できる。三か村入会地では、平野村がひとり三か村入会地の土地の「所有」意識をもっている。山中村・長池村は、ともに、この三か村入会地にたいして、土地の単独「所有」を主張したこともなければ、意識も持っていなかった。こうした状況のもとにおいてさえ、平野村は、実質的には三か村の入会をコントロールすることはできなかったのである。

平野村と長池村との二か村入会地については、平野村は入会地の「所有」ということをかなり強く主張し、長池村の入会をコントロールないしは排除しようとしている。しかし、実際においては、長池村の入会をコントロールすることもできなければ排除することもできなかった。ただ、入会について、おそらく、平野村が長池村をリードしたり、また、なんらかの妨害――いじ悪いしうち――をしばしば行なったであろうことは、文書上からも推測することはできる。

第八節　林野入会をめぐる諸問題

富士北麓の村々における林野の入会は、(イ)村中入会、(ロ)村々入会、とに分けられる。このうち村々入会には、富士北麓の広大な林野をめぐる一一か村の入会があり、このほか、山中村・平野村・長池村の三か村入会と、平野村と長池村との二か村入会、駿州須走村との境界紛争が確認される。残存する資料の点からみると、先の一一か村入会地の入会をめぐる文書が多く、あとは三か村入会についての文書が若干残っているほかは、きわめて少ない。関係部落(旧村)に残されている入会関係の文書は、そのほとんどが村と村との間の入会紛争に関する文書であり、入会内部の文書、たとえば、規範(取決め)・制裁・入会方法・採取物・植栽等に関するものはごくわずかの例外を除くと、ほとんど存在しない。これらの文書は、通常、存在しない――書かれていない――ことが多いために、必然的に入会紛争関係の文書から手掛りを摑むより方法がない。しかも、これらの文書は紛争関係の文書であることを反映して、客観性を欠く場合もみられるので、こうした点をも考慮すれば、資料上の制約をかなり受けることになる。そのうえ、入会紛争に関する文書ならびにその関連文書でさえも長い間には紛失しており、研究上の制約は倍加される。

ごく大雑把にいって、残存する入会関係文書から、入会紛争についてみると、一一か村入会を確定した元文元年の幕府裁決以前の紛争には二つの傾向がある。その一つは、享保期の紛争は、はじめから一一か村が富士北麓の共同の入会を争ったものではなく、隣接する村々において争われたものである。はじめの紛争の頃は、紛争の規模としては小さかったのが、のちに、一一か村全体の権益の問題にまで発展したものである。その二つは、享保期以前の紛争である。この時期の紛争は、数村間の紛争がほとんどなく、隣村間の紛争が多い。富士北麓の入会紛争にしても、一一か村の入会紛争にまで発展するという傾向はまったくみられないのである。

享保期以前においては、のちに一一か村の紛争に参加する村々の経済的発展というものが、まだ、広大な富士北麓を必要とするまでにいたっていなかったからであろう。村々には、村持（村所有）の林野が存在するので、富士北面の林野に立入ることはあっても、紛争にまで発展するような利用までにはいたっていなかったのものと思われる。この時期に、富士北面の林野を村持というかたちで支配していた山中村と新屋村は、富士北面の広大な林野に直接隣接していて、ここが村持のようなかたちをとっていた。この二か村以外の村々は、甲駿往還の公道を越えて富士北面の林野へ立入らなければならなかったのであり、それには、山中村と新屋村の地先を越えて入るようなかたちになる。入会というかたちによって、全村の者たちが入会道によって公然と立入るようになるのは、享保期以後の養蚕・製糸・織物業の発展と、運送業の発展、ならびに人口の増大による林野への依存度が高くなったためである。

このことはまた、山中村・新屋村にとっても同じ事情であった。

ところで、元文元年の裁決は、富士北面を一一か村の入会地であると裁決しながらも、その入会には差等があることを示した。この裁決は、幕末・明治初年にいたるまで基本的にひきつがれるのであるが、この裁決によって紛争がまったく終了したのではない。入会紛争は、この裁決直後において、およそ裁決以前の「入会[1]」にはみられない暴力的な利用（使用・収益）が、忍草村・上吉田村・下吉田村を中心として行なわれる。それは、とくに新屋村への暴力行為と、新屋村・山中村の村持の畠地等への侵入であり、ここにおいて右の村々は新屋村・山中村の権益を否定し、裁決を楯にして切替畑を行なうことを意図したのである。この意図は、幕府によって否定されはしたが、元文元年の裁決以後においても、右の村々と山中村・新屋村との紛争はしばしば生じている。

この紛争中で、とくに注目すべき点は、切替畑をめぐる紛争が、入会というかたちを中心として行なわれているという側面をもちながら、本質的には、切替畑地の「所有」が争われているということである。このほか、一一か村入会地における使用・収益をめぐる紛争もみられるが、幕末期には、幕府の裁決をうけるまでに発展するような一一か村全体の紛争はみられない。それは、富士北面の林野が、村との接続地において、その村が切替畑のための利用を行なう以外、すべて一一か村の共同入会地として裁決されたからにほかならない。もっとも、一一か村の共同入会といっても、入会の現実＝使用・収益には村々の間では差異がみられる。この差異は、その後、明治初年にいたるまで変わることはなかった。というのは、この紛争をめぐって大きな紛争もなく、したがって幕府も、前の裁決を変更するような裁決を行なわなかったからである。

こうして、富士北面には、個人所有地のほかに村——とくに、山中村・新屋村——の所有地があり、ついでこの外枠として村持地（村の絶対的支配地）という村の利用地があり、このほかに一一か村の入会地が存在するようになった。

このうち、村利用地というのは、富士北面に接続する村が——とくに山中村・新屋村——、接続する地域において独占的に利用することのできる土地を意味し、切替畑などを行なっているところである。この利用は、元文元年の裁決によって法認されている。一一か村入会地は、右とは異なり、一一か村が差等入会の裁決に従い共同で入会う場所であり、使用・収益する地域が一定していない。この共同というのは、一一か村が入会うということを意味し、その使用・収益が必ずしも同時に、そうして同等の収穫量をもつものではない。いいかえれば、入会うことができるという権利の形式的平同性をもつものである。したがって、一一か村は、右の差等入会を遵守しながら、富士北面において、村々の都合のよい場所に立ち入り、使用・収益を行なう権利を有している。それは、村の地続きでの土地利用を除き、入会村々が一定の地域を恒常的・独占的に利用することができる、というものではない点に特徴がある。と同時に、右の村接続地での利用を除く一一か村の入会地においては、明治初年にいたるまで、恒常的・独占的な土地利用——そのかぎりでは、村持地＝村単独入会地のような——は一一か村によっても、また、幕府によっても認められていなかったのであり、事実としても、そのような入会の形態は存在しなかったのである。

(1)　ここで入会を「　」づきにしたのは、少なくとも、山中村・新屋村は元文元年裁決以前の富士北面において、忍草村・上吉田村・下吉田村・大明見村・小明見村・新倉村の入会を認めていなかったからである。二か村は、ともに村所有を主張した。

第九節　徳川時代の初期入会紛争と中期〜幕末期の入会紛争

富士北麓の村々——とくに一一か村——には、例外なく、内山（村持地＝単独入会地）が存在した。もっとも、この内山には三種類あって、その一つは、『検地帳』などによって村持地として法制的に確認されたもの。その二つは、裁許状ならびに和解などによって法認されたもの。その三つは、隣村等が認めているか否かを問わず、実際的に当該村落が単独で利用しているところである。その内山の規模や面積となると、村によって異なっており、それは、村の規模（家数・人口・生業）に関係がない、つまり村の大きさに比例して存在しないこともあった。したがって、内山が少ない村が産業・商業の発展によって、より広い林野を必要とする場合には、隣村間の入会によらなければならないことになる。

ところで、一一か村のうち、富士山に直接的（接続）に関係なく内山をもっているのは、山中村・平野村・長池村の山中湖をとりまく三村のうちでは、平野村と長池村である。山中村も、採草地として大出山という内山をもってはいるが、内山の規模からいうと前の二か村の比ではない。山中村・新屋村とも、その大部分が富士山に直結していたのである。つまり、富士山が内山であったということである。一一か村のうち、他の村々においては、新屋村が山中村と同じ環境に置かれているほかは、松山村がこれについでいるだけで、他は、富士山に直結しない内山をもっている。これは、享保期に新屋村が幕府奉行所へ出した訴状に述べられているとおりである。ここで念のために付言するならば、この富士山に直結するか否か、ということは、地理・地質学上の分類からではなく、きわめて、土俗的・概念的な用語の使用法であって、そのかぎりでは理科学的な分類によるものではない。

山中村と新屋村が、その林野利用のほとんどの部分を富士山に求めていたことは、初期の入会紛争を理解する上で重要である。すなわち、初期においては、少なくとも右の二か村が、たんに富士山に直接に接続して存在している村落の存在という地理的条件ばかりからだけではなく、富士山以外にたよるべき内山を――他の村落との比較的な意味において――ほとんどもたなかった、という経済的な条件下に置かれていたことである。したがって、富士山への依存度は、きわめて高かったということが指摘できる。そのために、比較的早くから、他の村々よりも富士山の利用が全村的なかたちで行なわれていた。富士山での利用が、あたかも独占的であるかのような、そのかぎりにおいて、内山のように支配され利用されていたのである。山中村・新屋村が全体（全村）的・主体的に富士北面の林野に立ち入り、林野の利用を行なっていたこと自体が、ただちに、初期入会紛争において、確固たる権利として主張され、幕府に認められるという法的根拠をもつものとは断定することはできないが、しかし、村に接続するかなりの地域は、いわゆる内山として認められてもよい。

初期入会において、富士山麓を全村的なかたちで、全面的に林野を利用していたのは、明らかに、山中村と新屋村であってその他の村々の林野利用については、この二か村ほどではなかったことは明らかである。この入会とは、文書上において入会と記載されているもののみを指し示すのではない。文書上において「入会」といわれるものは、通常、数村（村々入会を含む）入会を示すのであって、山中村が富士山における単独の林野入会を主張する場合には、入会という用語を使用せず、村持ないしは縄請地・内山・山中村進退・山中村持分などという用語を使用している。このように、入会地と村持地、ないしは村の絶対的支配進退下に置かれている土地とを、用語上において区別していたということはきわめて重要である。というのは、入会の研究上において、川島武宜氏が概念規定した、入会の形態を次のように大きくわけて研究するのが――少なくとも法社会学においては、入会研究上の――共通の了解事項であった。(1)

一、古典的利用形態　入会集団構成員が全体として――そのほとんどの場合、同時に――入会地において使用・収益を行なうこと。一定の産物を採取して、自己の個人的所有とする。

二、直轄利用形態　入会団体が団体として入会地に立入り、産物を採取したり事業を行う。

三、分割利用形態　入会集団構成員が、入会集団の規制のもとに、個別的に入会地において使用・収益を行なうことであり、割り地・割り山などとよばれ、入会集団構成員が入会地を区画して排他的・独占的に入会地を使用・収益するが、しかし、それは入会集団の規制のもとにおいて行なわれる。

四、契約利用形態　入会集団が、入会地の全体ないしは一部を、入会集団構成員も含む特定の者――外来者でも外部の者でも――に入会地の使用・収益を契約によって認めることである。

この入会の形態は、一村入会・数村入会を問わず適用される。一村入会は、いうまでもなく、一村が単独で入会うことであるが、この入会は、地盤と入会の関係という面からみると、(イ)自村の土地に入会う場合と、(ロ)他村の土地に入会う場合とがある。このうち、自村の土地に――少なくとも、自村の土地であると観念している場所と、自村が、独占的・排他的に使用・収益していると観念している場所と――入会うことを、入会というように表現しなかったのは、このような入会地を、村持地＝村所有地として観念していたからにほかならない。つまり、地盤の所有も、ここを使用・収益する権能も、ともに一つの村に属する場合であり、ここには、他村の入り込む余地がないほど、当該村の支配が確立されていた。もちろん、こうした林野でも、必ずしも『検地帳』等のいわゆる「公簿」に登載されているとは限らない。むしろ、公簿に登載されているか、いないかにかかわりなく、現実の支配権が確立しているかいないかに、その土地の所有の帰属が決定したのである。たしかに、公簿上において村持であることが明確にされ、租税を支払っているという実証ができることは、紛争になったときとか、他村との関係において自村の所有を公簿上で主張できる、しかも、公然として主張ができることである。しかし、現実的には、公簿に記載されているような林野は、ごくわずかにしかすぎない。ほとんどが「公簿」上においては、村持であることの確証が得られないのである。これは、公簿制度上の問題である。しかし、現実においては、それにもかかわらず、林野利用の実際上においては、このように、村持が存在するのである。こうした土地は、村落構成員が共同で（zur Gesamten Hand）村落共同体全体の規制のもとに管理するとともに、使用・収益を行なっている。その利用形態は、数村入会地ないしは他村入会におけると同様であっても、地盤所有を含めて、ここに絶対的・排他的な権利をもつという点において、村持入会が他の入会と異なるところであり、村持入会とはよばない重要な意味がある。したがって、集落＝村落に近接する林野において、入会地ともよばない林野が存在すれば、それが他村ないしは個人的所有地ではないかぎり、その土地は、村持地であり、その権利内容は、講学上の総有（Gesamteigentum）なのである。[2] そうして、利用の形態によっては、一村の入会地とよんでもよい。ただし、この入会地とは、地盤の所有も入会村に帰属する。

ところで、徳川時代初期において、右のように、明確に村持地＝所有地として意識されていた林野が、この地域においてどのくらい存在していたのであろうか、ということについては明らかにすることができない。「公簿」上において明確に村所有と記載されているならばともかく、土地ないしは入会をめぐる紛争でもなければ、記録（文書）というかたちにおいてこの土地所有についての実態があきらかにならないからである。また、紛争についての文書が存在しても、土地所有についての適確な記載が存在するか否かは、これもまた必ずしもあるとはかぎらない。こうした点を考慮にいれても、わずかではあるが、文書上において、入会と土地所有の分離が確認されるのである。富士北面の林野をめぐり、山中村・新屋村が主張するところにみられる意識は、あたかも、他の村々が内山にたいする支配の意識と同じであり、それは村持地＝村所有の意識にほかならない。とくに、山中村が切替畑地として利用している場所においては、その意識が強くみられる。富士山北面を二分して山中村と新屋村が村持地であること主張した背景には、たんに富士山麓において山中村・新屋村が富士山に接続しているというばかりでなく、林野の利用が他の村々よりも多く行なわれており、さらに、林野の保護・管理もこの二村が主体的に行なっていた、という事情によるものと思われる。そうしたことが、富士山麓の林野にたいする「所有」意識となって形成されつつあったのであろう。いずれにしても、この林野には、(イ)内山のような村持林野と、(ロ)これに準ずる排他的・独占的な林野――この林野には、切替畑地に代表される土地がみられる――と、(ハ)右の林野に比べると、それほど排他的・独占的ではない林野――しかしながら、利用と保護・管理についてはきわめて他村よりも差異がある――が、みられる。

徳川時代初期から中期にかけては、この入会全体が紛争にまき込まれるのであるが、内山のような林野は、たとえその林野が「公簿」に記載されていなくとも、いわゆる入会を主張する村々からは入会地としては除外される。そうして、残余の広大な林野が、入会地であるか、ないしは村持地であるか、ということが争われるのである。紛争に際しては、証拠書類がかなり重要なきめ手になるのはいうまでもないが、その証拠書類にしても、書類解釈という点になると、必ずしも決定的な適確な解釈が存在するとはいい切れない。ある場合においては、かなり、解釈をゆがめても、紛争をある方向に導かれることもある。この「ある方向」には二つある。その一つは、紛争当事者間の「ある方向」であり、自村にとって都合のよい解釈が行なわれる。その二つは、領主(幕府)にとっても都合のよいかたちで解釈が行なわれる。このうち、紛争当事者間のそれぞれの主張は、当然のことながら紛争当事者の利害を反映して、自村に都合がよい主張がなされる。この主張のなかには正しい主張もみられるであろうが、いずれにしても紛争当事者であるだけに、その主張のみからだけでは、事実の判定はむつかしい。これにたいして、紛争の裁決にあたる領主側——とくに幕府ならびにその出先機関——は、紛争の事実審理が、紛争当事者の訊問ならびに実地検証、さらには他村の証言などを含めて、権力を背景として総合的に行なわれるのであるから、裁決（判決）も事実の客観性を土台に公平・適正であるべきはずである。だが、裁決の現実は、しばしば右の原則が適用されていない。すなわち、その理由は、裁決が現実主義に立脚しているからである。裁決が、既存の権利の保護ないしは、権利そのものの保護を絶対視して行なわれるのではなくして、しばしば、村々の再生産構造の変化に対応して行なわれる。そのために、小村が大村の犠牲になったり、単村が複数村の犠牲になったりすることが裁決に際してみられる。その背景には、経済的発展によって幕府（領主）に多大の利益をもたらすような場合に、その経済的発展の土台になっている林野利用について認めるような裁決を行なうからである。このことは、明らかに裁決が従来からの権利を無視して行われているということである。

入会紛争を経済的な側面においてとらえると、およそ、つぎのような事実を指摘することができる。すなわち、富士北面の事例においては、生産諸力の上昇と、生業の変化によって、それまで権利をもっていない村々でも次第に富士北面に進出するようになり、ここを重要な拠点とするようになる。それまで主として内山での使用・収益を行ない、富士北面では、たんなる補助としてのかたちで必要とするものの採取を行なっていた村々は、より多くの林産物を求めて、富士北面への依存度を強めるようになる。こうした林産物への依存度は、人口の増加にも、また、生業の変化や、農業生産力の上昇、農業の変化、産業の主軸であった養蚕・製糸・織布や商業——主として運送業——の発展などによってその比重を変えるが、より具体的にはつぎのようなものである。

(イ) 内山＝村持地に、目的とする林産物が少なくなったり、また、新しく開墾することの可能な土地が存在しない場合。

(ロ) 富士北面の林木を伐採して、これを自家消費したり、または、他へ売却するなどして、生業をこの方面に求めること。

(ハ) 将来の重要性を考慮して、富士北面への収益権を主張しておくために、すでに、ここでの使用・収益を行なっていた村々の抵抗を排除して利用すること。

(ニ) 商業——とくに運送業——の発展による採草地の拡大。

このように、村々の林産物・農産物・手工業・商業等にたいする需要が増大し、これに用する資料を自村内においては調達できなくなったために、富士北面の広大な林野が、彼等の恒常的な使用・収益の対象地として大きくクローズアップされてきたために紛争が生じるようになったのである。このことは、同時に、各戸の拡大再生産を意味するものであり、生業の進展とともに収益の増大となってあらわれるのであるから、農民の剰余労働の収奪によってのみその再生産を行なうわが国の領主財政にとっては、その剰余の拡大部分を収奪することができれば、それは、領主的再生産の拡大を意味することになる。

紛争の裁決にあたって、こうした領主＝幕府側の配慮がなかったとは言いきることができない。小村が、権利の歴史性を主張して、ひとり広大な林野を独占し、大村である他村の入会を認めない場合、領主＝幕府は、権利そのもののみに着目し、その法律的判断のみで裁決を行なうということは、決して幕府の基本方針ではない。富士北面の入会紛争を、谷村支配役所・石和代官所・幕府勘定奉行所・評定所のそれぞれの判断についてみるかぎり、その解決ならびに採決には、現実の利害関係によって左右されているのを指摘することができるのである。すなわち、この地域の住民にとって、林野の存在とは、たんに、この林野において日常生活に必要な補充物を採取するだけにとどまらず、農業肥料をはじめとして、農耕用ならびに運送用の牛・馬の飼料や家材木・家道具・薬草などのほかに、養蚕・製糸、小商品生産等に必要な物品を採取していたのである。領主＝幕府にとって、農業生産の発展はもとより、製糸・製織業の発展、商業の発展は、ともにこの収益に課税することをもって、幕府の収入の増大が見込まれるのであるから、これらの生業を広汎に営む村々が、その生業にとって不可欠とする林野産物を採取する権能を得ようとするときには、小村の利益をおさえてまで、大村の利益をはかったのである。

幕府の入会裁決には、このような幕府の利害にもとづく政策が反映していたともいえる。

徳川時代中期から幕末期の入会紛争の特徴はつぎのようなものである。

山中村・平野村・長池村は、ともに元文元年での裁決では、富士北面についての最優等の入会が認められた。しかし、このうち、山中村は、さらに他の二か村と異なった土地利用に関する入会の権利が認められている。裁決では、村の名前をあげてはいないが、富士山麓に位置する村々の状況からみると、この権利を認められたのは、三か村では明らかに山中村のみであることがわかる。山中村は、村の地続きの場所にもおいて、切替畑地としての土地利用の権利が、他の村々とは別に認められたのである。というのは、平野村は、その村の山中湖の北側の接続地には、長池村との入会地のほかに、長池村の土地に接続してお り、またさらに山中湖の南側には、山中村・長池村との三か村入会地に接続しているほか、山中村の土地に接続しているという地理的な条件下に置かれている。長池村は、平野村との接続地の反対側で山中村の土地に接続しており、山中村の土地を越えないかぎり、富士北面には入れない。幕府の裁決は、この三村間においても、さらに入会について差異をつけたのである。これは、入会の慣習的事実によって三村間とともに、富士北面において最優等の入会を行なうことを裁決された。新屋村と忍草村とについても若干の差異はあるが同じようなことがいえる。

すでに述べたように、元文元年の裁決は、山中村・平野村・長池村・新屋村・忍草村に、他の入会村々六か村とは異なった最優等の入会を認めたのである。しかしながら、右の五か村で、富士山麓に村が直接に位置し、接続しているのは、山中村と新屋村のみである。そのために、山中村と新屋村とは、切替畑地の境界をめぐって紛争をたえず起こしており、それが村境論争となって発展したのである。つまり、村持地の範囲争いである。ここでは、土地の利用について、異なった村々の利用者たちがまったく近接していたために、その接点で紛争を生じたといったことから、さらに発展して、土地利用を確実にするために、紛争地が村持地であることを主張するようになった。こうした紛争については、他の村々は積極的に介入していない。事実問題として、少なくとも、新屋村境から、籠坂峠にいたるまでは、東・西を二分して——そうして、その接点として富士川砂近辺において両村の村境として——、山中村と新屋村が「所有」にまで高められる支配において、土地の利用を行なっていたことを示している。

たとえば、享保一四（一七二九）年八月六日の、山中村と忍草村・新屋村との紛争を幕府が裁決した内容には、「往還道より上者山中村切替地ニ無紛条之忍草村一切不可差綺候」とあり、山中村と新屋村をつなぐ往還道より上、すなわち富士北面には、忍草村の切替畑地は存在しないということが明確に示されており、この地には、ひとり山中村の切替畑地が存在したことを明らかにしている。

このように、富士北面においては、山中村が土地利用を含む、富士北面全域にわたる包括的な権利をもっていたことがわかる（ただし、ここでは新屋村等については触れない）。幕府の裁決は、その内容において、山中村と新屋村が事実に相違するものであることを主張して反対はしているが、裁決の内容からみるかぎり、事実問題を考慮しているといえるのである。もちろん、山中村の切替畑地としての入会地の利用は、山中村の地先きにかぎられている。したがって、はるかに遠い地点での切替畑地としての利用は認められていない。切替畑地としての利用は、独占的・排他的な利用を長い間にわたってひき起こすことになり、他の共同の入会ができなくなるからである。

ところで、この元文元年の幕府裁決によって、富士北面における入会紛争が終結したのか、ということになると、必ずしも終結したとはいえないのである。なるほど、富士北面について、どの村が・いかなる権利内容をもち・いかなる範囲で入会うことができるか、ということについては解決した。そうして、富士北面においては、一一か村の入会紛争は解決したものといえる。

しかしながら、富士北面においては、この一一か村入会を背景に、入会についてつぎのような紛争が新しく生じている。

その第一は、使用収益（入会行為）についての紛争である。

この紛争の特徴は、富士北面が一一か村の入会地として裁決されたことによって、これまで、新屋村や山中村などによって、富士北面への立入りをしばしば妨げられていた村々が、公然と立ち入ることができるようになり、その意味において平等の権利をもつことができるようになった。もちろん、この権利は、入会うことができるという意味で、形式的平等であるが、入会の内容は入会村々において差等入会であり、決して平等ではない。しかし、富士北面に公然と立ち入ることができて、制限された範囲内ではあるが、必要とする品々を採取することができる、というかぎり、平等なのである。この富士北面へ立ち入ることができるという権利、そうして、品々を採取することができる権利をもつことができたために、六か村側は、大村であるという村の規模を実力として富士北面に立ち入り、裁決で許容された以上に目的とする品々を伐採・採取したのである。これを、五か村側からみれば、乱伐・濫採にほかならない。そのうえ、大村による入会は、小村による入会をことごとく妨害するようになる。富士北面での使用・収益は、ともに入会を権原とするものであるから、使用・収益の現実面は、どうしても実力のある村の方がより多く・より効果的・より排他的に行なうということになる。幕府の裁決によって、一一か村入会が公然とはじまっただけに、入会についてのルール（規範）が文書上において明確に確立していなかったことも加わって、入会の現実面に混乱を生じているのである。

その第二は、右と関連するが、山中村・新屋村等の切替畑地にたいする六か村側の侵入である。

このことは、六か村側――ただし、必ずしも六か村が全部参加したというのではなく、六か村に属する村々という意味である――が、切替畑地をも採取地等の入会地としてとり扱い、この地にたいする特定村々の独占的・排他的な長期利用を認めないということである。念のために付言するならば、ここでいう「長期」という表現は、数年・数十年を含むものから、二年という短い期間をも含むのである。とにかく、採草のように、刈り取っているわずかな時間だけが刈り取っている者の独占的・排他的な権利という、きわめて限られたような短い時間のようなものではなく、目的とする生産物を得るまでにいたる期間の独占的・排他的な期間から、これの反覆繰り返しという長い期間の独占的・排他的な権利までも意味するものである。六か村側はこの権利を侵したのである。この行為は、一一か村の入会についてのルールがまだ明確になっていない、といったようなものではなく、裁決にたいする違反である。また、慣習にも反する。いずれにしてもこの行為は、大村という実力によって行なわれたことに特徴がある。

その第三は、切替畑地を村持分地として主張することにみられる、土地支配についての紛争である。結論的にいえば、すでに存在している切替畑地にたいして、幕府は「所有」を裁決しているのである。これに反して、六か村側が自村の持分地であると主張しているのであるから、そのいい分はとおるはずはない。これもまた、大村側の実力行使の結果である。

このようにして、一一か村入会の成立以後においては、かなりの長い期間、五か村側が受け身に立った紛争がつづいた。とくに被害をうけた村は、山中村と新屋村である。この両村は、これまでに、ともに富士北面を二分するかたちで権益を主張しており、六か村側の入会を認めなかった点で一致している。そのために、一一か村入会が幕府によって裁決されてから以降は、六か村側の攻撃の対象となっていた。いわば、報復措置といえないこともない。そのほか、両村ともに切替畑地の利用を行なっていたことから、この切替畑地と共同入会地との接点のことで、六か村側が二か村の切替畑地に入るということなども生じている。村持地の切替畑地ならば、その範囲もかなり明確になっているが、一一か村入会地における入会の一つの態様として、切替畑地利用（分割地土地利用）が行なわれている場合には、それ以外の共同採取地である入会地との接点＝境界が問題となり、紛争が生ずるのである。この紛争の原因には、(イ)故意に六か村側が行なうものと、(ロ)知らずに侵犯して紛争となるもの、との二つがあった。また、知らずに侵犯したが、これが、原因となって故意に紛争へと発展させるという例もある。

富士北面における一一か村の入会は、元文元年の幕府裁決以後、かなりの期間にわたって、右のようなかたちの紛争が生じた。この原因については、たしかに、大村が、これまでに小村によって富士北面での使用・収益を妨げられたことから起きた――起された――ものにほかならない。それが、幕府によって一一か村とも入会うということができると裁決されたことによって、反動となってあらわれ、小村をことごとく大村の実力で排除しようとする面があったことは事実である。だが、紛争の本質には、さきに指摘したように、一一か村入会の詳細なルールが、現実面においても、また、形式面においても確立されていなかった、ということを見逃すことはできない。

現実面というのは、長い期間にわたり、入会が反覆して行なわれているうちに、次第に、一一か村の間で私用・収益についてのルールが定まっていくことを意味する。通常、慣習といわれているものがこれに該当する。幕府の裁決による一一か村入会の成立以後、裁決を入会の基本としながらも、入会は試行錯誤をくり返しながら、やがては、一一か村共通の入会規範というものがつくりあげられていく。また、一一か村間の協議によっても決められる。

これにたいして、形式面は、一一か村とも一致して入会の形式を定めることであり、これを入会村々が規範とすることである。この形式面には、もう一つ別の面があって、それは、幕府ないしは代官所による裁決や指示を入会村々が規範とすることがある。この裁決が実際上において、妥当なものであるか、否かにかかわりなく、入会村々の規範としなければならない。入会村々がその合意によってつくりあげた規範であるか、または、右のように幕府権力によって規範とすべきことが命ぜられたものであるかにかかわらず、それが入会村々によって受け入れられた以上は入会村々によって規範であることには変りがない。そうして、これもまた慣習となる。

このようにして、入会村々が入会の規範を守る以上は、それは規範として実効性があるものであり、それゆえまさしく、規範たりうるのである。一一か村が、入会について、現実面と形式面とのこの二つの方法によって規範を確立していくには、長い時間がかかった。

そうして、この利害の対立は、この地方における産業・商業の展開とともに、村々が富士北面にたいする依存度が大きくなるにつれて、激化した。しかし、幕末期も天保期以降においては、ほとんど入会の基本的なかたちである権利の本質に触れるような紛争はなくなり、きわめて小さいかたちの侵犯や違反がみられるだけになる。入会の規範が細部の点にまで確立されたためである。

(1) 川島武宜編『注釈民法(7)』五二〇～五二二頁。昭和四三年、有斐閣。現代私法理論研究会『民法（上）』二四二頁。昭和三八年、法政大学出版局。川島武宜『民法上』二五三～二六一頁。昭和三五年、有斐閣。舟橋諄一『物権法』四四四～四四六頁。昭和三五年、有斐閣。

(2) 中田薫「徳川時代に於ける村の人格」・「明治初年に於ける村の人格」（中田薫『法制史論集第二巻』昭和四五年、岩波書店）。石田文次郎『土地総有権史論』昭和二年、岩波書店。川島武宜『前掲書』参照。

二　入会のケイス・スタディ

一　財団法人の所有と入会（長野県山ノ内町・沓野部落の入会）

はじめに

長野県の北部に位置し、群馬県と新潟県に県境を接し、上信越国立公園に包摂される志賀高原を所有する「一般財団法人和合会」（以下、財団法人・和合会もしくは和合会と略様）は、その前身が徳川時代には松代藩領の沓野村であり、三つの地域（本郷・渋・新田）から成っていた。この三つのうち二つの地域は名称を変えて（沓野・渋・横湯）現在でも存在している。

沓野村は、明治時代初めの合村以後には沓野・沓野区などと公文書上で称されていたことがある。明治初年以降の講学上の法主体としての名称は沓野部落である。

沓野部落では、その所有する大部分の山林等を公共財産に編入し（正確には、公権力によってさせられ）行政村である平穏村の所有地になったので、昭和二（一九二七）年に財団法人を組織して、これに地上権を設定して（戦後に地上権を解除して所有となる）、今日にいたったのである。財団法人の基本財産は、沓野部落所有の山林の大部分であったが、明治時代末期からはじまる、政府の部落有財産否定の強圧政策によって、部落所有の山林の大部分を財団法人を設立して、その基本財産としなければならなくなったからである。

しかし、財団法人となって地上権を設定した土地では、実際は財団法人という形式においてではなく、沓野部落という入会集団（総有集団）[1]によって管理・運営が行なわれていた。財団法人は初めから入会集団の仮装された形式として設立されたものにほかならないから、歴史・沿革的には沓野部落（入会集団）が財団法人となったまでのことなのである。そうして、その法律上の根拠を『民法』第二六三条と第二九四条に置いている。

財団法人・和合会の財産の基本は土地であり、その単独所有地は、志賀高原一帯を主体とする台帳面積で五七五万五千余平方メートル（実際はその数倍ともいわれる）である。このなかには湿地や原野があったり、宅地（ホテル等）があったり、水源・鉱泉地（温泉源地）・沼川などが含まれているが、その大部分は山林である。また、このなかには、神社・道・石碑などもある。現在、これらはすべて財団法人・和合会の所有である。

財団法人・和合会所有の財産の法律上の性格は、総有か合有かのいずれに属するのかは、今後において論議のあるところである。しかし、どちらであっても入会集団であることには変わりはない。財団法人という形式からみるかぎり、和合会の入会は、土地の所有者が財団法人の所有地であるために『民法』では地役の性質を有する入会権（二九四条）となるが、財団法人は入会集団の仮装されたものであるので、共有の性質を有する入会権（二六三条）となる。

このほか、岩菅山といわれている財団法人・共益会（山ノ内町湯田中）との共同所有地八四七万五千余平方メートル（台帳面積）がある。この山林は古くから隣村との入会山で、共同管理をしていた。土地の所有も共同であるから二部落（入会集団）の共有入会である。

この山林は、さきに『民法』第二九四条と指摘した地役の性質を有する入会であるが、土地所有が共同であるために、特定の土地所有者はいない。したがって、簡単に地役の性質を有する入会と規定することはできない。むしろ、共有の性質を有する入会と規定すべきであろう。なお、共益会の前身は、同じ松代藩領の湯田中村である。

財団法人の基本財産にたいして、沓野部落が総有権利集団であることについては、今日では、にわかにこれを断定することはできない。あるいは、合有の一形態であるとも指摘しなければならない面もあるからである。今後の研究上の課題であり、さらに、合有についてその実態とともに講学上で究明しなければならない問題である。そこでは、合有を二形態に分類して、一つを入会との関係において把握する心案がある。

和合会については、『和合会の歴史』（全一〇巻）を参照されたい。

第一章　財団法人・和合会の成立前史

はじめに

財団法人・和合会は、その正式な名称が一九二七（昭和二）年の財団設立当時には「下高井郡平穏村和合会」であり、一九五七（昭和三二）年以降においては「下高井郡山ノ内町和合会」である。名称の変更は、平穏村が山ノ内町となり、その後、法改正によって「一般財団法人和合会」（以下、和合会とよぶ）となったまでのことである。

和合会は、基本財産として志賀高原の土地（ならびに地上物等）を所有しているが、このほかに、水や温泉・現金等も所有している。財団法人という法形式でありながら、特定された会員を権利者としているというところに、特徴がある。つまり、入会集団をかたちづくって運営しているという点で特殊な組織である。この特殊な形態をとっていることにこそ、和合会の法律上の本質があるのである。そうして、この本質は歴史沿革的なものであることによって明らかにされるという特徴がある。それは、和合会がほかならぬ『民法』に規定されている「入会権《いりあい》」に法律上の実質的な根拠をもっているからである。つまり、和合会は『民法』上の入会集団そのものなのである。

ところで、財団法人・和合会の本質を知るためには、和合会が今日にまでいたった歴史を知らなければわからない。和合会は歴史的に規定されている入会集団（団体）なのであるから、その規定性のうえにおいて和合会の財産の維持・管理ならびに運営が行なわれているのである。さきに指摘したように、和合会の法律上の形式は財団法人であるが、その法律上の実質は『民法』に規定されている入会権を権原とする集団にほかならない、と述べたが、それならば入会権とはなにか、ということである。

『民法』は入会権について各地方の慣習が法律であると規定している。

その『民法』の入会権の規定には二か条あって、以下に示すものである。

第二六三条　共有の性質を有する入会権に付ては各地方の慣習に従う外本節の規定を適用す

第二九四条　共有の性質を有せざる入会権に付ては各地方の慣習に従う外本章の規定を準用す

第二六三条は「第二編物権」の「第三章所有権、第三節共有」に、第二九四条は「第六章地役権」にあるが、ともにその規定が置かれている「節」（共有）ないしは「章」（地役）の適用や準用をうけないことは判例をまつまでもない。入会権は、これらの規定からは独立した権利なのである。

志賀高原は、徳川時代には沓野村の村持地としての入会地であった。入会地といっても沓野村の単独入会地であるから、右の『民法』（一八九八年に制定。現在でもこの規定は変らない）の規定のうち、第二六三条の共有入会である。もっとも、当時の沓野村では志賀高原を入会とよんでいないし、志賀高原ともよんでいない。志賀高原とよぶのは明治時代以降で、大正年間のパンフレットには、「志賀の高原」とよんでいる。沓野村ではこの志賀高原を村持山（沓野村のもの）としていたのであるから、ことさら入会とよぶようなことはなかった。入会とは他村との共同——岩菅山のように——の関係で権利を表示するために使用されたことばと思われていたのである。したがって、岩菅山のように隣村の湯田中村と沓野村とが同一の場所で同一の権利をもつ場合のようなときに入会地とよんでいたのである。また、志賀高原という名称は、古くから地元で「志賀」とか「志賀の山」とかよんでいたものを、昭和時代（一九二六年以降）に入って長野電鉄株式会社が志賀高原の観光開発のために進出する際に、沓野の有力者達と協議してつけたものである。志賀高原は当時の国がつけた地理上の正式な名称ではないが、次第に志賀高原という名称が定着して今日にいたったものである。したがって、志賀高原がスキーのメッカとなるまでは、地元の人達でさえ一般的には志賀高原という名称でよんでいなかったのである。

和合会の土地財産のうち、林野のほとんどは志賀高原と呼んでいるところにある。しかし、この志賀高原が『民法』でいう入会であるということは、和合会員の多くの人達は知らない。それは、入会は、慣用語ではないし、一般的ではないからである。自分達は和合会員であることは認識しているが、和合会が財団法人の形式をとっていることも、それほど一般的な認識ではない。志賀高原が自分達の山であると思っていて、志賀高原という名称が自分たちの山として一般的に認識されているし、かつ、地名が権利をあらわす慣用語となっているからなのである。

和合会の財産は、法律上の本質は『民法』上の入会権の規定性のもとに置かれているが、財団法人という形式をとっているために、その法の適用は、入会権と財団法人という二つの異なった法形式によって行なわれている特徴がある。財団法人の規則（「寄付行為」を定款とよんでいる）に変更があるときには県へ申請して認可を受けるのはそのためである。入会規約の変更は県とは関係がない。

和合会の維持・管理・運営は、和合会を構成する会員が所属する伝統的な地区、すなわち、沓野・渋・横湯から選出された会員によって評議員会が組織され、これにあたっている。和合会員は、旧沓野村の地域であって、ここに永住する意志をもって居住している者でなければならない。また、その家系的なつながりは、本家とその分家によって構成されているのである。もっとも、和合会員としての権利のシンボルである入林権、すなわち入会権は家に属している。他村・他地域からの転住者には会員としての資格は付与されない。二〇一一年三月までの和合会員数、つまり入会権者は四八一名である。

第一節　徳川時代の沓野村と財産の共同権利

沓野に、いつの頃から人々が定住するようになったのかは、明らかではないが、かなり古くから人々がこの土地に定着していたようである。云い伝えでは、沓野の地域から縄文原人の石器などが出土しているというから、人が住んでいたということになると有史以前からである。しかし、その原人と沓野の人々とを直接に結びつけるものはなにもない。沓野の言い伝えには鎌倉時代の前であろうか、竹節姓の一族がこの地に定住したとある。一族の祭神は十二山王社である。天川神社の祭神も山の神であるから、この地に居住した人達の生活は山とのかかわりがあったのであろう。

沓野村のうち、渋と新田（現在は横湯）には温泉が湧出し、これによって湯治場が古くから形成されていた。温泉寺の言い伝えでは、温泉の発見は奈良時代に憎・行基が発見したとあり、その後、鎌倉時代に京都東福寺の憎・虎関が草庵を結んだというから、とにかく、集落としては鎌倉時代には存在していたものであろう。温泉等もまた、沓野村の村持（村所有）であった。

その後、鎌倉時代の暦仁二（一二三九）年に温泉にちなんで村名を横湯村としたが、天正一〇（一五八二）

年の横湯川の洪水で村が消滅したために新しい場所に村をつくり直して、これを葛野《かずの》村とした、とも伝えられている。慶長一二（一六〇七）年の文書では、このときより沓野《くつの》村（沓野の表示は明治初年まで。本書では沓野とした）と改称したと書かれていて、家数は二一軒とある。

これらのことから明らかなように、徳川時代には、すでに一つの村落として形成されていた。したがって、藩政のもとに置かれて貢租や諸役も負担していたのである。沓野村は、高冷地であるうえに耕地条件も悪いことから、ここで、農作物による生産――とくに米作――を展開し、これに生活を依存するという訳にはいかない。しかし、それにもかかわらず松代藩によって付せられた村高は四八八石もある。もともと米がほとんどとれない山村の、しかも背景には山しかない集落にとっては、きわめてきびしい貢租基準である。幕末期の沓野村の一統計にある、戸数・人口からみると、村高の四八八石というのは決して多いというほどではない。だが、農業生産という面からみると、米が四八八石も収穫できるはずはないから、村高は米の生産を基準としたものではなく、村収入を合算して領主が課税する基準にしたと考えられる。したがって、このことは、いわゆる「余業」というものが相当に発達していたとみなければならないであろう。沓野村では、実質的にはこの余業が農業と対比の上で本業であった。

ここにいう余業というのは、米の生産、あるいは農業――米を主軸とした農業――を主業として、それ以外の生業を余業として規定した、徳川幕府の政策によるよび方なのである。

徳川時代も中期以降になると、沓野村は集落として三つにわかれる。その一つは温泉宿営業を中心として余業を展開している地域の渋組（渋温泉）と、本業としての農業のほかに林業・林産物、そうして牛馬による運送というかたちで余業を展開している地域の本郷組（沓野）と、新しく集落をつくった新田組（横湯）という地域である。新田組も温泉営業にかかわりをもつ。幕末期の佐久間騒動（『志賀高原と佐久間象山』和合会刊、参照）、あるいは沓野騒動といわれている、佐久間象山の増税と賦役に反対した沓野村の百姓一揆のときには、沓野村が組として明確に本郷・渋・新田の三つにわかれていたことが文書に記されている。新田組の多くは分家であり、なんらかのかたちでさきの二つの集落に関連する。さきに述べたように、余業ということばは、農業を本業として考えた徳川時代の主穀体制からいうのであって、沓野村においては、実際上においては、右の余業は決して余業ではなく、主業として農業と並列される存在であるか、あるいは、家計という点からみると余業がむしろ主業である場合が多い。こうした余業によって沓野村の人々の生活はもとより松代藩に貢租（税金）を上納して藩体制を支えていたのである。

温泉集落（現在の渋・横湯温泉）の人々は、農業ならびに林野に依存していないのか、というと、そうではない。温泉営業を営んでいるといっても、農業や林野に依存して成り立っていたのである。徳川時代中期以降、幕末期には、沓野村の渋温泉は、全国的にかなり知られていた。相撲の番付《ばんづけ》にならってたびたび発行された全国の『温泉番付』には、相撲でいうところの東の前頭のかなり上位に位置していたことによっても、そのことはうかがえる。しかし、それにもかかわらず温泉営業が単独で成り立つということは一般的にはなかったのである。温泉宿営業者や、これに関連する者たちが比較的安定した生活を営むことができた背景には、沓野村の広大な入会地である林野が存在し、これを利用することによって、日常の生活や営業に不可欠とする諸種のもの——たとえば、薪・炭・木材・萱・野草・山野菜・草・竹・小柴等——を金銭を支出して買うことなく手に入れることができたからである。また、これらのものを他村・他国に売るばかりでなく、村内に売却することによって金銭をうることができた。地域内分業の発達である。

これによって、村内では手に入れることができない、日常生活の必需品ならびに営業用の必需品を購入することができたのである。たとえば、米は近隣の村々、とくに、木島平や須賀川から購入している。

第二節　沓野村の生業と生活

一、山仕事と生活

山仕事というのは、沓野村の人達にとって欠かすことができない重要な仕事である。山仕事というのは、志賀高原の沓野村持地と入会地に立入って林産物を採取することであるが、この採取というのは、ただたんに、自家用の生活のためにするばかりでなく、職業として林産物を採取することなのである。山仕事には二つのタイプがある。その一つは、木を伐採して薪・炭などの燃料材としたり、加工して箸などをつくるための原料としたりする。そうして、家屋材としても使用する。いずれも必要とする樹種の木が目的である。その二つは、林野雑産物の採取である。その多くは根曲り竹の採取で、加工品（竹細工）として売ったり、根曲り竹そのものを売ったり、喰べたりする。このほかに、馬の飼料とする草の採取もある。志賀高原を通って上州（群馬県）の草津温泉へ通じる草津道で輸送をしていた者もいたから、草地の存在は絶対に必要であった。いずれにしても、志賀高原の林野は沓野村の人々にとって自然の宝庫であった。これらの採取は、村の一定のルールに従って行なわれる。

これらの産物を採取し、また、土地を利用することについては、沓野村（入会集団）の一定の規範があり、重要な事項については総寄合で決定されるから、これを守らなければならない。

二、山と水

沓野村が村落として成立し、発展する背景には、今日の和合会の基本財産となっている山林よりも、もっと広い面積の山林が、沓野村のものとして存在していた。そればかりではない。その山林から生ずる水もまた、沓野村のものとして存在し、飲料水をはじめ生活用水として利用されたり、耕地に流入されて農業生産にとって不可欠の存在として豊富な水量を維持していたのである。もっとも、水については、下流の村々もまた利用していたから、水利権ということでは競合関係に立つが、それだからといって、沓野村が生活用水ならびに農業用水として不足するということはなかったのである。ただ、天保年間に、渋温泉の吉田忠右衛門（つばたや）が大沼池から引水するという大規模な工事を行なったが、これは、下流の村々も含めて耕地の拡大のための稲作用の農業灌漑用水工事であって、生活用水として使用するためのものではなかった。農業灌漑用水工事を行なった忠右衛門の徳は、下流の村々（部落）では一日たりとも忘れてはならない。沓野村でも、忠右衛門の事業を顕彰して十王坂《じょうどのさか》のところに碑を建てているし、毎年、大沼池での祭りも欠かしたことがない。

それでは、徳川時代において沓野村の生活ないしは生産基盤ともなった山林（以下、草地等も含む）と水とは、いったい、どのような法律上の位置づけをあたえられていたのか。

さきに、これらの山林や水は沓野村のものであったと指摘した。このうち、志賀高原といわれる山林については沓野村が独占的に支配し、沓野村のものとしていた。つまり、所有である。ここには、他村からの入り込み（入会）はなく、隣村の湯田中村との入会地が別にあるほかは、沓野村が単独で支配し利用していたのである。沓野村を藩制度のもとで支配していた松代藩もこれを認めていたから、山林については問題の生ずる余地はなかったのである。したがって、沓野村の人々が、これらの山林をよぶときには、今日のように入会地や入会山という呼び方はしていない。志賀高原というよびかたもしていない。志賀高原という呼び方は大正時代以降のものであるから、徳川時代の沓野村の人たちは、おそらく山の名前や地名のようなものでよんでいたのであろう。対外的には村の山という呼び方をしたかどうかは明らかではないが、日常の生活上においては、やはり入山して利用する場所の名称をもってよんでいたのであろう。今日でも、場所（地名）を知っている者が多いのも、このことをあらわしている。沓野村の山なのであるから、ことさら、別の名称や、沓野村の山などという名称でよぶ必要性はまったくなかったのである。山林での使用・収益は自由であるが、この自由というのは、藩や他村からの制限をうけない、という意味である。ただし、松代藩が御林《おやはし》として禁伐林に指定したところ、ならびに、鷹の棲息する場所については藩主の道楽のために権力をもって禁伐林として指定したこともある。しかし、それだからといって、その場所が藩主の所有となったわけではない。鷹がいなくなれば禁伐林も解除されるのである。自由であるということは、右のような内容であるが、沓野村の山林での使用・収益については村の掟＝規範（法律）があって、勝手にできるものではない。産物によっては、山の口明けと言われている採取の日時や期間が定められていたり、また、林木にしても、伐採、採取の種類、方法や数量が決められていた。いずれも不文律であるが、村の人達は規範として遵守し、これを次の世代に伝えていたのである。また、治山・治水や山林保護のうえからいって、伐採や採取する場所も決められていたし、その数量についても或程度の制限もあった。土地を開墾する場合についても同じである。沓野村の規範は厳重であり、めったやたらに木を伐ったり、土地を勝手に利用することはできなかったのである。

現在の志賀高原の山林は旧幕時代の松代藩制下では沓野村が単独支配する（すなわち「所有」）山林である。その内容——とくに、法律上の——はどのようなものであったのか。

まずなによりも松代藩との関係があげられる。徳川時代の沓野村は松代藩領に属し、松代藩の政治支配下のもとに置かれていたから、その権力や法制に従う。といっても、複雑で面倒な法制があるわけでなく、基本的な法律があるだけである。今日のように分厚い『六法全書』や、これをもとにした数多い法律や新しい法律があるわけではない。簡単なのである。政治と法制と道徳が未分離の状態をもって封建領主制の特徴とするが、松代藩の村々の統治には、藩法のほかに村法というかたちの基本法が若干存在する。これは成文化されており、村ぎめのほかに、五人組帳・宗門人別帳の前書き・禁令のほかに、貢租関係において明文化されるほか、命令伝達というかたちで文書化されて残される場合もある（『御用留』帳に代表される）。しかし、これらのものは、藩にとっては絶対的な命令であり法律であっても、村々が、これを必ずしも絶対的なものとして遵守していない例が多くみられる。藩の命ずる村法と、村じたいの掟＝規範（法律）との背反である。たとえば、田・畠地の売買の禁止が幕府法によって定められ藩もまたこれを藩法として村々へ下達し村法とする。しかし、実際上において、この禁令が村じたいによって守られてはいない。とくに、幕末期になると、土地売買の形式上の名称はともかく、売買・譲渡はほとんど自由化したといってよい。村の利害から若干の拘束はあっても、幕府法・藩法・村法に違反するからではない。なお、山林・宅地については、幕府が売買・譲渡を禁じた一般的な法令をみない。

このようにして、藩法と村法のほかに村の自治規範ともいえる別の村法があって、この両者の融合や対立、競合関係のなかにおいて村が運営され存在したのである。

沓野村の山林について、「御林」という名称の山林があったり、鷹の棲息場所（御巣鷹林）での禁伐や、あるいは特定の林木にたいして伐採命令があったにしても、その法律上の根拠は、今日でいうところの所有を権原とするのではなく、封建領主としての権力的支配によるものである。沓野村の山林について、松代藩がここに厳重な管理・維持、そうして統制にのぞみ、直営地として運営にあたり、沓野村の人々の山林での使用・収益や立入りを一切認めないというのであるならば、これはまさに藩所有林である。しかし、沓野村の山林についてはそのような事実はみられない。松代藩という封建領主支配機構のもとに沓野村が置かれているといっても、山林はもとより田畑や水等を松代藩が所有しているわけではない。藩の支配ないしは領主権は、直接に所有を示すものではないからである。沓野村が松代藩にたいして貢納する諸税は、松代藩の一方的な強権支配（領主強制 Zwang）にもとづくものであって、沓野村が松代藩の土地（所有地）を借用しているための借地料ではないのである。したがって、沓野村の山林は、あくまでも沓野村のものであり、現代的に表現するならば、沓野村の所有なのである。また、個人の田・畑・山林についても、これは個人の所有である。水についても沓野村のものなのであることが指摘できる。ただし、大沼池を水源とする水については下流とか村の田地への灌漑水利権がある。念のために付言すれば、この水利権は米作を目的とした特定の水利権（農業水利権）なのである。飲用水・雑用水の権利を含むものではない。

ところで、沓野村の所有といっても、今日のように、あるいは、明治二一（一八八八）年の市・町村制による公有財産とは異なる。徳川時代の村財産は、今日で言うところの公法上の財産ではなく、村民総体のものとしての特徴をもつのである（中田薫『法制史編集第二巻』・「徳川時代に於ける村の人格」、岩波書店）。その村民というのは、村に居住していたり、村に寄留していたり、一つの家に別世帯をもっていたりする者を指し示すものではない。山林との関係、あるいは村財産との関係においていうならば、一戸をかまえ（竈《かまど》を持ち）、貢租を課せられた田畑・宅地をもち（所有）、村の諸役を負担し、村（村民総体としての村）によって本構成員として認められた者が村の財産にたいして権利を持つのであって、この権利者資格をもって林野を利用（使用・収益）することができるのである。松代藩制下における「一打《いちうち》百姓」（本百姓）がこれである。同時に、この権利者であることは、村の財産や村の行政にたいする発言権をもつのである。つまり、権利者としての資格なのであるが、それはたしかに、村の財産を村構成員として同等の立場において利用することができるという資格を認められたということであっても、社会的規範ということにおいては、本家と分家関係、ないしは親分と子分関係においては支配・服従があり、立場が平等であることを意味するものではない。村の組織ないしは政治的体制においては、これらの特別な集団関係によって拘束されるわけである。いわゆるマケという親族組織の規範に拘束されるのである。徳川時代の沓野村の秩序は、こうした諸関係を軸にして成り立っていたのである。

三、村と入会権利者

村というものを、村財産にたいする権利関係という面についてみると、右のように、本百姓＝村の本構成員全員が権利者である。貧乏であるか富裕であるか、また、山仕事を職業としているか、農業や温泉宿を経営しているか、ということにかかわりなく、同じように権利をもっていて、平等の立場に立っている。しかし、村は、本構成員によってのみ構成されているのではない。松代藩では、本構成員（本百姓）を一打《いちうち》百姓というようによんで、その数を限定した。そのために、本構成員、つまり権利者にはなれない者達が沓野村に多く存在した。これらの者が本構成員である一打百姓よりも多く富（財産）をもっていても本構成員となることができないために、権利という面においては居住者は平等ではなかったのである。したがって、一打百姓以外の者が沓野村の山林でなんらかのかたちで使用・収益をすることができても、それには一定の限界があり、かつ、権利の反射ではない。一打百姓に従属していることの恩恵なのである。同じ沓野村の住民でありながら、本構成員とそうでない者とにわけられ、しかも、沓野村の財産の利用（利用・収益）をはじめ、村にたいする権利（会合への参加・異議権・発言権等）が明確に分離されているのである。長い間にわたり、沓野村に居住していても、本構成員にはなれないのである。それは、沓野村において本構成員である一打百姓の数が限られているというばかりでなく、松代藩においても制度としていたからにほかならない。本構成員になるための条件はきわめてきびしい。一打百姓に欠員がなければなれないからである。これは、分家においても同じことである。これにたいして、貢租が課せられた田畑を失ったり、屋敷を失ったりした場合には、本構成員としての資格は失われる。当然のことながら山林等の村の財産にたいする利用の権利も失われる。

このようにしてみると、沓野村の財産にたいする権利者は特定された本構成員であり、その財産は村という一定の外枠をもちながら村民全体が利用することができたり、処分することができるものではなく、本構成員が共同で全体としてもつというかたちをとっているのである。したがって、村財産であるといっても、村民のうち本構成員である本百姓（一打百姓）全体の私的権利だということになる。しかし、本構成員であるといっても、本構成員が独立した権利者としてその権利を個別的にもつことができる権利というわけではなく、村財産は村民全体（総体）の共同の財産である関係上、この権利者総体を前提としてのみ財産の利用ができるのである。したがって、総体の――この集団を共同体、ないしは村落共同体といってもよい――義務に服することは当然のことである。沓野村の財産といっても、今日でいう公有財産とはほど遠い存在である。そうして、村にたいする責任も、これらの本構成員が負うことになる。

権利者以外の村の居住者は、これらの権利者によってきめられた村の行政にたいして服さなければならない義務はあるが、村にたいしての発言権はないから一方的である。また、権利者であるといえども、村を去る場合には、村と権利者総体との実際的な結合から離れるわけであるから、権利が失われることは当然のことである。しかし、本構成員が個人で田畑や山林を所有していたばあい、その者が村を去っても、その所有は失われることはない。個人の所有であり財産だからである。これにたいして入会権の場合には、村のものとしての財産であることを前提としており、もともと村に居住して諸役・伝馬の義務を果たしている一定の資格者に与えられた権利なのであるから、村との実際的な結合がなくなれば、当然のことながら権利者資格を失なうことになる。離村失権である。その権利は、沓野村――の総体――にとって固有の権利であり、村を前提としたものであって、今日でいう共有権のように独立したものではないのであるから、村にいるときも去るときも権利を精算することはできないし、権利をなんらかのかたちで保存することも、売買・譲渡・質入れすることもできない。これが、沓野村の財産にたいする村民総体としての規範の特徴なのである。村の財産に損害をあたえたり、村落の社会秩序を乱す行為があった場合にも、権利の停止もしくは権利は剥奪された。最高の罰則は「村八分《むらはちぶ》」であり、その先は追放である。

村八分というのは、葬式と火事をのぞくほか、村人との関係を一切断つということであり、つき合うことは認められない最高の刑罰である。

第三節　明治初年の沓野部落と財産

王政復古にはじまり、版籍奉還によって、天皇制明治絶対主義国家が成立する。政府は、廃藩置県を断行し、中央官制の確立をすることによって幕藩体制を崩壊させ、明治維新政府が天皇制中央集権的官僚制として始動する。藩体制が形式的にも実質的にも完全に解体するのは、明治四（一八七一）年の廃藩置県とこれにつづく県治条令によってであるが、これによって旧藩支配の村々は明治維新政府の地方体制である府県制のもとに置かれる。領主・家臣はもはやその支配と存在を許されない。

沓野村では、廃藩置県によって松代藩は解体し、松代県となったのち、長野県の管轄下に入る。沓野村は、明治五（一八七二）年に湯田中村と合併して平穏村となり、さらに、明治九（一八七六）年には上条村とともに旧村の三村をもって平穏村一村をかたちづくるのである。これは、明治維新政府の法令をうけて長野県が行なった合村（町村合併）の結果である。しかし、この合村によって新村の平穏村が成立しても、それは、明治維新政府——長野県——平穏村という地方行政上において位置づけがきまっただけであって、徳川時代以来の行政組織としての旧村の形式と機能は解体しても、共同組織（村落共同体）としての旧村の村落自治体である部落（村落共同体）は解体しなかったのである。そのうえ、合村にあたっては、旧村財産を新村の財産として編入しなくともよい、という政府の指令があったために、旧村財産は、いずれの村においても旧村組織のものとして残されたのである。旧沓野村では旧村持の財産を新村である平穏村に編入していない。沓野部落のものとして残されたのである。これが部落有財産である。

問題となるのは、旧沓野村の「御林」といわれている松代藩の直轄山林である。明治維新政府は、名称上「御林」などとある山林については官林として編入した。そうして、ひきつづき近代的な土地改革である『地租改正』（明治六年）によって、数村入会地や村持の山林で測量が終了していないものと、地価の算定ができないものについては公有地として編入した。これらの山林は、明治七（一八七四）の地所名称区別によって公有地が消滅し、この法律をうけて出された山林原野官民有区別によってその多くが官有地に編入される。つまり、山林地の所有権は国家ということになったのである。土地が国有地となった場合、これまで、沓野村で使用・収益等を行なってきていたのはどうなるであろうか。松代藩時代において、沓野村が山林で使用・収益等を行なってきていたことを、入会とよぶならば、国有地となっても、この使用・収益関係は入会であるから、その権利は消滅することはない。国有地に編入された山林については入会権が消滅する、というような法律をみないからなのである。村持や村の単独利用地を入会とよんでいなくとも、その内容からいって、本来、沓野村の所有となるはずの土地が国有となったのであるから、法の形式からいえば入会とよんでもよい。いずれにしても、旧沓野村の権利は消滅することがないのである。

にもかかわらず、国有地に編入された山林は、松代藩時代とは違って国が厳重な管理・統制を展開し、沓野の山林での使用・収益、すなわち入会を制限するようになる。そのうえ、採取量に応じた料金の徴収も行なわれる。こうしたことから、山稼ぎによって生活していた者はもちろん、馬や牛による運送業を営む者や農業にしても、また、温泉宿営業や商業を主業としている者にとっても、とまどうのは当然のことである。山林の存在は実生活上、あるいは営業上にとっても不可欠の前提なのであるから、山林利用に際して料金を徴収されたり、繁雑な書式による採取の許可申請と、許可まで時間がかかるなどでは生活や営業に重大な支障をきたすことになる。このようにして、旧沓野村山林の国有地編入と国の山林政策は、これを松代藩領と同じように理解していた者達にとって大きな変化となってあらわれたのである。

明治初年、沓野村は合村して平穏村に編入されたために消滅して、村としての行政組織（公法人）はなくなる。しかし、実態的にみると、依然として旧沓野村は独立した一つの地域社会集団をかたちづくっており、旧村財産は部落有財産として法認され、松代藩時代からの伝統的権利者集団によって所有として管理・運営されているのである。これは、のちに沓野・沓野組と言われる入会集団である「部落」にほかならない。渋温泉じたい、旧湯田中村温泉とは地理的・地域的に隣接しているにもかかわらず、温泉集落としては別個独立した存在として沓野部落の中で機能しているのである。なお、「部落」ということばは、公用語である。

村という行政単位を失った旧沓野村は、当然のことながら沓野村という村の名称を使用することはできない。したがって、旧村組織（旧村社会）や旧村の共同財産組織（入会集団）を対外的に示すときには、「沓野」ないしは「沓野組」というように表現していた。これが、のちに行政上も裁判上においても使用される「部落」であり、戦後における学術上の用語において「村落共同体」とよばれる地域社会集団なのである。部落が旧村の範囲を示すことばとして使用されるものであるとしたならば、旧村財産にたいする権利者集団そのものを示すことばとしては不適当である。しかし、部落ということばには二た通りの意味があった。その一つは旧村の地域社会を示すものとして、二つには旧村財産に利害関係を有する入会権利者集団として、使用されてきた。これらは、部落のもつ実際上の内容によって区別されるのである。すでにみたように、旧村の沓野村においてさえ、右の権利者集団と非権利者との同時的存在をみるが、これは、明治初年以降、沓野部落と称され、『土地台帳』上で「沓野」あるいは「沓野組」・「沓野組共有」と表示されても、依然として実態的には権利と非権利者の両者が同一地域において同時的な存在をみるのである。もっとも、旧沓野部落を区というように表現することも行なわれる。この場合には、区は地域社会を示す。

もともと旧沓野村の村持林野は、旧沓野村ともども松代藩の支配に属していたが、旧沓野村の人々は村持の林野を松代藩の所有だとは考えていなかった。「御林」にしても藩支配であっても、ここへ立入ることができるし、必要とする草木やその他のものを採取しているのである。しかし、田・畠や個人の山林のように所有が明確にされているものとは異なっていたのである。それればかりではない。この沓野地籍で沓野村が利用している「御林」に他村の者が立入って草木を採取することを否定し、実力をもって阻止したり、藩へ訴えたり、訴訟にまでおよんでいるのである。つまり、「御林」であってもその内容は沓野村の財産であり、入会なのであった。

第四節　沓野部落財産の国有地編入と返還運動

さきに述べたように、明治維新政府は、まず、旧領主の直接経営ないしは直接支配していた「御林」など称されていた林野を強制的に官林として編入した。ついで、村々が村持地としてその所有を書類上において明確に証明することのできない林野についても官林として編入する。このほか、村所有の林野であることが明らかであるが、林野の測量が終わっていない林野や、その地価をまだ決定することができなかった林野と、官有地であって払下げを予定している林野を『地券渡方規則』第三四条によって公有地として編入した。さらに、入会地を公有地として編入した（『地券渡方規則』第三五条）。そののち、すべての公有林野を解体して官有と私有とに分属させ、公有地の大部分を官有地として編入した。これが、のちに全国的に問題となる山林原野官民有区別である。これによって、旧松代藩の「御林」はもとより、旧沓野村の村持地（入会地）ならびに湯田中村との入会地のほとんどが官林・官有地（以下、国有地とよぶ）に編入されたのである。旧沓野村（沓野部落）では、林野の土地が国有地に編入された当初においては、土地が官有となっても入会にたいしてそれほど大きな問題を生じなかったが、国有林野にたいする国・県の管理・統制が次第に強化されるにおよんで、沓野部落では松代藩時代に村持地として自由に林野利用を行なっていたのが制限されるという現実的問題に直面し、国有地の返還、すなわち下戻《さげもどし》運動を展開せざるをえなくなる。

この下戻運動は、はじめ沓野部落（ならびに旧湯田中村）の幹部が中心となって行なってきたのであるが、のちに、旧松代藩士の館《たち》三郎氏（一八二五〜一九〇六年）に下戻の指導を依頼し、彼が強力に援助することによって、沓野部落ではその指導のもとに竹節安吉等が下戻運動を展開する。館三郎氏はかつて、松代藩の地方掛として沓野村等の地方支配の責任者でもあった。したがって、旧松代藩士としては誰よりもこの地方の実情に明るいばかりでなく、学問の素養もあったから、関係資料を探し出し、これをもとにして下戻の書類を作成したり交渉を行なうなど、きわめて熱心に下戻運動を展開したのである。この館三郎氏の協力によって、旧沓野村山林の返還が成功したのである。

下戻運動は、たんに書類を書いて出せばよいというものではないから、書類の内容はもとより形式を整え、これを立証する文書資料を添付することや、地方庁への働きかけを行なうことなどについても部落の幹部は積極的に運動しなければならない。当然、その背景には部落全体の支援がなければならない。同時に、部落では運動に使用する費用を負担しなければならない。いわば、全部落（権利者集団）の一致した運動体制がなければならない。これを統括し、対県・対国交渉にあたるのが部落の幹部であり、これを指導したのが館三郎氏であった。下戻には、旧沓野村ないしは沓野組・沓野という名称が用いられているがその内容は同じで旧村のことである。

下戻運動には全体からみれば十数年の歳月を要した。このうち、沓野部落の下戻運動には、館三郎氏の要請によって、旧松代藩の上級武士で旧松代県時代の権大参事であった長谷川昭道氏（一八一五～一八九七年）が参加する。長谷川昭道氏は松代藩の武士であるばかりでなく、町奉行・代官・郡奉行などの要職に就いた。明治維新に際しては大政奉還に賛同し、松代藩を勤王派にまとめた人である。館三郎氏は上士にあたる長谷川昭道氏を動かし、その努力によって、明治一三（一八八〇）年一一月に旧沓野村持土地の下戻が決定した。出先管轄庁は内務省山林局木曽山林事務所である。

沓野・湯田中の共有林（入会）については、明治一九（一八八六）年になって払下げが決定した。いずれも館三郎氏が関与し指導しているが、ここにいたるまでには、沓野部落の幹部の苦労は並大抵のものではなかったのである。

沓野部落では、館三郎氏の恩義を忘れずに生活費を渡し、死去ののちには温泉寺の墓地に一区画をもって埋葬し、和合会館横の十王坂《じょうどのさか》の途中に顕彰碑を建てた。和合会の役員は、毎年、旧総寄合にあたる「報告会」の日には墓所と顕彰碑の二か所にお参りするとともに、和合会館において遺影をかざり祭典を執行している。

第五節　旧沓野村財産の返還と沓野部落有財産の成立

さきに述べたように、一八八〇年一一月二五日、内務省山林局木曽出張所より、現在、志賀高原とよばれている旧沓野村持山林の返還許可の通知があった。

志賀高原という名称は、古くから名称として存在していたものを和合会の発足にあたりつけたものであって正式の名称ではない。つまり、志賀という地名は古くからあって、明治七（一八七四）年の公有地々券状には、志賀と文六が記載されている。現在、これらを含めて志賀高原と総称しているのである。

志賀高原の返還要求は、岩菅山とセットになっており、この岩菅山は旧湯田中村との入会であるところから、竜王の返還を要求する湯田中村と利害が一致するところもあって、沓野と湯田中が共願したかたちをとっている。しかし、明治一三（一八八〇）年一一月二五日の返還の通知は、岩菅山を除くものである。

返還された志賀高原は、「沓野組共有」（平穏村役場土地台帳）となった。沓野組共有という名称は、沓野組と称されている沓野部落全体のものであるという意味をもっている。共有というのは、『民法』上の共有ではなく共同所有ということなのである。共有権であるならば、共有者が他村・他国へ出ても権利を失うことはないし、共有持分を売ったり譲渡したり、分割を請求することができる。だが、ここでの共有は、入会集団としての部落での存在と義務を前提とした共同の権利なのであるから、離村すれば権利を失うし、売買・譲渡することも、分割請求することもできない。離村するにあたって権利の精算を行なうこともできないのである。これがのちに、学術上・判例上において総有（Gesamteigentum）と呼ばれる入

会財産だからなのである。総有とは、ドイツ法制史上の用語の直訳である。(1)

志賀高原は、このようにして沓野部落の所有するところとなったのであるが、志賀高原を利用することができる者は入会権利者であって、これ以外の者は、たとえ沓野に居住していても利用することはできない。権利は家に一つ（一戸一権）であって、この権利は家の代表者の地位を継承した者が家を代表する。しかし、当時の規定によると、未成年者の場合には権利を行使することができない。また、会議に参加することもできないし、議決をする権利もないのである。ただ、この未成年者が志賀高原で薪材や草・根曲り竹などを採取する場合には、後見人である入会権をもつ家の代表者とともに参加することができる。また、権利者が老齢や病気で会議に参加することができない場合には権利が留保されたかたちとなる。薪材などの採取は、本人が出られないからといって代人をたてることはできないが、隣保の相互補助によって、隣人や親類等がこの者のために薪材などを採取することが認められている。入会権の場合には、権利と義務とが表裏一体となっているので、権利をもっているといっても、それだけではその権利を行使することができないのである。入会集団である沓野部落――土地台帳の名称上は沓野組・沓野組共有――の規範のもとにおいて、義務を果たすことができなければ、入会の権利を行使することができないのである。この場合の権利の行使というのは草・萱・板材・薪材・箸材・竹など地上産物すべての採取であり、土地の利用である――権利の行使の対象も内容も時代によって異なる――。土地の所有権なのであるから、どのように利用できるし、売却することもできる。いずれも権利者総員の同意を必要とする。権利者は入会の会議に出席したり、諸役伝馬《しょやくてんま》という義務を果たさなければならないのである。諸役伝馬の場合、多くは労働をともなうのであるから、老齢者や病人などはこれを果たすことができない。しかし、内容によっては代人を立てる。通常では薪材などの採取は認められないのであるが、協同という精神のたて前から、隣人や親類等が相互扶助ということで恩恵的に薪材などを採取することが認められているのである。

明治一八（一八八六）年一一月一一日、旧沓野・湯田中村の入会地であった岩菅山の返還が決定したが、返還といっても、払下げという形式をとっているために払下料金を徴収されるのである。もともと両村の入会地であり、本来ならば沓野・湯田中の両部落の共有入会地として無料で返還されるべき性質の土地であったが、政府は財政難から払下料を徴収したのである。

このようにして、志賀高原ならびに岩菅山は沓野部落の所有となった。ただし、岩菅山は沓野・湯田中の両部落の入会地としての共同所有である。

第六節　沓野部落有財産から二九三名の共有名義

明治二一（一八八八）年に町村制が公布される。翌年の施行である。明治政府の中央集権体制の強化による本格的な近代的地方制度の発足である。沓野部落（沓野組）には、沓野部落の財産にたいして権利・義務をもつ者（家）は、旧沓野部落の本構成員にかかわりをもつ。この権利者達の集団が、町村制の公布をきっかけとして、正式に権利者集団を形成しようとしたのは、町村制の施行によって、沓野部落（沓野組）が、この町村制のもとに組み込まれ、平穏村の公有財産となるのを防ぐ目的と、権利者を登記によって明示し、固定化するのが目的であった。そのために、明治二二（一八八九）年三月に共有者名簿を作成し、翌年四月には二九三名の共有者の規約をつくった。登記簿上の権利者は二九三名である。沓野部落の財産（権利者は本構成員）は総有財産でありながら、登記簿上においては共有財産となったのである。これについて館三郎氏は強く反対している。すなわち、沓野部落の財産は個人の財産ではなく、部落の共同財産である、というのであった。もっとも、沓野部落としても沓野部落の財産を個人所有の財産とは考えていなかった。しかし、入会財産を登記簿上で表示することができなかったために、権利者の共同所有とする法的措置によって権利者を明確にし財産の安全をはかることにしたのである。だが、法律上で共有としたことは部落の幹部の思惑をこえた。館三郎氏の指摘には先見の明があったのである。

沓野部落有財産を二九三名の共有名義にしたことには、それなりの意味があったのであるが、沓野部落の指導者の意図するところは必ずしも沓野部落の人達に徹底したものとはならなかった。まして、あらかじめ二九三名の共有持分登記にすることについて館三郎氏の意見を聞かなかったことも、のちに問題を生じるもとになった。

すなわち、沓野部落の入会財産の所有名義を二九三名としたことによって、法律形式上において共有となったために、共有持分の権利を売買・譲渡する不心得者がでたのであった。それは、それぞれの権利が形式的に二九三分の一になったことによって、あたかも共有権を取得したと錯覚したのであろうか。それとも金銭の必要上からこの共有持分権を売買することにしたのであろうか。いずれにしても、沓野部落有の財産をこのように売買・譲渡することじたいが、入会権や沓野部落所有の財産の意義を忘却した背信行為であった。また、離村する者がでて、持分権を売ったり、持分権をそのままにして県外へ転住するために、この持分を解消させなければならなくなって、そのために多大の費用を要した。このことを知った館三郎氏は強く非難し、沓野部落の幹部をよんで叱責した。館三郎氏は、返還をうけた沓野部落の財産は沓野部落全体のものであって、個人の所有とすべき性質のものではないことを説いていたからである。ところで、この「二九三名」が和合会の権利者の原点だと言われる。二九三名というのは、志賀高原ならびに岩菅山が返還されたのちに、これを共有地としたときの共有名義人が二九三名だからである。共有名義人といっても入会権利者にほかならない。

このときにつくられた規約をみると、明治二二（一八八九）年三月までに一戸を構えていた者は共有財産の権利者とする、とある。この一戸を構えるというのは、ただたんに一軒の家を持っているというだけではなく、これまでに沓野部落の義務を負担し、本籍を沓野部落として永住の意志をもっていなければならないということである。共有権利者といっても、実際上においては沓野部落有財産（入会財産）を共有名義として仮装したものにすぎないのであるから、民法上の共有権を適用すべきものでないことは、この共有名義にしたときには全員が知っていたはずである。もちろん、権利である持分の分割を請求することはできないし、持分の精算を求めたり譲渡・贈与することもできない。また、権利は家を主体とするから、家を継承する者に変更があった場合には沓野部落の総代に申請して承認をうけなければならない。離村すれば当然のことながら権利を失う。入会権の場合には、これが基本原則となっていたが、土地所有が共有となったことで、この基本原則は土地所有の名義という形式において失われる。部落に申請しないで土地を相続させたり、分割したり、売ったりする。入会権は『民法』第二九四条の場合には土地所有とは関係がないとはいえ、やはり、その法形式をとったために土地所有に変動があれば問題を生じる。もっと重要なことは、こうした不心得者がでたということである。しかも、この通称「二九三」の土地は、のちの『民法』（明治三一年）に規定する共有ではないのである。

この「二九三」は、町村制の制定によって、沓野部落の土地財産を平穏村へ編入させるという長野県の政策を免れるために行なったとはいえ、共有名義にしたことを良いことに、二九三名分の一の持分を売ったり、譲渡したりした者がでたのである。村役場の土地台帳上でこのことが確認できるのは明治三九（一九〇六）年のことであるから、館三郎氏が亡くなった年のことである。

明治三七（一九〇四）年一二月二〇日に、「山本かい外二九二名」の共有権を沓野区に編入（形式的には譲与）することに決定した。もともと、沓野組有（土地台帳では沓野組共有）であった土地であったのであるから、沓野区有としても大きな問題を生ずることはないと考えたのである。財産区としての沓野区有が土地台帳に登記されるのは明治四一（一九〇九）年三月二五日である。

共有持分を売った時点で、この売買を無効として裁判所へ訴え、持分権をとり戻すことはできるが、持分を売買・譲渡したことがわかるまでに年月がたつことも考えられる。入会権は土地の所有権の移動にかかわりなく存在するが、しかし、せっかく共有入会権であったのが地役入会権になり、しかも、沓野部落にまったく関係のない者が持分を得るのであるから、入会権には変わりはないといっても、問題を複雑にすることは明らかである。

さきに述べたように、町村制の制定によって、沓野部落有財産（土地台帳では沓野組共有）を平穏村へ編入されて公有財産とされるのをおそれた沓野部落の幹部は、入会権利者全員の共有とすることによってこの事態を免れたのである。しかし、法律形式上に共有としたことによって新たな事態――共有持分の譲渡・売却――を招いたために、明治二六（一八九三）年二月に共有名義人全員（二九七名となっている）によって区有財産にすることを決定している。この決定には、一ノ沢・二ノ沢・本久保・仏岩を除く地附山を二九七名へ分割することも約されている。

しかしながら、この決定はただちに実行されなかった。その原因は、沓野組（本郷）と渋湯組との間で意見の対立をみたことと、共有持分を取得した者が同意しなかったことにある。館三郎氏はこのことについて明治三四（一九〇一）年一一月に「無分別の悪意に出たる」ものである、ときわめて強く非難し、全一九項目から成る『要言訓示』という質問書を当時の入会部落集団の幹部にたいして出している。当時の沓野区（部落）の幹部である山本清治郎・黒岩市兵衛・小林市左衛門・春原専吉・山本高五郎・佐藤喜惣治・竹節実之助は、一一月一〇日に館三郎氏の『要言訓示』を認めた文書を作成し、これに署名捺印して共有名義を「区内共有山」とすることを館三郎氏に確約している。

沓野部落有林野はこれによって、館三郎氏に二度救われたことになる。

しかし、沓野区有となるのは、それから九年後のことである。この間、明治三七（一九〇四）年一二月二〇日に共有名義の二九三名が沓野区に所有権を移転することに同意する。このことは館三郎に知らされたであろう。その二年後の明治三九（一九〇六）年六月二二日に館三郎氏は八一才で死去する。戒名は「大輪院利用貫通居士」である。こうした良識ある部落の幹部の共有権の移転の約定にもかかわらず、明治四二（一九〇九）年三月二五日の登記までに非良識な者によって共有権の売買が行なわれているのである。

第七節　沓野区への財産編入と入会権

すでに述べたように、明治二六年二月には、共有財産の形式を廃止して沓野区有財産にすることが決定している。それは、この共有権を売って離村したり、分家に際して共有持分権を分割したり、沓野から他国へ出て行った者が共有権だけ残しているために、沓野部落の財産の本来の意義がこの共有名義という法形式によって失われるような結果を招いたからなのであった。こうしたことから部落財産の将来性がきずかわれた。館三郎氏は、部落財産を、このような共有とすることには反対であったから、旧村持＝部落有財産に戻すことになったのである。もともと沓野部落では部落の財産を権利者の共有として個人の私的権利の対象としようと思って登記したわけではなく、明治二九（一八八六）年の『土地登記法』では部落財産を登記する方法がなかったことから——今日でも事情は同じ——、権利者の共同財産の保全として共有という法形式をとらざるをえなかったからなのである。しかし、法の形式面においては、あくまでも共有財産は共有として処理され、共有として処理する不心得者がでたのであった。そのために、この共有を解消するために、入会財産である地附山を二九七名（この時点で、部落財産の権利者は二九七名となっている）の権利者に分割配分して、個人所有とし、残りの志賀高原全体の山林については区有財産とすることにしたのである。この共有登記の抹消の申請は明治三七（一九〇四）年一二月である。

　部落有財産が区有財産になったからといって、沓野区に居住している区民全員が財産にたいする権利者となるのではない。規約できめられた者のみが権利者なのである。沓野部落財産は、いわば、区という公共的名称の形式をとっているが、実質的には権利者共同のもの（私有財産）であって学術用語でいうところの総有財産にほかならない。これは、旧松代藩時代の沓野村の財産形式と同じである。

　ところが、この頃には、部落有財産を市・町・村に編入して財政的基盤を確立するために、部落有林野の統一・公有林野の整理という政策が内務省・農商務省（のち農林省）が主導として行なわれるようになっていたのである。二九三名共有名義の沓野部落有入会財産を沓野区へ登記した直後の五月六日に、内務次官・一木喜徳郎は部落有財産の統一について訓令した。

翌年四月に小松原農商務大臣も地方長官会議で公有林野の整理を訓示している。いわゆる入会権の整理である。この政策は、法律にもとづかない、中央官僚による政策というかたちの強権発動である。これをうけて長野県知事・大山綱昌は、下高井郡長ならびに平穏村長にたいして公有林野の整理を指示した内訓第三号を出して、政策の実行を強く指示した。当時の知事は内務省直属の上意下達の官選知事で官僚であり、任免権は内務大臣がもつ。

こうした、形式上で区有財産となっている部落有財産についての政策は、明治末年から大正時代に行なわれた。長野県では区有財産である以上は公有財産なのであるから、ここに特別の私的権利の存在は認めないと指示し、区有財産である以上は平穏村長が管理責任者でなければ、林野についての貸渡しや林産物の採取について許可をしない、という通知を下高井郡役所を通じてしばしば平穏村へ指示した。長野県では入会権を排除するために、形式上は沓野区の財産となっている沓野部落の財産を、実質的にも町村制下の公有財産として編入しようとしたのである。このことは明治政府の部落有林野の統一・公有財産の整理政策を受けてなされた長野県の行政による強権的措置であった。

明治四〇（一九一二）年一一月一七日に、内務部長・力石雄一郎は下高井郡長・小山忠雄にたいして「林甲発第一六五号」という指令を出して沓野区を名指しで部落有林野の統一を迫っている。これをうけた下高井郡では、郡下の村長にたいして高圧的に部落有財産の統一・公有林野の整理を強く指示している。

大正三（一九一四）年に、沓野区の林野は公有林野というように表示され、区議会をもち、平穏村長が沓野区有財産管理者となった、いわゆる財産区財産となったのである。にもかかわらず、長野県では、部落有林野の整理・統一政策を強行に推し進めるために、公有林野整理を行なうことを命令してきた。そこには、部落有林野を地方自治体の公有林野とすること、入会権を解消すること、を内容としているのがみられる。この政策は、法律という形式をとっていない、しかも強権によるものであるために、帝国議会でもしばしばとりあげられ問題となったのである。にもかかわらず、長野県では、この公有林野の整理・部落有林野の統一を他の府・県よりも強圧的に推進する政策として行なったのである。

これにたいして平穏村と沓野区では、公有林野の整理ならびに部落有財産の整理・統一について反対を表明し抵抗した。しかしながら、長野県ではこれを無視し、さらに強権力をもって整理・統一にのぞんだために、沓野部落ではしばしば幹部会を開いて対策を協議するとともに、権利者の総会である区民大会という名の権利者総集会（総寄合）をしばしば開いて対応に苦慮した。長野県は、沓野区（財産管理者・平穏村長）の上部機関であるために、さらに、県の政策を受け入れない限り山林への立入りや林産物の採取についての許可を与えない、という強権を発動した。そのために沓野部落では、入山を強行して林産物を採取したために、長野県では管轄者の中野警察署長に取締を命じた。中野警察署長は、まず、沓野区民五〇余名を盗伐の容疑で取調べた。これは、長野県が警察を通じて行なった実力行使であり、威嚇にほかならない。大正一〇（一九二一）年のことである。中野警察署長は、今後も検挙する方針であると公表しているが、刑事々件としての立件は不可能であった。しかし、警察権力の介入は、沓野部落の反対運動にたいして効果があった。盗伐の容疑で勾留されたり、場合によっては、起訴にでもなると、働き手を失った家では生活に困窮することになるからである。

第八節　沓野区有財産の平穏村編入と入会権

沓野部落の入会財産を二九三名の入会権利者の名義として登記したことは明らかに失敗であったが、当時、町村制によって部落有財産の町村への編入が県から要請されていたこともあって、この編入を回避するための一策としてやむをえず共有名義としたのである。しかし、すでに述べたように、このことをよいことに、共有持分権を売却する不心得者がで、共有持分登記による入会財産の前途が危ぶまれたのである。その結果、沓野区有財産とすることになった。

区有財産にするといっても、沓野区には他村からの転住者や寄留者などもいて、旧共有権利者である入会権利者ばかりで構成されているわけではないから、入会財産を利用することができる者とできない者とを明確に区別する必要がある。

そこで、沓野区有財産に関する規則を定めて区有財産を利用することができる者を確定した。まず、『平穏村沓野区営造物に関する規則』（明治四二（一九〇九）年三月一八日）では、その第四条で、「公有林野は従来の慣行により入林権あるものにあらされば之を貸与することを得す」と規定し、入林権者でなければ従来の慣行により「貸与」、つまり使用・収益することができないことにした。「入林権《にゅうりん》」というのは入会権利者資格のことであり、この場合は二九三名（実際は二九一名）のことである。

また、『平穏村沓野区公有林野保護規則』（明治四二年三月一八日）は、その前文において、「本区は従来は慣行に依り区内住民をして永遠に入林せしむるを目的として」とあるように、従来の慣行を前提としており、ここでいう区民とは入林権者、つまり入会権利者のことを指す。一般区民の総称ではない。

また、『平穏村沓野区公有林野貸渡規則』(一九〇九年三月一八日)の第一条では、沓野区の公有林野に入林しようとする者は従来の慣行によると規定している。第七条では、「入林者は自己の入林権を他人に転貸亦は売却・譲与」することができないと規定している。

さらに、『沓野区公有林野入林者申合規約』(同年三月二一日)ならびに『平穏村沓野区公有林野入林加入金徴収規則』(一九一〇年三月二八日)を制定して入林権——すなわち入会権——を明確にした。これらはいずれも平穏村村長から大蔵・内務両大臣にたいして許可の申請をして許可されたものである。『平穏村沓野区公有林野入林加入金徴収規則』第一条では、沓野区の住民で入林権をもっていない者で一戸を構え、将来、公有林野にたいして入林権を得ようとする者には加入金を徴収して入林権を認める。ただし、他町村・他部落より転住してきた者については沓野区に一〇年以上居住し、沓野区の公共義務を負担した者に限って入林権を認める、とある。これらはいずれも沓野区有財産となったことに対応して慣行(慣習・規範)を若干ゆるやかにしたものである。入林権は沓野区から転住したとき、ならびに廃家・絶家から一〇年以内に沓野区内へ復帰したときには権利を回復するとある(第四条)。また、入林権は家督を相続した者が継承し(第五条)、売買・譲与・質入・抵当の目的とすることができない(第六条)ことを規定している。そうして規定に違反した場合には入林権ははく奪される(第七条)。つまり入会権の没収である。これらの規定はいずれにしてもこの入林権という用語は入会権にほかならないことを示している。なお、「慣行」というのは、規範を強めるために使用したものである。

入林権という名称がいつ頃からできたのかは明らかではないが、明治三九(一九〇六)年の『沓野区公有山林山稼人組合仮規則』のなかにも入林権ということばがでているので、それ以前から使用されていたのであろう。入会権ということばを使用しなかったのは、これまでにたびたび指摘しているように、一般的にいって、入会というのは他村と共同の権利を指すか、あるいは、国有地などにおける慣習による権利をよぶことばとして使用されていたからである。自分達の山——多くの場合、共有林と言っている——を指す場合に入会ということばを使用するのに異和感があったことと、県の入会部落有林野の町村への編入政策から入会という名称をつけることにこだわりがあったのであろう。しかし、名称上はどのようなものであっても、実質上は入会権にほかならないし、まして、明治三一（一八九八）年の『民法』によって、入会権は私法上の権利として二か條に規定されているのであるから、公権力といえども入会権利者全員の同意なくして入会権を変更したり抹消することはできない。

ところで、一九〇九年の『入林権者名簿』に記載されている入林権者は二二二名である。これは、同年の土地台帳に記載されている共有名義人の二九三名よりも少ない。このことは、実際に沓野区有林に入って使用・収益を行なう者の名前であって、この名簿に記載されていない者は入会権者であっても林木・根曲り竹・林野雑産物などの使用・収益を行なうことができないのである。これらの使用・収益を行なうのであれば、『入林権者名簿』に登載されなければならない。入林権者とは入会権利者のうちで実際に入林（使用・収益）する者なのである。

もともと、二九三名が基本的な入会権利者なのであるから、この二二二名の者達は新しく編成された権利者ということではない。残りの七〇名余の者達は実際に山へ入って薪や草を採取するが、木を伐採したり竹などを日常として採取することがなかったからであろう。しかし、この入林権者は、のちに全員が入林権者となって使用・収益のいかんにかかわりなく入会権利者としての利益を受けることになる。

大正四（一九一五）年に沓野区有財産に関する規則が全面的に改正され、五月七日に『平穏村沓野区有財産管理規程』・『沓野区林野保護組合組合規約』が制定された。ひきつづき翌年三月に『長野県下高井郡平穏村沓野区有林野使用加入金徴収に関する条例』が制定される。全体的に公法的規制が強いものとなった。それでも、依然として入会権が保持されていることを特徴とする。

まず、『平穏村沓野区有財産管理規程』の第一章総則では、「本規程第二章に依り特殊の権利を与え義務を負担するものは、平穏村に本籍を有し、沓野区内に居住し、慣行の権利を有する区民に限るものとす」として、区有財産にたいする権利の内容を明確にする。つまり、平穏村に本籍地を有し、沓野区内に居住し、慣行の権利を有する者であるから、入会権利者にほかならない。入会権利者は二九三名を基本とするが、このなかでも離村した者は権利を喪失する。

つぎに、『長野県下高井郡平穏村沓野区公有林野使用加入金徴収に関する条例』では、新規の入林権者について規定する。ここでは、入林権者としての資格を得ようとする者は、沓野区内に本籍と住所を有し、一戸を構えること（第一条）。もしくは、沓野区内に本籍はないが、沓野区内に一戸を構え、引続き（連続して）一〇年以上居住していて区の義務を果たしていること（第一条）、が前提条件である。入林権の喪失については、(イ)入林権者の沓野区外への転住、(ロ)廃家・絶家である。ただし、転住しても五年以内に沓野区内に居住したばあいには、平穏村長は復権を認めることがある、とした。認定は平穏村長とあるが、実際は沓野区長である。また、廃家・絶家も再興をしたときには入林権を付与される（第五条）。入林権の相続は沓野区内に居住する相続人に限られる（第六条）。入林権の売買・交換・贈与・貸借・質権・抵当権とすることはできないし（第七条）、これを行なった者は権利を停止され失権とされる（第八条）。なお、入林権者とは旧来からの慣行にもとづく既得権を有する者と、新しく権利を取得した者をいうのである（第九条）。ともに入会権利者である。

この規定のなかで問題となるのは、入林権を「相続」の対象としたことである。本来、入林権（入会権）は個人に相続されるものではなく、家を権利主体とするものであり、その継承者によって行使されるものである。それは、当然のことながら入会集団によって承認されなければならない。かたちのうえではあたかも相続したようにみえるために、相続ということばを使用したまでのことであろう。法律上も実態上も、歴史上においても、これに反する重大な誤りである。

このような管理規則が新しく制定されたのは、明治後期から始まる、内務省・農商務省の部落有林野の統一・公有林野の整理という入会権排除の政策によるものなのである。それは、市・町・村に林野という基本財産がないために財政上において軟弱であることによる。これに反して、部落には豊富な基本財産があることに着目して、なんとかこの林野を市・町・村の純然たる公有財産としたかったからにほかならない。部落の財産や区の財産のほとんどは入会財産である。入会財産を区有財産（財産区財産）としても、沓野区のように、依然として入会権の本質を維持しているばかりか、その管理・運営も沓野部落で行なっているのでは、公有財産としての意義はまったくないからである。しかし、これはひとり沓野区の実情であるにとどまらず、全国に共通する一般的実情であった。

この当時の沓野部落では、依然として人々が日常の生活に必要とするもののほかに、職業――馬による運送、箸の製造、根曲り竹による細工物、薪材・草など――に必要とするものを沓野区の林野によって得ていたのであるから、ここの土地への立入りを禁止して林産物の採取を禁止するということは死活問題であった。県では、部落有林野の統一・公有林野の整理という政策を実施するためには、どんな汚い手段や無法なことでも行なうという姿勢であったし、実際に行なった。

このようなことから、沓野区では権利者の総会を開いて、やむなく部落有林野の統一・公有林野の整理をうけ入れることになったのである。具体的には沓野区有財産である林野を平穏村の所有とすることであった。

沓野部落の財産である林野を、あげて村有財産とし、ここに私権を制限ないしは否定した純然たる公有財産を生み出すということは、もとより誰もが反対である。しかし、公有林野の整理・部落有林野の統一を受け入れなければ県との対立はますます深まり、県は沓野部落の林野が形式上に沓野区の財産となっていることを楯にして、公有財産にたいする管理指導や許認可権を発動する強圧政策をもってのぞんだ。沓野部落民の入会を認めず、林野産物の採取や土地利用の禁止を続行する方針を沓野部落に伝えた。これが実行されると、沓野部落の生活に大きな影響をうけることになる。なんとしても沓野部落有財産という実質を残さないと生活にも直接かかわることであるばかりでなく、かつて国有地に編入された沓野の財産を苦労してとり戻したという意味もなくなってしまう。こうしたことから、どうしたらよいかということに苦慮した沓野の有力者たちは、とにかく、当時、この地方において法律的知識がある者といえば弁護士よりほかにいなかったことから、つてをもとめて須坂藩の出身であり、東京で活躍している原嘉道弁護士を頼ることにしたのである。

依頼をうけた原嘉道弁護士は、沓野部落の財産の実質的な存続をはかるためには、国・県の意向にそって財団法人を設立し、政府・長野県の政策を形式上において受け入れて規約化し、実質上において入会権を保持して県の圧力をかわすより他はないことを提案した。そのためには、沓野部落（沓野区）の林野をあげて平穏村に贈与するとともに、このうちの特定部分について財団法人がここに三、〇〇〇年の永久地上権を設定すること。すなわち、この永久地上権をもって財団法人の基本財産とすることであった。この、財団法人の財産は沓野部落の慣習によって従来同様にその使用・収益をうることにした。そのほかの林野については、入会権の対価として平穏村の林野収益のうち八分を沓野部落である財団法人にくみ込むこととした。すなわち、部分林の設定である。部分林もまた入会権の仮装されたものである。

この財団法人の設立については、まず、大正一一（一九二二）年七月一日に沓野区会議員財産整理統一委員協議会という沓野部落（入会集団）の有力者において決定され、七月五日には部落総寄合である権利者総会が開かれ、満場一致をもって決定した。

翌年二月一日、財団法人の設立許可願は長野県経由で内務省・農商務省に提出された。このときの財団法人の基本財産である地上権は三、〇〇〇年であるから、日本国家の歴史よりも長く、地上権といっても、それは所有権ですらこえている。三、〇〇〇年の地上権は登記されたが、これについて主務官庁ではこの三、〇〇〇年の地上権について驚き、三〇〇年とすることの修正を求めてきた。それでも三〇〇年は徳川幕府や鎌倉幕府よりも長い。したがって、この地上権は、まさに所有権にほかならない。また、財団法人の財産が多すぎるということで、林野面積が当初案より縮小された。財団法人の名称も、「平穏村沓野和合会」から沓野が削除された。沓野は部落を示すことばである。そのために県は認めなかったのである。だが、評議員については沓野部落の住民中から選任する（第一五条）というのが追加されている。沓野部落の住民というのは入会権利者を指し、いわゆる沓野に居住する住民全部をいうのではない。これは、財団法人設立の際に評議員となる者について、やはり、沓野部落の住民会で選任された者という規定（第二八条）があるが、これもまた同じ内容である。

平穏村への土地の贈与による土地台帳への登記は昭和三年六月一九日となっている。沓野区では、平穏村への土地の贈与に先立ち、大正一二（一九二三）年二月二〇日に、大正一二（一九二三）年一月一日より大正三千一一（四九二三）年一二月三一日まで三、〇〇〇年間の地上権の登記を設定をした。この登記簿の登載は同年の二月二〇である。しかし、この登記については、さきに指摘したように三、〇〇〇年という地上権の設定はいかにも長すぎるという官庁側の難色によって登記を訂正して、官庁側がいうように地上権を三〇〇年に変更した。この登記は大正一四（一九二五）年五月二九日となっている。とにかく、いったんは三、〇〇〇年で登記をしたのである。

大正一四（一九二五）年一一月二七日に農林省（前、農商務省）は財団法人・和合会の設立を許可し、ついで昭和二年四月五日に内務省が許可した。これによって、昭和三（一九二六）年六月一九日に沓野区から平穏村へ土地の登記が行なわれたのである。

第二章　財団法人・和合会の成立と運営

はじめに

明治末期から開始された、内務省・農商務省による部落有林野の統一・公有林野の整理政策をうけた長野県は、下高井郡長に指令を出して、沓野区有林野の平穏村への編入を強制した。沓野区では幹部が集ってその対策についての協議を重ねたが良い結果はえられなかった。そこで沓野区民大会――入会権利者総会――を開いたが、大会では平穏村への編入を全員一致をもって否決したのである。

しかし、長野県と下高井郡では、この沓野区の反対にたいして強圧政策をもってのぞんだ。沓野区では、しばしば大会を開いて対策を協議したが、その結果、沓野区民大会では平穏村への編入を認めることになった。しかし、なんとしても入会権を保持して置くことに決定して、財団法人を組織して、平穏村へ編入した沓野部落の土地にたいして三〇〇年の地上権を設定して、これを財団法人の基本財産とすることにした。土地所有の名義が財団法人となったことによって入会権の形式上では地役の性質を有する入会権（民法第二九四条）ということになるが、それはたんなる名義形式上のものであるから、実質は共有の性質を有する入会権（民法第二六三条）にほかならない。

内務省・農林省より認可された財団法人の正式名称は、「下高井郡平穏村和合会」（以下、和合会と略称）である。財団法人の基本財産となったのは一六六三町（台帳面積）のうちの三八〇余町である。残余の土地については、その収益の二〇パーセントを平穏村が取得し、八〇パーセントを和合会が取得する入会権の分収歩合で同意した。

第一節　財団法人・和合会の成立

財団法人・下高井郡平穏村和合会は、沓野部落（入会権利者集団）の総寄合（総集会）によって成立した。ここでは、沓野部落の林野財産が和合会の基本財産となることが決定されたばかりでなく、沓野部落の林野の多くが平穏村の公有財産として強制的に編入されることも決定されているのである。そうしなければ、和合会は設立されないどころか、沓野財産の全部が平穏村の公有財産となり、長野県の管轄下に入ることによって、この林野での使用・収益は制限されるばかりでなく、使用・収益については多額の金銭を支払わなければならなくなり、ときには、使用・収益を停止されることもある。このことは沓野部落民（入会権利者）の死活にもかかわる。したがって沓野部落としては、まったくの不本意ではあるが、県の指示にしたがって財団法人・和合会を設立することによって一方の活路を開き、最低限の直接的な使用・収益を守るとともに、この和合会財産についてだけでも、土地の利用や林産物等を自由にすることができるようにしたのである。部落有林野の統一・公有林野の整野政策は、法律にもとづかない国・長野県・下高井郡の強権力の発動によるものだけに、沓野村では不本意であるために、平穏村に編入された沓野部落の林野にたいしては、沓野部落の人達の強烈な思いは残っており、この林野での使用・収益は沓野部落の者に限られるということになった。平穏村でも、そうしなければ、沓野部落の人々による、官庁用語にいう、いわゆる「盗伐」（部落側では入会的利用）のおそれがあったからである。

沓野部落が、その入会財産を守るために、土地所有の名義を転々とした。すなわち、沓野組・沓野組共有から二九三名の共有、さらに沓野区（財産区）となり、財団法人・和合会が設立された。

財団法人の「寄附行為」の書式は公式のものがあり、これにのっとって作成される。したがって、「寄附行為」は沓野部落の意向はほとんど反映されない官庁原案の形式的なものとなる。しかし、それでも沓野部落としての関与が認められているものがある。すなわち、第一五条の「評議員欠ケタルトキハ沓野部落ノ住民中ヨリ之ヲ選任ス」とあるのがこれで、ここでいう沓野部落の住民とは沓野部落に居住する者一般ではなく、入会権利者なのである。普通であったなら沓野部落ではなく沓野区とすべきである。当時、部落有林野の統一・公有林野の整理政策が行なわれており、部落財産を市・町・村の公有財産として編入することが強制されていたのであるから、部落の存在を認めるようなことはなかった。和合会寄附行為の原案第一条では「平穏村沓野ノ部落ニ於ケル」となっていたが、県の命令で「沓野ノ部落」が削除されたくらいである。また、財団法人の名称も原案では「平穏村沓野和合会」であったが、沓野という名称が削除された。それにもかかわらず第一五条では沓野部落という名称が使用されているのである。このことは、県が文書上で和合会を沓野部落の総有（入会）集団であることを認めていることになる。

和合会の法律上の性格を示すものとして、和合会の諸規程があるが、このほかに歴史・沿革は和合会の本質を知る上できわめて重要である（『和合会の歴史』全一〇巻参照）。

第二節　和合会の運営と財産の管理

内務省・農商務省・長野県・下高井郡の強制によって沓野部落の土地のほとんどが平穏村の所有となったが、『財団法人下高井郡平穏村和合会』（以下、和合会と略称する）が志賀高原の地上権をもって基本財産として設立されたことによって、一応、地上権というかたちで沓野部落の財産の私的権利が全面的に失われることをまぬがれた。しかし、沓野部落の財産である多くの林野が平穏村の公有財産として編入されて平穏村の管理下に入ったことは沓野部落にとっては痛手であったことは事実である。しかし、この山林については「二分八分」という分収歩合が設定され、山林からの収益については平穏村が二分（二〇パーセント）を収入し、和合会が八分（八〇パーセント）を収入するというのである。いずれにしても入会の権利の対価にほかならないし、この権利を行使することができるのは、沓野部落の総有集団である和合会のみであり、ここまでが妥協の限度であった。

和合会では、ただちに財産管理規定をつくり、和合会財産の権利者を定め、権利資格の内容について明らかにした。これは、沓野部落の権利者の確定と財産規定と同じようなもので、慣習を成文化し、さらに今後の財産についての管理・運営を見直して作成したものである。当然のことながら、管理規定は管轄庁の許容する範囲内で行なわれ、その承認をえている。和合会の運営にあたる評議員は一四名で（第一一条）、このなかから理事五名、監事三名が選出される（第八条）。理事長もまた同じである（第一〇条）。これらの評議員は、実際的には各組の権利者のなかから選ばれた者であって、それぞれが和合会の運営を信託された者である。誰でも自由に評議員となれるものではない。マケといわれる親族集団や十二講あるいは隣人集団、組から複合的に選ばれた者が評議員として和合会にのぞむ資格をうることができるのである。勝手に立候補することが実質的にできるものではない。

和合会は、選出された評議員によって管理・運営されるが、和合会の存否にかかわる問題、ならびに、財産の消滅によって和合会に重大な損害や変化をあたえるような大問題の決定については、和合会の役員のみで決定することは実質的にも形式的にもできないが、それ以外において財産を維持し、管理・運営を行ない、決められた予算の範囲内において財産を処分したり、実益をあげることについては和合会の役員にまかされている。したがって、和合会の評議員には良識と叡智と統率力のある人でなければならないことになる。和合会の方針や内容については、役員たちが、つねに、自分が選出されてきた母体である組にたいしてなんらかのかたちで報告し、かつ、協議すべきものについては協議が行なわれなければならないし、行なわれている。役員が重要な問題について選出母体にたいして報告を怠ったり、協議すべき事項について協議をしていないのであるならば、それは組はもとより、選出母体がそのような者を選出したことの責任となる。和合会には直接的な責任はない。権利者集団の組織が大きくなり、運営も多岐にわたるようになると、実際上において総会を開くことは容易ではないし、開いても全員が参加することもなかなかできない。こうしたことから管理・運営については役員に信託――信託法上の信託ではない――したかたちをとらざるをえなくなる。旧松代藩の旧沓野村においても、このような形式はとられていた。当時、沓野村は本郷・渋・新田の三つの集落にわかれていたのである。しかし、沓野部落の財産の維持・管理について、和合会の成立後は、財団法人という形式をとって行なわざるをえなくなったために、形式と実質の相反する両様の面をもちながらの複雑なかたちで財産の管理・運営をとることになった。この点をカヴァーするものとして、慣習のほかに、慣習の一部を、しかもその重要部分を成文化した管理規定等の『内規』があり、これによって成文化されたかたちにおいて補充するとともに、慣習上の規範がこの『内規』の背景として存在するようにできるようになったのである。

和合会という組織による財産の管理・運営については、少なくとも表面上において、沓野部落では抵抗がなかった。その利用ついては、旧沓野村時代においても、明治初年後の沓野部落となってからも、さちに、その後においても、徳川時代からの重立衆《おもだち》による財産の管理・運営の方法にあまり変化がなかった。

ところで、和合会の会員として、和合会の財産を利用することができる資格要件とはどのようなものであろうか。『財団法人下高井郡平穏村和合会財産管理規程』（以下、『管理規程』と略称する）のなかに、これをみることができる。すなわち、まず、第一に、和合会の成立以前から沓野に居住していて慣行の権利をもっている者（家）である（第三条）。このことは、沓野部落の権利者集団のメンバー（本構成員）であることを指す。入林権とよばれているものがこれである。第二に、『沓野区公有林野使用加入金徴収に関スル条例』によって権利を得た者（第三条）である。第三に、和合会設立後においては、和合会の会員が沓野区に分家を出した場合である。これが新入林権者である。分家を出すといっても簡単なものではなく、マケの承認を前提として、分家としての適応条件を満たしていなければならない。といってもそれだけで当然のものとして会員になれるわけではなく、評議員会が資格要件について審議する。第四に、沓野区内へ転住してきた者で、一戸を構えて本籍を沓野区内に有し、連続して一〇年以上居住して沓野区の慣行による負担（お伝馬《てんま》、義務）をはたしていることである。この者の加入については評議員会で審議し、議決をもって決定する（第四条）。なお、ここにいう「者」とは家ないし家を前提とする。

これにたいして、和合会の会員資格を停止され、もしくは会員資格を失う条件としてあげられているのは、以下のごとくである。(イ)会員（権利者）が沓野区外へ移転したとき（第五条）。(ロ)廃家・絶家となったとき（第五条）。(ハ)会員の権利を売買・交換・贈与・貸借したり、質権・抵当権を設定したとき（第五条第四項）。(ニ)『管理規定』に違反したり統制に従わなかったときである（第四条）。なお、転住・廃家・絶家であっても、転住者は、その権利が消滅したときから五年以内に再び沓野区内に居住した場合には届出によって復権する（第五条第二項）。廃家・絶家については家を再興した場合には届出によって再興される（第五条第二項）。いずれも評議員会での審議が前提である。

和合会の権利は家を単位としているために、家の承継者のみが家の代表者となることができるのである。家の承継者を誰れにするかは、その家の事情であるが、やはり、親族集団の同意や社会的にみて妥当であると言われた者でなければならない。したがって、相続人が権利を継承する（第五条第二項、すなわち家の代表者）ことになるわけであるが、当然のことながら、この相続人は沓野区内に居住していなければならない。沓野区外にいる者は和合会の会員資格を継承することができる相続人とはみなされないのである。これらはいずれも入会権の一般的な基本原則である。

『管理規程』は、他の規則よりも二年遅れて昭和七（一九三二）年七月一日の施行となっている。『管理規程』は、さきに、二九三名共有名義になっている沓野部落の財産を沓野区有財産とした際に制定した諸規則（平穏村沓野区営造物に関スル規則、平穏村沓野区公有林野保護規則、平穏村沓野区公有林野貸渡規則で、以上は明治四二年三月一八日）を基本的に踏襲している。もともと沓野区の諸規則は、沓野部落の入会慣習を基本として成文化したものなのであるから、これを踏襲した『管理規程』も入会慣習にほかならない。財団法人という形式をとりながら、沓野部落の入会であることは、この『管理規程』をみても明らかなのである。逆の言い方をすれば、和合会は入会集団そのものであるために、沓野部落の入会慣習が全部でないにしてもかなり『管理規程』に反映されているのは当然なことなのである。

沓野部落という入会集団が和合会という財団法人となったために、県の行政という直接的支配がおよばなくなったことで、沓野部落（入会集団）は独自の規範と組織をもって、純然たる入会集団として運営されるようになったという側面がある。

第三節　財団法人と入会権

昭和二（一九二七）年四月に許可された財団法人・和合会は平穏村に編入された志賀高原の土地の地上権をもって基本財産としたが、そのほか、残余の土地にたいする分収歩合をも財産のうちに入れる。また、温泉も水も財産とした。もっとも、この地上権は土地の上下におよぶ。残余の多くの土地は平穏村の所有となるが、ここには地上権はなく、沓野部落の入会権がある。この土地に沓野部落の人達が入会権をもつが、その入会権は、『民法』の規定から単純にみるかぎり、地役の性質を有する入会（民法、第二九四条）となる。つまり、土地所有の法形式は財団法人ならびに平穏村だからである。ところが、和合会財産は沿革的にも実質的にも沓野部落のものであり、和合会そのものが沓野部落という入会集団（入会権者集団）によって構成されているのであるから、財団法人という法形式は仮装されたものにほかならない。したがって、法律上は沓野部落の入会財産であっても、共有の性質を有する入会（民法、第二六三条）となる。

和合会の財産の法律上の性質についてはこのように理解してもよいのである。和合会は、さらにつぎのような構成をもっていることで、きわめて特徴的な内容となっている。

すなわち、すでに明らかにしたように、和合会の本質は、その成立にいたる事情によってわかるであろう。和合会は沓野部落の入会集団によって構成され、その財産は沓野部落（権利者集団）の総有財産なのである。和合会を維持していく人的構成は、和合会員であって、会員は総有権利者（入会権利者）である。ここでいう沓野部落とは、沓野区とは異なり、慣習的にきめられた一定の資格をもつ権利者によって構成される総有集団（権利者集団）を示すことばとして使用される。沓野区と沓野部落とは地域においては一致するが、その人的構成においては異なるだけでなく質的な面においても異なる。沓野区民であっても和合会員でない者もいる。逆に、和合会員はすべて沓野区民である。沓野区の住民と沓野部落の権利者とを比較すると、沓野区の住民の人数は、沓野剖落の権利者の人数（家）よりも多い。行政が把握する地域としての沓野区における住民、あるいは平穏村の村民には、誰でも、そうして、いつでもなることができるが、沓野部落の権利者にはなれないのである。この沓野部落という権利者集団がほかならぬ財団法人の形式をとる和合会であり、和合会の財産にたいする権利者が和合会員なのである。したがって、和合会員には誰でもなれるというものではなく、一定のきびしい身分上の制約があって、これによらなければ会員になることはできないのである。外来者（転住者）が和合会員となれる余地はほとんどないといってよい。和合会の会員は、和合会（権利者集団）によって認められた家であり、その家が継承者である代表となることによって会員なのである。年一回の「報告会」とよばれている総会が行なわれ、ここでは、その年の予定事項や予算が発表されるとともに決定され、前年度の報告が行なわれ承認される。「報告会」という名称の会員総会であり権利者総会にほかならないのである。これはまさに旧時における総寄合である。しかし、これまでに本来の意味での総寄合が行なわれたのは、沓野部落の向背を左右するような重大な案件の処理のときに行なわれるのであって、通常においては「報告会」というものは総会に準じる集会にすぎない。それは、沓野部落の各地区（各組）から選出された者によって和合会が運営されているのであるから、総寄合という全員参加が義務づけられているが、毎年行なわれているということはなかったのである。「総会」とよばれているものが、「報告会」というようになったのは、戦後の県の指導という強制によるものであって、その理由は、財団法人には総会という規定はないから、報告会にしろ、というのである。

和合会の管理・運営にあたる役員は、権利者である和合会の会員のなかから選挙によって選ばれた者による。これが評議員である。旧時代の村役人・百姓代・五人組総代にあたる。部落時代では世話人であり、代表者（役員）である。評議員の選出は、具体的には、沓野部落を三つにわけた組から定員によって選出される。部落（旧村）が三つの組にわかれているのは、旧徳川時代の松代藩制下からの伝統的慣習にもとづくものである。

和合会員は、和合会の土地ならびに土地の産物を利用することができるが、旧時のように土地産物を直接に採取したりすることは少なくなった。これは、生活の変化と、森林保護・土砂扞止・水源涵養という点から採取に制限が加えられるとともに、国立公園に指定されたということからもさらに制限が加えられていることによる。和合会の財産である志賀高原は、古くから春夏秋の三季型のレクレーションの地として知られているが、のちに、スキーのできる山として知られるようになる。戦後の経済成長によって志賀高原の観光地発展が急速に展開するようになったために、和合会々員の中で志賀高原で旅館・ホテルなどの宿泊営業やスキー・リフトならびにロープウェイなどの事業を行なうことを希望する者に土地の利用を認めた。それは、わけ地（割り地）とよばれている入会地の分割的利用である。わけ地利用は、入会地の借地的利用にほかならないが、入会地におけるわけ地利用は、その権利が独立した固有の権利として存在するのではない。和合会の総有地としての規範のもとに分け地として利用することができるのである。したがって、分け地利用者が規範に違反したり、財産に損害を与えた場合には、利用が廃されるばかりでなく、権利者資格も失われる。通常のわけ地では割り替も行なわれるが、ホテル・旅館等の宿泊施設や観光施設では、その性質上からいってわけ地にたいするわり替えをすることはできない。しかし、重度の違反者が権利を剥奪されたり、廃業した場合や倒産した場合は、わけ地利用が廃止される。

和合会の土地財産からの収益は、和合会の土地の維持・管理と和合会の運営にあてられるほか、沓野部落の行事や観光的発展のためにも使用されている。

こうしてみると、和合会は、形式上は財団法人の組織となって財産の所有者であるというよりも、まさに、入会集団にほかならないということができる。沓野部落とか、沓野入会組合・沓野組とかいった、かっての名称と同じように、入会集団に別の名称を付したにしかすぎないものであることがわかる。財団法人という名称や形式は入会の本質にとっては問題ではないのである。問題は、管理・運営が入会集団としての基本や本質に違背しないかである。和合会の役員の意識はもとより、会員じたいの意識、とくに志賀高原で観光関係事業を営む会員の意識も入会権とのかかわりで問題となるところである。

各組から選出されてくる評議員は、それぞれの組――沓野、渋、横湯――をなんらかのかたちで代表してくる者であるから、この者達が評議員という名称で和合会の代表者集団をかたちづくるとき、和合会全体の管理・運営についての責任者となり、組の意向を背景としながらも、和合会そのものについて全体的・巨視的な観点から判断し、ものごとにあたらなければならないわけである。

第四節　志賀高原の観光開発と和合会

戦前も大正時代（一九一二～一九二六年）から、志賀高原は春夏秋のリゾートとして知られ、のちにはスキー場として注目され、平穏村以外の者達から利用されるようになってきた。いいかえるならば、志賀高原は外部の者達の利用を前提としてのみ観光的価値があり、それによって観光地として形成されるのである。これは沓野部落内の温泉地についても事情は同じである。外部の経済・社会、外部の文化によって経済的にも社会的にも支えられているのである。いわば、観光地としての発展は、これらの人々のニーズに対応することができなければならないのである。いいかえるならば、沓野部落は、よそ者文化により成り立っていたのである。村落共同体（部落）が自給自足の社会であるとか、閉鎖的、孤立的な社会であるとかというのは歴史も実態も知らない皮相な見方である。

終戦の昭和二〇（一九四五）年以前の、いわゆる戦前においては、スキーも登山も決して一般庶民の文化ではなく、特殊な人々のスポーツであった。スキーはその初め、軍事目的から導入された。人々が長い間にわたり雪に埋れる志賀高原の冬期の特性にスキー・スポーツとしての価値を見出したことによって、やがてスキー場として発展する基礎をもったのである。冬期以外の志賀高原は、自然的景観を生かしたレジャーに適していた。そのために、学者や小説家・詩人などの文化人が多く訪れていることによっても、志賀高原が沓野部落の人達の生業の場という価値とは別に新しい観光的価値をもつことが明らかになった。もっとも、こうした価値はすでに旧徳川時代においても渋温泉という直接に農業にはかかわりのない温泉宿集落があり、他の職業（たとえば、商業・運輸・山稼ぎ・日雇い等）をも包摂しながら、それぞれのかたちで志賀高原の沓野部落の入会林野に依存していたのである。

志賀高原は、古くから上州（群馬県）の草津温泉と沓野村とを結ぶ草津道があるから、ここを往来する旅人はもとより、牛馬か人による物資の運輸もひんぱんに行なわれている。したがって、沓野村は向背に二、〇〇〇メートル級の山脈をもつにもかかわらず、外部との交流や情報が豊富にあり、孤立した村ではない。こうして、志賀高原は、渋温泉と同じように、外部から新しい観光客を迎え入れるルートとして従来とは違った発展が期待されたのである。これらを観光とよび、その建物を観光施設とよぶならは、志賀高原において、観光施設はかなり古くからあった。草津道の茶店などもこのなかに入るであろうし、宿泊施設へ客や荷物を送る牛馬を使役しての運輸もこのなかに入るであろう。しかし、恒常的な観光業や観光施設ということになると、外部の経済的発展をまたなければならない。徳川時代の沓野村には、渋温泉での湯《と》治《じ》のほかに、まだ、その基礎的な条件はなかったのである。

和合会の成立以後においては、日本経済の発展によって志賀高原での観光が可能となり、観光施設もできるようになる。土地は和合会の入会地であるから、和合会にたいして土地の利用を願い出るということになる。ここに、従来とは異なった入会地の利用がはじまるのである。戦前期の志賀高原は、観光施設を建てるくらいの土地はかなりあったので、和合会員でも土地を貸すことにはほとんど問題にしていなかった。しかし、林産物となると、渋温泉をはじめ観光地の発展によって林産物の需要の増大から濫採がみられるようになったために、沓野部落の人達の生計に直接の影響を与えるようになり、権利者以外の者にたいしては採取禁止や立入り禁止などのきわめて厳重な規制が設けられた。

　土地の利用は、これにとどまるものではない。古くから、畑地としたり、草地として使用する者や、山林の若干を使用する者もあったりした。また、スキー場・運動場として山林を使用する者まであった。これらはいずれも、土地の一部を独占的に使用するのであるから、たとえ、その面積は少ないといっても、その土地――この土地が、林産物の採取や耕作に適しているかどうかはともかく――には他の者が立入ることができないのである。これはわけ地利用にほかならない。かつて、沓野村であった時代、あるいは沓野部落においては、共同の財産である土地を分割して個人所有にしたことがあった。この場合、通常のわけ地利用ではなく、土地の所有権を借地――借地法にいう借地でなく、利用させる――というかたちで入会権利者に分割して、ここには、共同の、あるいは他の者の権利関係や利用をなくした。この借地からえられる地代は共同の財産である。土地を分割して、所有権なり借地権をえる。とくに所有権をえる場合はその土地は、その者の自由・勝手に処分することもできるし、利用することもできるから、『民法』上の個別的私的所有に転化させたわけである。したがって、売買・譲渡・贈与ならびに分割も自由であるならば、他人へ貸すことも自由である。これにたいして、わけ地利用の場合は、あくまでも土地財産の共同が（すなわち、総有）前提であるから、あたえられた利用内容――旧時においては、山林伐採、採草、開墾・放牧などが主であり、建築物による利用はこれにたいしてほとんど数が少なかった――ならびに利用期間など、分割される上地にたいしては成文の規範や不文の規範を問わず、利用についてつけられた条件があって、これの逸脱は認められない。したがって、このわけ地利用は、権利者集団（入会集団）を前提としてのみ、そうして、権利者であることによって利用できるのであるから、他の法律関係が生ずる余地のない内部的な規範によって処理される。この規範は、契約により外部の者にたいしても適用される。

志賀高原に施設を建てるための土地利用についての特例は和合会会員以外の者の土地利用である。和合会員の土地利用と同じく志賀高原の発展策の一つであるが、和合会員の土地利用は、直接に和合会員の生活につながるものであるのにたいして、和合会員以外（外来者）の土地利用は、これによって志賀高原へ観光客を誘致する政策であり、和合会にはこの施設に土地を貸すことによって使用料が入り、収益をふやすことになる。他方において、和合会員がこの施設に直接・間接にかかわりをもって貸料などをうるほか、生活品なども売ることができるという利点があった。これは、きわめて早い時期から行なわれていた。この外来者に使用を認めた土地利用は、あくまでも志賀高原を利用することによって和合会の収益をあげることと、和合会員の土地利用にプラスとなることを意図したものであるから、ここでの営利事業はごく一部の特例を除き、一般的には禁止される。土地の貸与を会社や法人等の寮に限定したのもそのためである。土地の使用については、和合会の規則と方針に従うことを条件としたものであるから、借地権などの他の法律関係の発生する余地はない。これは、かたちからだけからみると「わけ地利用」にみえるが、本来の「わけ地利用」は和合会会員である資格にもとづくものであり、外来者のはそうではなく、ただたんに一定の期間を限って土地の使用を認めるというものであり、その土地使用期間が過ぎれば使用ができなくなる。ただし、使用期間中になんらの不都合も生じなく、また、和合会がどうしてもその土地を利用するのでなければ、使用は更新される。実際上はこの更新がつづいているのである。

和合会が、土地から収益だけを期待するのであれば、観光開発もきわめて容易であり別のかたちをとったであろう。志賀高原全山もしくは観光地に適切な土地を内部資本、外部資本を問わず貸地とすればよいのである。これまでに和合会員にのみ使用を認めて土地の使用料を徴収しているよりも、はるかに多くの使用料が入ってくることは明らかである。そのためには外部資本に適合するような権利の設定をしなければならない。和合会の経常収入は増大し、和合会そのものは運営上においても安定するし、この収益を和合会がいろいろなかたちで沓野部落や和合会員に還元することができる。しかし、和合会員が志賀高原で営業するという道は制限されるか閉ざされることは明らかである。外部資本に対抗するだけの資本力や営業力が地元にはないからである。なんらかのかたちで志賀高原で営業する和合会員の保護をしなければならない。

志賀高原は、旧沓野部落のものである入会山であるから、沓野部落の者達の生活がかかっていたために、直接的利用が行なわれていた。したがって、志賀高原を利用するのも和合会員が原則であった。

しかしながら、日本の経済的発展によって観光というものが次第に一般化されていくにしたがって、スキーが普及しはじめたのである。日本でのスキーは、もともと軍事上の必要性からもたらされたのであったが、さらに、ヨーロッパの観光としてのスキー、スポーツとしてのスキーが知られることによって、富裕層のレジャーとして盛んになってきたのである。志賀高原でのスキーは、大正二（一九一三）年にドイツ人・キンメル夫妻が上林温泉で滑ったことに始まる。このときのスキーは、ストック一本であった。大正九（一九二〇）年に山ノ内スキークラブが結成される。スキーリゾート地への第一歩である。

昭和三（一九二八）年に、長野電鉄株式会社（以下、長野電鉄と略称）は、上林温泉地区のスキー施設化をはかり、渋と上林間を結ぶバス路線を獲得した。こうしたことから、横手山・志賀山・笠岳・文六山・東舘山などの現在の志賀高原を「志賀高原」と呼び、ここに新たな観光地とすることを和合会は決定したのである。一九二九年、長野電鉄はノールウェーのスキー選手ヘルゼット中尉ら一行が日本に来たのに着目して、志賀高原へ招くことを計画し、これを実現させた。ヘルゼット一行は案内した麻生武治（スキー界の権威）に、「東洋のサンモリッツだ」と言ったという。スイスのサンモリッツは、前年に第二回冬期オリンピックが開催されたところである。麻生武治は沓野出身の竹節作太と、関金次郎との交流があった。翌年にはオーストリアのスキー選手シュナイダーを招くなど、志賀高原の名声を高めることになった。同年八月には、秩父宮夫妻、竹田宮等が志賀高原に登山し、登山道も整備されベンチも設置され、夏の志賀高原をアピールするのに役立った。

志賀高原は、スキーならびに夏山のレクリエーションの観光地として本格的に発足したのである。

長野電鉄では昭和四（一九二九）年に丸池に休憩所をつくったのを皮切りに、翌年には丸池にヒュッテなどを建設し、ヨーロッパのスキーを積極的に取り入れた。和合会では、長野電鉄の志賀高原の観光開発を認めるとともにこれにたいして協力をした。和合会の土地を長野電鉄に使用を認めたのもそのあらわれである。また、当時の平穏村も志賀高原の観光開発に積極的であった。長野電鉄が構想したスキーコースは六コースあり、その四つが上林温泉を起点としている。上林温泉に長野電鉄が観光の拠点を置いたからである。あとの二つは発哺温泉を起点としたもので、その一つは発哺から野沢温泉への上級コースである。これに関連して、和合会員の関金次郎は和合会にスキーコースをつくるために和合会の土地の使用許可を求めた。和合会では、このスキーコースが志賀高原の開発の一助となると判断して、発哺温泉組合の事業として行なうことを条件として認め、夏期には浴客や一般観光者の便宜のためにスキーコース等の草刈りなどを義務づけて許可している。

観光地としては、もともと湯治と観光とを併用した徳川時代以来の伝統的温泉場として渋温泉があったし、さらに明治時代以降において、発哺温泉や熊の湯温泉が開湯してから、ここを訪れる者もあった。だが、上林温泉の開発と志賀高原の観光地化を進展させることによって、冬期は閉鎖されていた志賀高原が、新しい名称のもとにスキー場として開発され、渋温泉・上林温泉とともに文化人等の来遊もまた盛んになったのが知名度につながったのである。

長野電鉄は、志賀高原を観光開発の拠点とするためという理由のもとに和合会に土地の使用許可を求めてきた。実際はここに植林して林業経営をするためである。この計画は国策にも沿っていた。和合会ではこれを検討して、坊平・追分・池ノ平・志賀の合計六〇万坪の土地を二〇か年間無償で使用を許可した。その際、沓野部落民の生業に支障をきたさないことを条件としている。

ウインター・スポーツとしてのスキーの発展は、日本の経済的発展によるものである。昭和九（一九三四）年頃からスキーを観光政策のなかに積極的に取り入れたのは鉄道省国際観光局である。国際観光局は上信越国際スキー場の一つとして志賀高原を指定した。さらに、この年には第一二回冬期オリンピック会場を志賀高原に誘致する運動が展開した。当時、志賀高原にはオリンピック誘致のために、一八キロコース、五〇キロコース、シャンツェ、スケート競技場（屋内・屋外）、ホッケー場、ボッブスレーバーンの設備が予定されていた。

このようにして、冬期の観光化がすすめられ、志賀高原のスキー場としての利用が普及化してくると、和合会では積極的に四季を通じて利用することができる志賀高原をアピールして、学校や会社にたいして土地を提供し寮を建設するようにしたのである。このときには、志賀高原に長野電鉄以外の外部資本による旅館やホテルの建設については意図していなかった。

しかし、昭和一〇（一九三五）年に、長野県は志賀高原に県営の国際観光ホテルを建設することを計画し、翌年に県は平穏村にたいして二万坪の土地と温泉を要求してきたのである。平穏村は土地の所有者であるが、本来の土地所有者は和合会であり、ここには入会権があるところから、平穏村は和合会にたいして同意を求めてきた。和合会では長野電鉄に無料で土地の使用を許可していた六〇万坪のなかから県にたいして譲渡することを認めた。

このとき、長野県は和合会にたいして、『覚書』第六項で「県ハ和合会以外ノ第三者ニハ引湯水道ノ使用ヲ絶対ニ許セザルモノトス」と確約し、さらに第七項において、「県ハ経営設備ノ処分ニ際シテハ和合会ニ優先取得ノ便宜ヲ計ルヘキモノトス」と確約している。上意下達の権力をもつ県がこのように確約したことは和合会の権益を認めたことであり注目すべきである。

志賀高原は、形式上において平穏村の所有となっているのであり、かつ、国際ホテルの建設場所は長野電鉄に使用を許可した土地なのであるから、県営ホテルとしての利用を廃止したときには、まず、土地は平穏村へ返還すべきであるし、また、長野電鉄にこの土地の利用を中断して県営ホテルを建設したのであるから、長野電鉄にも返還に際してなんらかの権限をもたせてもよい。しかし、これらを考慮することなく和合会にたいして土地の返還を確約したことは、和合会がこの土地にたいする本来の土地所有者であることを知っていたからにほかならない。返還はもちろん無償であるのは言うまでもない。しかし、のちに県はこの条件を一方的に破棄する。長野県には、依然として上意下達の官僚的風潮が残っているとしか思えない。

志賀高原は、スキーコースの整備とともにスキーヤーが入り込むことによって、夏と冬を中心とした四季型の観光地として発展の基礎が確立した。しかし、現実にはスキーを中心とした冬型の観光地が主要内容となっている。したがって、そこに開発と観光地的発展の限界もあった。

第三章　財団法人・和合会の現在

はじめに

日本は、昭和二〇（一九四五）年に第二次世界大戦で敗戦し、終戦処理と戦後改革によって民主主義国家となり、軍国主義国家を基本とする国や県の強圧政策に終止符がうたれた。

和合会の基本財産である志賀高原は、かって旧沓野部落財産であったのを、国・県・郡の強圧政策によって沓野区有財産として編入し財産区財産としたが、さらに、公有林野の整理・部落有林野の統一を目的とした国の政策をうけた長野県の強圧政策によって、そのすべてを平穏村の公有財産とすることが命じられた。これにたいして沓野部落ではかなり抵抗したが、警察まで動員した長野県の強圧に抗し切れなくなり、そのすべての土地を平穏村へ寄附することになった。しかし、基本的に沓野部落の権利を維持するために財団法人を設立して逃れることにしたのである。このとき、沓野部落の財産は二つに分裂する。その一つは、平穏村の公有財産となった土地のうち、志賀・東館・仏岩・池ノ平・本久保・追分・坊平・荒井原比良・坪根の公簿面積約八〇町歩の土地にたいして三〇〇年の地上権を設定して財団法人の基本財産とした。その二つは、残余の土地を平穏村の所有としてここに分収歩合を設けて入会権の対価とした。

終戦の翌年の一九四六年六月三〇日に、志賀高原ホテルと敷地、そうして丸池スキー場とその他の施設等を含めてアメリカ占領軍に強制的に接収され、アメリカ軍関係者の支配と管理になる。

旧沓野部落の土地を旧に復する、つまり『民法』第二六三条の入会財産ということが和合会で主張されるのは戦後も間もない頃からである。しかし、その実現は昭和二八（一九五三）年である。これによって、旧沓野部落の財産のうち、分配した土地を除くすべての土地は和合会が所有するところとなったのである。

また、湯田中の財団法人・共益会（旧湯田中村）との入会地である岩菅山は、昭和二七（一九五二）年に、平穏村が本州製紙株式会社に一〇万石の材木を売却してこの収益を町財政に組み入れたにもかかわらず、入会権の対価である分収歩合にもとづく益金を分配しないで独占して使用するという問題を生じたために、岩菅山の返還を和合会が主導して行ない、翌年に返還が行なわれた。六月一〇日に共同所有者の共益会とともに返還をうけたのである。

戦後の町村合併によって、平穏村は平穏町から山ノ内町となる。和合会の名称も下高井郡山ノ内町和合会となる。和合会所有の土地財産の名称が変更になったのは、昭和三二（一九五七）年七月二五日である。

第一節　和合会の再発足

昭和二八（一九五三）年に、和合会は平穏村から字細木以下の旧沓野部落の土地の譲渡をうけた。これは、かたちのうえでは譲渡であるが、実際は返還にほかならない。すなわち、かって長野県の強圧政策によって沓野部落財産を平穏村へ編入し、その一部にたいして三〇〇年の地上権を設定し、これをもって財団法人の基本財産として和合会が発足したのであるが、戦後の民主化によってこの強制編入された財産をもとに戻すということになったのである。

六月一〇日の平穏村の『贈与証書』には、「不動産を今回無償にて貴会へ贈与しました」とあるが、これは土地所有権移転についての形式であって、内容は一〇〇パーセントの返還にほかならない。しかも、平穏村は旧沓野部落の財産を平穏村に編入したときの分収歩合の契約を長い間にわたって不履行をしていたいきさつがあった。このことは、長野県の指示によるものかどうかは明らかではないが、村や町の行政というものがいかにあてにならないかを示した。

しかし、いずれにしても昭和初年に平穏村に強制的に編入された旧沓野部落の土地財産は和合会に返還されて和合会の所有するところとなったのである。このことによって、和合会は行政とは一切かかわりのない財団法人として発足することになったのである。もちろん、三〇〇年の地上権も消滅した。ただ、財団法人であるから、財団法人の寄附行為の変更や決算などについては長野県の管轄となる。それだけのことである。したがって、和合会が財団法人の形式はとっていても、その実質的な法律上の根拠は『民法』第二六三条の入会にほかならない。形式論でいうならば民法第二九四条の入会であるが、どちらにせよ入会にほかならないのである。しかし、財団法人という形式をつづけたのは、現在では、入会集団を登記することができない『不動産登記法』の不備のために、止むえずとられた措置である。また、財団法人という形式上の組織とはなっても、入会権についてはは支障をきたすこともなく、管理・運営もうまく行なわれていることからも踏襲したといえる。しかし、あくまでも沓野入会集団の仮装された名称にほかならないのである。和合会員が入会権利者であることは規則上において明確に規定されており、和合会は最大の基本財産である土地を所有しているのであるから、法律上は『民法』第二六三条の共有の性質を有する入会といった方が正しい。入会権については、各地方の慣習を法源として、その法律的背景には大審院の判決以来、最高裁判所の判決にいたるまでの膨大な判決と、多くの学説がある。

昭和三〇（一九五五）年四月に平穏村が合村によって山ノ内町と名称を変更したので、和合会も『財団法人下高井郡山ノ内町和合会』（土地台帳上では昭和三二年七月二五日）と名称を変更した。この時期はまた、和合会の志賀高原利用が観光へと積極的に転じる方針を出したときであった。その一つが、国立公園の指定である。しかし、この観光開発にたいして問題を生じたのは、昭和二四年九月七日に、志賀高原が国立公園の指定をうけたことである。名称は「上信越高原国立公園」である。国立公園の指定をうけたために観光開発に制限が加えられ、かつ、建築物等の許可を申請しても御役所仕事から事務手続上の繁雑さと処理に長引き、なかなか許可が下りなかった。

昭和二〇（一九四五）年から昭和三〇（一九五五）年当時は、和合会員が依然として志賀高原に入り、箸の材料や薪、炭の用材・草ならびに根曲り竹、用材などの産物をえていたのである。また、志賀高原に寮や旅館などの宿泊施設が建設されはじめ、そのために薪や炭の需要が増加した。

和合会では、昭和二八（一九五三）年六月に平穏村から土地の返還をうけたので、ただちに、従来の慣習の一部を成文化して諸規則を制定した。このなかで重要なのは『役員細則』ならびに『財産管理規定』である。

和合会の評議員は一五名であり、沓野組から八名、渋組から四名、横湯組から三名が選出される。この組は、徳川時代から沓野部落が三つの区域にわかれていて、明治時代になって沓野村が廃止されても沓野部落では引き続きこの地域を単位としていた。このうち、横湯組は徳川時代に新田《しんでん》といわれていた場所であり、また、門前《もんぜん》とも言われていた。温泉寺の山門前に温泉寺の寺域を中心として集落があったからである。幕末の沓野騒動（一揆）のときも、一揆の相談はこの組を単位として行なわれていた。こうしたことから、現在の評議員の選出も、この組を母体として定員を割りあてたのである。

各組から選出された評議員は、和合会の維持・管理・運営にあたるとともに、各組の意志を代表し、また、和合会での重要事項を各組に伝達して協議し、各組の意志を決定する。したがって、和合会の役員は選出母体の組と密接な関係をもたなければならないのである。各組の和合会員の数は決まっているから、組に居住したからといって和合会員になれるわけではない。入林権者とならなければならないからである。この入林権も一定の資格要件があるから誰でも入林権を得ることはできない。入林権者すなわち入会権者なのであり、和合会員なのである。入林権者と和合会員とが別な名称となっているにもかかわらず、実は同一の権利資格なのである。慣習規範であるために和合会員となるには入林権をえなければならない、といっても、二九三名の第一分家・第二分家・第三分家にのみしか権利資格をうることはできない。入林権をえようとする者は和合会に申請しなければならないし、和合会では申請者を審査した上で入林権の付与を決定する。和合会員、したがって入林権者は、離村――沓野区から離れて他へ居住する――した場合には資格は失われる。また、和合会に損害や被害をあたえたり、諸規制か内規に違反した場合には資格を停止されたり剥奪される。入会権の基本原則が適用されているのである。

戦後に和合会は再編されたといっても、財団法人としての仮装されたかたちは変わることがない。ただ、昭和初年に長野県によって強制的に沓野部落の土地所有権が平穏村に移転させられ、さらに沓野部落は財団法人として編成をよぎなくされ、ここに地上権三〇〇年という財産権を財団法人の基本財産とした。戦後において、右の平穏村に編入された旧沓野部落の土地は、すべてその土地所有権が和合会の財産として返還されたのである。和合会は基本財産を地上権ではなく、土地所有権として再発足したのである。法律の形式的側面でいうならば『民法』第二九四条の地役の性質を有する入会権から、『民法』第二六三条の共有の性質を有する入会権に移行したまでのことであって、入会権の本質にはかわりがない。さきに指摘したように、財団法人としての組織になったといっても、その沿革やいきさつからみても明らかなように、沓野部落という入会集団に財団法人という形式の名称を附したにすぎないのである。学説上（または裁判上）にいう総有権であり、和合会は総有集団にほかならない。

和合会の構成は会員組織によって成り立っている。財団法人には会員という組織を必要としないのであるが、会員組織をとっている。しかも、その会員も入林権者という入会権利者なのであるから、財団法人としては、きわめて特殊な編成をとっているということになる。これが和合会の本質なのであるから、その財産は和合会員である入林権者総体（総有集団）が所有する入会財産（総有財産）ということになる。

第二節　志賀高原の観光開発

戦後における志賀高原の観光開発は、スキーを中心としたヒュッテスタイルが主流であって、すでに昭和五（一九三〇）年頃より年を追ってその数を増してきている。このなかには、大学・学校の寮や会社の寮などもあって、戦後の開発の下地《したじ》は整っていた。この時点においては、志賀高原の観光開発を外部に頼っていたのである。

さきに述べたように、昭和二四（一九四九）年九月に志賀高原は上信越国立公園に指定され、これとともに道路が整備されるようになった。昭和二七（一九五二）年一〇月の厚生省告示によると、志賀高原一帯は集団施設地区に指定され、道路・広場・野営場・宿舎・上下水道・自動車運搬施設・活動処理施設・医療救急施設・舟遊場・その他が内容とされた。車道として、地獄谷線・志賀草津線・発哺志賀線・切明発哺線・野沢発哺線・上林琵琶線・志賀山周遊線・志賀山縦走線・笠ヶ岳線が指定されている。同時に旅館区などの指定もあった。志賀高原の国立公園への指定は、和合会などの要請によるものであって、国立公園となれば、観光客が多く来るという計算があった。

志賀高原の観光開発は、日本経済の復興を先取りするかのように行なわれていることを特徴としている。もっともその規模は大きなものではない。しかしながら、年を追って、志賀高原の利用者が増加していることを示している。

昭和二九（一九五四）年についてみると、東京大手の会社の山小屋新築が二件、長野電鉄の旅館の改築とバンガローの新築、地元の旅館の新築が二件と増改築が三件、地元の売店が四件、地元旅館の増改築が三件である。

日本の経済が復興しはじめる昭和三〇（一九五五）年に入ると、国立公園となった志賀高原にたいして宿泊施設を設ける動きがでてきた。従来の宿泊施設では志賀高原の観光客を収容することができなくなったために、将来性を見込んでの発展策である。すなわち、西発哺附近の旅館区の設置と、丸池附近の旅館区の設置である。そして、これに対応するために、国体の冬期大会を契機として、スキー場を設置するために東舘《ひがしだて》地域の保安林の解除などが申請された。観光と環境が対立する一つの局面である。

この頃の志賀高原の観光開発の傾向として、まず、昭和三三（一九五六）年の施設等の申請についてみると、申請件数は四〇件であり、そのなかには、旅館関係が二六件で、新築が二二件であり、増改築が一一件である。いかに宿泊施設の拡大と強化がいちじるしいものであるかを示している。つぎに、昭和三五（一九六〇）年になると、旅館の新築申請が一件と、増築が一件にたいして、寮の新築が六件ある。保養施設という名目の寮もまた観光の一端をになうものなのであるから、宿泊施設は旅館と寮との両様において観光地発展に大きく寄与していることになる。この傾向はその後も引き続いているために、寮地区ならびに旅館地区の土地の不足が目立ったのである。

しかし、自然環境の保護、国立公園のたて前からみると、観光開発によって自然の破壊をみる。農協などの金融機関は無制限に貸出しを行ない、元金などの返済は要求しない。利息だけ入れてくれればいいということで盛んに貸付けを進める。金融に際しては、「土地使用許可書」で禁止している抵当権の設定を行なう。これは当事者が知っている違反行為なのである。スキー人口の急激な増加による開発に対応したのである。バブル経済の異常な展開に金融も狂奔したのである。これは、日本全国に共通した金融事情であった。

志賀高原に宿泊施設を設置することについては、しだいに外部資本を制限し、原則として営業用の宿泊施設（旅館・ホテル）は和合会員よるものとし、営業を行なわない宿泊施設（寮・保養所）については和合会員以外の者とした。これは、志賀高原が和合会という沓野部落入会集団の入会地であることにより、会員の利益を優先させたからにほかならない。和合会員の宿泊施設としての土地利用は、わけ地利用（割り地、分割的土地利用）である。和合会員による営業用の宿泊施設は、このほかに和合会員の個別的利用を優先し、これを保護することにあった。これにたいして外部の者による寮などの宿泊施設は、営業ではないから和合会員による宿泊施設の営業の対立物とならないばかりか、宣伝という点においても利益があると見込んだからである。また、寮には和合会員を雇用することを条件とし、とくに管理者は和合会員でなければならないとした。雇用の確保である。

和合会が志賀高原からの収益のみを期待し、ここからの収益をもって志賀高原を維持・管理し、さらに、和合会の運営や和合会員になんらかのかたちで直接・間接に利益を享受もしくは配分するだけであったなら、すべての施設を和合会の直営事業とするか依託をすればよい。あるいは、志賀高原を和合会員の利用のみにとどめるのでなく、広く外部資本を導入して土地の使用を認めるのであれば、現在よりも、より多くの収益をあげることができる。さらに、営業を前提として特定の外部資本にのみ土地の使用を認めれば簡単に土地使用料をうることができる。これも入会地の管理・維持の方法である。しかし、それをしなかったのは、あくまでも和合会員にわけ地利用を行なって直接的に利益を享受させるという意味があった。それには、和合会員のほかに、外部の資本にホテル・旅館・リフト等を問わず営業を認めるということになれば、和合会員はこれに対抗するだけの力がないと判断したからである。いわば、和合会員は、和合会という入会集団の庇護のもとにおいて営業を行なうことになり、外部の営業者を排除することになる。したがって、経営が楽になるのはいうまでもない。志賀高原において宿泊施設等で営業を行なう和合会員は、入会集団である和合会の存在と、その規範によって恩恵をうけているのである。

和合会員が志賀高原においてわけ地利用をうけ、ここに直接的に独占利用して土地使用料を支払うのは、この土地を独占的に利用することができるための対価としての使用料なのである。この使用料は営業の内容いかんにかかわりなく、一定である。使用料は、その全額が総有権利者全員のものとして、和合会に入り、和合会の維持・管理・運営の費用に充当されるものを除くと、プールされるか、なんらかのかたちで配分される。全体としてのものには文化的な事業に支出されることがあるであろう。とにかく土地使用料は総有財産の一つである。特定の者の利益や補助のために支出されるべきではないことを和合会員は熟知していなければならないのである。

志賀高原における宿泊施設は原則といて和合会員でなければならないが、特例として外部によるホテル・旅館のほか、外部の和合会員でない者が経営する寮などの宿泊施設がある。これも入会地利用の一つの形態にほかならないが、その目的とするのは、第一に、寮に宿泊する施設の関係者——たとえば、銀行や会社ならばその社員や家族を、学校ならば学生や生徒、職員とその家族——によって志賀高原を宣伝してもらうこと。第二に、地代の収益があること。これらの利益を見込んでいるからにほかならない。また、寮などは和合会員による宿泊施設の営業に影響をあたえるような対立関係にはないことである。さらに、寮の管理人などに和合会員関係者を雇用してもらうという利点もあった。

かって、冬期は草津道を雪で閉ざされてまったく利用価値のなかった志賀高原も、日本の経済の発達によって、スキー人口が増加したために冬期に利用する者が次第に増加してきた。

戦後においては、日本経済の回復と発展がいちじるしく、一般の経済水準も戦前に比べると飛躍的に向上したために、レジャー産業の充実と拡大をもたらした。スキーはウィンター・スポーツの花形であるところから、志賀高原がスキーに対応することができる施設や条件を満たすことができることによって、この面での可能性がでてきたのである。その基幹というべきものにスキーリフトとゲレンデがある。ゲレンデは、スキーの滑降に適している斜面があるために、初級から上級までのスキーヤーの要望に応じることができた。そのスキーヤーを、もっとも簡単に誘導することができるスキーリフトの完備がスキー場としての最大の要件となったのである。

スキーリフトは、さきに指摘したように、アメリカ占領軍が志賀高原ホテルとその附近を含めて強制的に接収し、ここに雪上車を置き、スキーリフトを建設したことによって、近代的なスキー施設の一歩を踏み出したのである。昭和二七（一九五二）年にアメリカ占領軍の接収が解除されたことによって、長野電鉄株式会社がスキーリフトを新設してアメリカ型のスキー場の経営に乗り出したのである。もっとも、長野電鉄会社は、志賀高原の観光開発によって、和合会に特例として志賀高原の入会地の使用を認められたのであるが、その範囲と内容とは規制されている。

しかし、このスキーリフトの建設をはじめとして、法坂リフトと木戸池リフトが和合会員によって建設され、ひきつづきいくつかのリフトが建設された。和合会と和合会員の出資で和合会員によって設立された志賀高原観光開発株式会社のスキーリフトが高天ヶ原・一の瀬地区に建設され、和合会員によって志賀高原のスキー場開発が進められたのである。

志賀高原観光開発株式会社は、他のリフト会社（索道）の経営に対抗して設立され、和合会ならびに和合会員による出資というかたちで、設立された。それは、和合会の主導による適正な営利事業という原則を維持することを目的とした、必要な措置であった。昭和三四（一九五九）年には志賀高原ロープウェイ株式会社の発足をみる。蓮池から発哺までのロープウェイの建設と、発哺より高天ケ原へのスキーリフトの建設が申請された。この当時の志賀高原への観光客は年間三五万人以上といわれている。

志賀高原の冬期利用にたいする観光客の誘致はスキーであり、これに対応する本格的な施設の建設は昭和三〇（一九五五）年頃からである。日本の敗戦を契機として、軍需産業中心から平和産業へと転換した結果、その経済発展による国民の経済水準が一般的に向上したことによって、レジャーが広く普及し、スキー人口も飛躍的に増加したためである。

志賀高原の観光開発は、和合会を中核として和合会員のうちで志賀高原へ進出した者の営業を守るために、いわゆる護送船団方式をとったことに特徴がある。志賀高原は和合会の所有であり入会財産であるために、和合会員がこの土地をわり地（わけ地）というかたちにおいて利用することは、入会民としての自覚の上に立たなければならないからである。その背景には、わり地利用を擁護してくれる入会団体民全体の存在があってこそ可能なのである。

志賀高原は昭和三〇（一九五五）年後半頃には全国的なスキー場のなかで、上位のスキー場としての地位を確立した。日本の経済成長とライバルのスキー場が少なかったこともあって、冬期型観光地としては順調に発展したといってよい。他方において温泉が湧出しているにもかかわらず、温泉量が少なかったこともあって、温泉地としての形成・発展はみなかった。したがって、志賀高原を温泉地としてみる観光客は少なかったのである。こうしたことによって、春・夏・秋のシーズン型の保養地・観光地としての存在は、スキー場としてのウィンタースポーツの影にかくれてしまった感があった。しかし、昭和四〇（一九六五）年八月に志賀と草津を結ぶ草津ルートが開通して群馬県と長野県を結んだことによって群馬県の観光のポイントである白根山が群馬県よりも身近になり、志賀高原に春・夏・秋型の観光客を誘致することができるようになった。徳川時代から沓野と草津を結ぶ草津道は存在していたのであるから、徒歩または馬で渋峠を越えて沓野と草津の往還はされていた。しかし、モータリゼーションの発達によって、このルートが新しく自動車の通行が可能な道路となったのである。これによって、冬期の封鎖が解除される四月末頃以降から積雪によって封鎖される一二月頃までの期間は、自家用車はもちろんのこと営業車が運行されるから志賀高原への観光客もこれまでとは違ったかたちの観光が展開し、観光客の増加がみられるようになった。運輸という点において、志賀高原は冬期に集中するスキーヤーのメッカだけではなくなったのである。しかし、冬期のスキーシーズン以外の観光客の誘致政策は、冬期にくらべると劣っていたし、宣伝も対応も相当に遅れているのである。宿泊施設経営ならびにリフト等の経営について、経済的に潤うスキーシーズンにあまりにも重点が置かれていたためである。

スキーのメッカとしての志賀高原は、高天ヶ原・一の瀬地区の開発が進んだことによってさらに高められた。志賀観光開発株式会社の拠点もここに置かれ、リフトが完備される。宿泊施設も、和合会員による営業用の宿泊施設だけでなく、外部による宿泊施設が寮地区として一つの地域を形成した。冬期スキー型の観光地であるために、それなりの弱点をもっていた。そこで、林道秋山線の完備と、この地域への道路完備と交通の便が要望され、バス路線の確保と運行があわせて要望されたのである。

昭和四一年から四七年までのスキーリフトの開設は一八本にのぼる。このうち、志賀高原観光開発株式会社のリフトは三本である。

宿泊施設は、昭和四五（一九七〇）年の時点で、旅館・ホテルが九九軒、国民宿舎一軒、寮が七三軒である。志賀高原への宿泊施設は、これでほとんど決まったかたちとなった。この後において旅館の設置を希望する者が和合会員からあり、また、学校や会社からも寮の設置をのぞまれたが、土地の利用可能な場所としても限界にきており、観光開発としてもこれが限度に近かったのである。

昭和五〇（一九七五）年以降になっても志賀高原のスキー客は増加をたどるが、これにたいして春・夏・秋のスリーシーズンはそれほどの宿泊客の増加をみなかった。このスリーシーズンの志賀高原の景観は他の観光地にくらべて遜色がなかったが、それでもスキー客ほどの増加をみなかったのである。それは、大量のスキー客によって、いわゆる「ボロもうけ」ができたということに原因がある。このことは、あまりにも観光の力点を冬期に置き、ここに営業期間を集中しすぎていたからである。スキーシーズンのない他の観光地は、逆に春・夏・秋に重点を置いたし、温泉地ではこのほかに冬期の客についても努力した。この点について志賀高原の観光客誘致は他の観光地あるいは保養地に遅れをとったといえる。そのうえ、スキー人口の増大を見通した他の地域においてもスキー場の開設をみたり、スキー場施設の整備や拡充に加えてサービスを行なったりした。強力なライバルの出現である。

志賀高原は、雪質の良いことで日本一を誇り、積雪量も多く、かつ、スキー場としては有数の規模であるとともに、スキーリフト数では随一の多さである。にもかかわらず、他のスキー場の開設や、既存のスキー場の拡充などによって守勢に立たされることになった。

平成三（一九九一）年六月、長野市が冬期オリンピックに立候補して当選する。志賀高原をオリンピック・スキー会場とすることから、和合会では積極的に長野オリンピックを支援した。志賀高原がオリンピック会場となることによって二つの利点が見込まれたからである。その一つは、志賀高原のスキー場としての知名度がさらに増すということ。その二つは、交通網の完備である。すなわち、東京から長野までの新幹線の早期完成と、高速道路の新設である。高速道路は、一つが中央自動車道路から分岐して長野自動車道路となり、中野市までにいたる。二つは、関越自動車道路から分岐して上信越自動車道路となり長野自動車道路に接続する。中野市からはオリンピック道路となって沓野にまでいたり、ここから旧来の道路が整備・拡充されてスキー大会場までいたる。このことによって交通の便が飛躍的によくなる。しかし、第一の点の、オリンピック会場という知名度によっては客の増加はみられなかった。スキーヤーにとっては、オリンピックの会場であったということよりも、志賀高原の観光施設がスキーヤーにとって魅力あるものではなかったからである。スキーヤーのニーズは変わったのである。これは春夏、秋の観光客にとっても同じことであった。

平成一〇（一九九八）年二月一九日から二〇日までオリンピック開催は、志賀高原・東館からのコースでは男子大回転と女子大回転が行なわれた。大会そのものは成功に終わった。スキー場としては第一級であることがオリンピックによって世界的に実証されたのである。しかし、すでに述べたように、それはそれだけのことであり、スキーヤーや観光客には関係がなかったのである。

オリンピックのために大量の林木の伐採が行なわれ、道路・施設建設による草地が失なわれ、草花の植生にも大きな影響をあたえ、自然の破壊をもたらした。にもかかわらず、関係諸庁ならびに地方自治体は国策のためということであろうか、これを黙認した。また、地元の自然保護運動にたずさわる人々も沈黙した。多くの林木が伐採されてすさまじい自然破壊があったにもかかわらず、ゲレンデの一一本足らずの木を伐ってはならないと地元以外の自然保護運動家が、いやがらせのように叫んだだけである。そのために、オリンピックコースの木は残される。これまで、沓野部落・和合会によって保護・管理されてきた自然環境は破壊された。一部のヒステリックな自然保護者が叫んで残される林木の比ではない。

いかなる大義名分があろうとも——その大義名分じたいが問題である——、観光開発は自然保護に対立し、自然破壊をもたらすことが一般的である。志賀高原は、四季に美しい自然への回帰をはかるべきであり、そのもとにおける諸施設の完備でなければならない。

第三節　財団法人・和合会の法律的性質

和合会は、財団法人であるから、法の形式では財団法人というかたちをとる。しかし、その実質においては入会集団にほかならないから、『民法』の入会権の適用をうける。すなわち、『民法』第二六三条と第二九四条である。このいずれかの条文の規定をうけるか、ということになると、名称上と財団法人という形式的側面を重視するならば第二九四条の地役の性質を有する入会権の適用をうける。しかし、入会集団の沿革や慣習ならびに財団法人としての成立の経緯や内規ならびに運営という実質的内容にもとづくのならば、第二六三条の共有の性質を有する入会権の適用をうけることになる。財団法人・和合会というのは、入会集団の仮称された名称にしかすぎない。したがって、財団法人の形式のみによって法的判断を行ない、また、財産の管理・運営がなされてはならない。

和合会は同じ入会権の適用をうけるといっても、第二六三条の共有入会権の規定の適用をうけるのがもっとも妥当である。それは、和合会という名称にいたるまでの沓野部落ならびに入会権の経緯からみれば明らかなように、名称というのは沓野部落という入会集団の実質とはかかわりがない、入会集団をたんに名称というかたちで表示する手段にしかすぎないからである。和合会が財団法人という形式をとったのは、すでに述べたように、二〇世紀初めより一九二六年にかけて、国と長野県ならびに下高井郡の強権的圧力によって入会集団の名称を和合会とし、国ならびに県にたいする入会集団の形式を財団法人として仮装しなければならず、仮装したままでのことなのである。財団法人の和合会組織は三組（地域）に編成されている和合会員によって選出された評議員によって構成されているが、この評議員の選出母体として組は旧沓野村の三地域を基礎として各地域の定員をもって選出されている。財団法人の法形式である和合会の規則の第一五条・第二八条では、評議員は「沓野部落ノ住民」より選任することが明示されている。沓野部落とは旧沓野村のことであり、沓野入会集団にほかならない。このことは『役員細則』ならびに『財産管理規定』において、和合会が入会集団であることを明確に規定していることに対応するものである。『内規』では和合会が入会集団であることを示し、会員の権利・義務関係を明記している。

和合会員となるについては、きびしい規準があって、まず、入林権を得なければならない。入林権というのは、戦前も明治時代にはじまる権利資格である。この入林権が文書上で確認されるのは、明治二二（一八八九）年の町村制以後のことである。つまり、入林権をうることによって、和合会の財産を利用することができたり、財産を使用・収益することができる権利者資格なのである。一戸一権であるから、権利者というのは戸という家を単位としている。この家の代表者が和合会の「報告会」という名称の総寄合へ出席することができるのである。家の代表者を誰にするのか、ということはその家の事情であって、内規に規定されている者であれば良い。必ずしも長男でなくてもよいのである。基本的には家を継承する者であって、かつ、沓野に居住していることが基本的条件である。

入林権といい、和合会員といっても、その権利は人につくものではない。家につくものである。家というのは基本的には家という建築物があるばかりでなく、権利を継承してきているという実質がなければならない。家は土地に固定して存在しているのであるから、その家の構成員、とくに入会権を有する家長は絶対に家とともに存在していなければならないのである。旧時においては、権利者は原則として家および土地を所有していることを条件とした。本籍を沓野にもち、墓地をもつことも条件であった。他村で居住する場合には権利は喪失する。

戦後においても、入林権というのが権利者としての資格要件であり、かつ、会員であることの資格要件となることは、『内規』においても明確に規定されているし、入林権の資格取得にも一定の書式による申請と和合会の評議員の審査によって付与されることになっている。

入林権とは、はじめ「沓野組共有」（いわゆる「二九三《にいきゅうさん》」と呼ばれている二九三名の登記名義人）である林野が沓野区有となったことによって、この区有林野に入って収益を行なう旧「沓野組共有」権利者にたいして与えられたものであった。入林権者名簿に登載されない者はこの林野での収益を行なうことができなかったのである。これは「沓野組共有」権利者全員にその資格があるとはいえ、入林権者名簿に登載されないかぎり、実際的には林野での収益をすることができなかった。形式としては、明治三九（一九〇六）年の『沓野区公有山林山稼人組合規則』がこれで、第一条に「山稼業ヲ営ム為メ入林権ヲ有スル」とあり、一九〇九年の『平穏村沓野区営造物ニ関スル規則』では、第四条に「従来ノ慣行ニヨリ入林権アルモノニアラサレバ」とある。つまり、古くからの慣行によって入林権を持っていなければ志賀高原での利用はできないということなのである。

ここにいう入林権者名簿に登載された入林権者とは、入会権利者のうち、実際に志賀高原で林野産物を採取したり、土地を利用したりする者を指すのである。沓野部落のなかには、実際に志賀高原の林野を利用しない者もいたのである。それらの者も入会権利者にほかならないが、とにかく、「沓野区公有山林山稼人組合」に入って入林権者名簿に登載され、その統制と規範に服さなければ入会林野での利用は事実上できないことになる。このことは、無秩序な林野の利用による入会林野の荒廃を防ぐためと、入会林野の維持・管理が目的である。

昭和四三（一九六八）年に入会権については具体的に明文化されている。入林権者は同時に和合会員なのであり、法律上においては入会権者なのである。旧時においては、旧部落有財産が形式上は沓野区有となったために、公有的な文言をみるが、それにもかかわらず、全体としてはその規定が入会財産であることを明確に示していて、実際上においては公有としての適用を受ける余地がないのである。入会権者である入林権者は一九〇五年には二〇九名で、一九一一年には二二〇名である。明治二二（一八八九）年に共有権者――実際は入会権者――は二九三名であるから、一見すると権利者が少なくなったように理解されるが、少なくともこの時期の入林権者というのは、入会権利者のうちで実際に入会地の利用――林野での使用・収益、土地利用――を行なう者を指し示すのであり、この入林権者以外の者は入会権利者であっても林産物の採取について入会地を利用することができない規範なのである。入会権利者のうち、入林権利者でない者が入林権を得ようとするならば、一定の手続きをすればよいのである。しかし、入林権者となることによって、入林権にともなう金銭的支出と義務を負わなければならない。

入林権は、その後において、沓野区有財産にたいする公法的規則が強化されたにもかかわらず、入会権の実質的側面としてさらに強調されてきた。これを端的にあらわしたのが大正四（一九一六）年の『平穏村沓野区有財産管理規程』であり、翌年の『長野県下高井郡平穏村沓野区公有林野使用加入金徴収ニ関スル条例』である。前者の『平穏村沓野区有財産管理規程』では、「本規程第二章ニ依リ特殊ノ権利ヲ与へ義務ヲ負担スルモノハ、平穏村ニ本籍ヲ有シ、沓野区内ニ居住シ、慣行ノ権利ヲ有スル区民ニ限ルモノトス」（第一章第三条）とあり、ここでいう「特殊ノ権利」とは入会権のことにほかならず、「慣行ノ権利ヲ有スル区民」とは入会権利者のことである。区民のなかには入会権をもたない区民もいるから、この区民と入会権をもつ区民とを区別するためにこのような規定の文言となったのである。

以上によって明らかなように、入林権というのは、旧沓野部落所有の林野が、二九三名の共有名義となったのち、町村制の公布を契機として共有名義から沓野区所有に名義を変更したときに、実際に沓野区有林野を利用する者にたいしで認められた権利なのである。入林権は入会権にたいして独立して存在している権利ではなく、沓野部落――すなわち、入会集団――の入会権利者のうちから営業として材木の伐採や竹を採取したりして入会林野を利用する者にたいして認められた権利なのであって、入会権利者ならば誰でも入林権者となることができる。入林権は、実際に入会林野を利用する者が入会林野を維持・管理するために組織をつくって利用者に入林権という利用資格を与えて統制したのである。したがって、入会権という『民法』上の権利と、入林権という利用資格は対立的な存在ではなく、入会林野を実質的に保護するために、実際上において林産物を直接にえたり、土地を利用することがない入会権利者に、入会林野の保護や管理の義務を負担させることは義務だけを強制させ不平等になると判断したからにほかならない。もちろん、入会権利者は右の営業行為による特定の林産物の採取でなければ入林権者でなくとも産物を採取することができる。

さきに述べたように、二〇世紀初め頃からはじまる部落有林野の統一・公有林野の整理という、内務省・農商務省の政策は大正時代（一九一二年）以後になると強圧政策となって展開する。長野県は中央官庁の上意下達をうけて、とくにこの実施を強権的に実施し、沓野区の入会財産を平穏村へ編入することを強制した。沓野部落では入会権利者の総集会や、地域集会を開いて対策を協議し反対したが、長野県の強圧政策には抗し切れずに、入会地を平穏村へ編入することを承諾したのである。そして、入会権を保護するために、入会集団の形式を財団法人として、平穏村の形式的所有となった入会地にたいして財団法人の基本財産として三、〇〇〇年の地上権の設定を求めた。主務官庁によって地上権は三〇〇年と変更されたが、この地上権はその長さにおいても入会権にほかならない。地上権を設定しなかった残余の入会地にたいしては、分収歩合という形式の入会権を保持したのである。いずれも入会権を権原としている。

財団法人として形式を整えた沓野部落＝入会集団は、財団法人としての形式においても、その内部編成においても入会集団としての構成と規範をもっている。財団法人とは、まさに沓野入会集団の仮装された形式的名称にすぎない。入会権は、この財団法人・和合会において、和合会財産を利用する権利者資格として存在する。入林権は、財団法人としての形式をとったとき以後において次第に一般化し、入林権の資格をもつ者、すなわち入林権者が和合会員となる。和合会員は入林権者でなければならないのであるから、同一のことを別々に表現したものにすぎないのであるが、入林権という伝統的な権利者資格をそのまま認めて制度化したものである。

もっとも、和合会設立当初においては、入林権は特定林産物の採取や土地利用という実際的な行為を行なうために必要とするものであって、実際上において土地利用を行なわない者（入会権者）にとっては入林権を取得する必要がなかったのである。入林権をうるか、いなかにかかわらず入会権者であることには変わりはなかった。それが次第に入会権者であることの表示となって、さらに、和合会員と重なるようになったのである。

和合会成立後において、旧来からの入会権利者とは別に、新たに入林権をえようとする者は、分家として一個独立の家を形成する者に限られる。つまり、入林権をうることは、とりもなおさず入会権利者としての資格をうることになり、同時に和合会員となるのである。なお、和合会成立当初においては、転住者であっても、一戸を構えて沓野区内に本籍をもち、一〇年以上継続して居住しているとともに、沓野区の慣行の義務を果たしている者には入林権を申請する資格があるとされていたが、今日ではこの資格要件はない。分家をもって原則としている。入林権については、和合会の『寄附行為』（定款）ならびに設立当初の諸規定には、入林権という文言による明文の規定はないが、「入林権附与」は『財団法人下高井郡平穏村和合会財産管理規程』の第四条にもとづいて行なわれている。この規程の第四条は、入林権の規程であることがわかる。第四条は、第三条に規定されている土地利用ならびに収益等の行為ができるための資格にほかならないから、きわめて実質的な意味がある。

しかし、入林権は、この実質的な内容から次第に形式的な内容へと変化していく。すなわち、入林権が入会権を形式において明示する方法になったのである。和合会の土地財産での使用収益や土地利用等を行なわなくとも、入会権利者としての地位を明確に示す方法として入会権をうることになったのである。そのために、入会権利者の資格を示した入林権名簿と、和合会員の資格を示した和合会員名簿の二様が存在することになるが、これは両者は同一のものであるから、和合会員資格を剥奪されれば入林権者としての資格を失うことになる。つまり、入会権利者ではなくなるのである。なお、入会権というのは法律用語であるが、沓野部落——すなわち和合会——においては一般的に使用されていない。

和合会の土地財産の利用は、会員であるかぎり、この入林権なくして行なわれない。和合会は法律上においては入会集団なのであり、その財産は入会権利者全体に帰属する。その権利を明示するのが入林権なのである。和合会の財産の維持・管理・運用については、入会権利者——入林権者である和合会員——であり、かつ、入会権利者が所属する各地域から選出された者一四名が和合会の評議員となってあたるのである。この構成は入会集団にほかならないが、和合会の土地財産を直接に利用したり、林産物等を収益することができるのは入会権利者のうちでも入林権者として認められた者である。もとより、この二つの権利の存在は相反するものではない。かえって、実質的には合理的である。土地財産を直接的に利用し、ここから収益をうる者が、そうでない者よりも、より多くの林野の保護や管理に務めなければならないからである。にもかかわらず、入林権は、入林権者名簿が整備されることによって権利者の確認が書類上において明確にされることによって、入会権者としての資格をこの名簿によって確認するということが一般化してきて、入林権は入会権利者であることを明示するための形式となり制度化されて、『入林権者名簿』となった。

この入林権者名簿とは別に、『和合会員名簿』がつくられる。和合会員名簿と入林権者名簿とはどう違うのかというと、書式と手続きが異なるだけで、入林権利者と和合会員とはまったく同一の者なのである。入林権をうるためには和合会の規定にもあるように、一定の資格要件を必要とし、かつ、和合会の評議員会によって承認されなければならないのである。入林権とは、和合会の成立に先立つ明治中期から行なわれた。それがのちに権利の附与の形式となったのである。入林権者となって、はじめて和合会員となる。その逆ではない。両者は切り離して考えることはできないのである。

こうした経緯を経て、現在、入林権者はすべて和合会員であり、法律上の入会権者となっている。「入林権者」というのは和合会の権利者を示す用語であるが、すでに指摘したように、これは、学術的・法律的には入会権者にほかならない。

和合会の財産は、この入林権者総体のものである。したがって、すべての収益も総体のものにほかならない。入林権者を中心とした志賀高原への進出による観光開発にたいして、これをどの程度までサポートするのか。サポートの程度が権利者全体ないしは入会集団との関係において問われるところである。

和合会は入会集団であり、「仲間共同体」という法的構成をとっている。仲間なのであるから、仲間にたいする中傷や悪い風説を流す者は、この「仲間共同体」をこわすことになるので、当然のことながら罰則を受けなければならない。入会集団が指導と同盟によって成り立っている反射だからである。和合の意味もここにある。

和合会の成文化される規定や規則は、その時代の政治・行政によって、これに対応するようなかたちをとり、手直しされながら今日までにいたっている。しかし、これらを根本的に改正して川島武宜・渡辺洋三氏の入会理論にもとづいて編成するのが今後の重要な課題となる。

現在、和合会は財団法人法の改正によって「一般財団法人和合会」となったが、本質的な法主体としての入会集団には変わりはないであろう。ただし、その入会権が総有であるか合有であるかは今後の課題である。

また、われわれは、法改正にともなう一般財団法人和合会の編成について一切関与していないので、経緯についても知らないし、結果についても知らないために、両者を対比することも問題点を指摘することもできない。今後の課題である。

二、神社の所有と入会（山梨県山中湖村・山中部落の入会）

はじめに

山梨県山中湖村の山中部落は、富士山麓にあり、山中湖（標高九八二メートル）に面している。山中部落は徳川時代（一七世紀初頭～一九世紀中期）には集落としての規模は小さいが、山中村として独立した村であった。古くから太平洋側にある東海道の沼津・三島から甲州街道の大月と石和《いさわ》・甲府（山梨県の県都）と結ぶ交易ルートの一つに位置している。このルート（籠坂往還）は、徳川時代中期には、一日に一〇〇頭から三〇〇頭の馬が荷物を運んで通った、とも言われている。山中村には一〇〇頭の馬がいた。

駿州（静岡県）と甲州（山梨県）とを結ぶ道路は県境の山中村の東にある篭坂峠（一一〇四メートル）と呼ばれていて、ここは甲州の山中村と駿州の須走《すばしり》村との村境でもある。江戸時代後期の世界的に有名な版画家の葛飾北斎《かつしかほくさい》は、この峠を「三嶋越《みしまごえ》」と名付けて、篭坂峠からの富士山を画いている。交通路としては、さきの交易ルートのほかに、鎌倉往還という街道があり、相州（神奈川県）とも通じていた。鎌倉は、日本を統一した源頼朝《みなもとよりとも》氏と、北條氏の幕府が二世紀にわたり開かれていたところである。徳川時代には、この道は主都である江戸にも直結する。

山中の集落がいつの頃から存在していたのかは明らかではないが、記録によれば、室町時代に土豪の山中太郎左衛門が出たところとあるから（『妙法寺記』）、一六世紀なかばには集落があったと考えられる。この頃に、山中が山中村として一村をかたちづくっていたかどうかは史料がないために明らかではないが、村落があったことは推定できる。

それでは、山中の入会はいつ頃からはじまったのであろうか。入会を、自村入会（山中だけの入会。いわゆる村中入会）と他村入会（他の村との入会）にわけるならば、自村入会は山中が一つの集落として形成されたときにはすでに存在していた。いいかえるならば、自村入会があって山中の集落が成り立つことができたのである。自村入会は、のちに徳川幕府の領主によって「村持」として村の所有が公認される。以後、徳川幕府の直轄領（天領）となっても同じである。

山中が集落を形成する過程において、集落に隣接する広大な林野を入会地として独占的に支配するようになった。山中の集落が一村（山中村）として領主に公認されたときには、村持地の範囲は確定し、村々との入会地も、ほぼ確定した。そのことが、大きな紛争をともなわずに決められたというのは、山中村を含めて、隣村や周囲の村々の再生産規模が小さかったことによる。村民による村の再生産に適合する規模での山林原野の確保は、同時に、その山林原野が、村が管理するための範囲を示すものである。したがって、支配圏であることを意味するから、村の再生産に必要とする範囲をこえた大規模な占有ないしは所有地を維持することはなかなかできない。

富士山の入会地は、村々の形成とともに早い段階でその範囲が或程度は決定していた。その中心となったのが、山中村と新屋《あらや》村である。

富士山麓の村々は、いずれも耕作地としての条件が悪く、高冷地であることに加えて地質が悪いために、農業による生産の展開は期待することができない。自給自足に満たない家も多くあった。そのなかでも、山中村はもっとも条件が悪かった。米は、まったく生産することができない。主穀は粟《アワ》と稗《ヒエ》が主であるが、これも生活を満たすには足りない収穫量である。畠で生産される野菜の種類も少なく、自給自足程度もやっとであるから、他村などへ売るということはできなかった。それではいったい、どのようにして生計を立てていたのか。また、なぜ、この地に土着しているのか。

寛文九（一六六九）年に領主が行なった土地の検査（検地《けんち》）によると、土地の多くは下級の畠ばかりである。村高といわれている貢租の基準額である村高は二六石余である。租税を負担する百姓（本百姓《ほんびゃくしょう》）は三六名（戸）である。これらの百姓には家族もいるから、実数は多くなる。まず、三六戸があったということが公文書上で確認することができる。この戸数が村を構成している基本的な戸数である。仮りに、一戸が四人の家族構成であれば、村の総人口は一四四名となる。このほかに本百姓でない者もいたであろうと思われるから、村民の数は、もう少し多くなる。いずれにしても、これだけの人口を、貢租である二六石余でまかなえるはずはない。二六石余は、たんなる課税のための基準であるといってよい。

山中村の生業は、一〇〇〇メートルの富士山の火山礫《れき》という劣悪な耕地条件と寒冷地のために、その農業的生産物の種類や収穫もかぎられている。したがって、この地域に人々が土着して生活するためには、農業以外の生業によらなければならなかったのである。その一つは、広大な山林による「山稼《やまかせ》ぎ」という、林産物を売って金銭をうること。その二つは、太平洋側の温暖な地域に展開する農業生産物と海産物を、富士山の東側の篭坂峠越えで甲州（山梨県）の都市や村々へ輸送する中継として、その運送料をえる、「駄賃稼《だちんかせ》ぎ」による収入である。

この駄賃稼ぎという運送には、馬を使用することになるから、馬の飼育に必要な草の確保と、馬を洗ったり拭いたりするための湯に必要とする燃料の薪を必要とする。これらはいずれも入会地から得た。駄賃稼ぎもまた、入会と密接なかかわりがあったのである。

さきに、山中村の生業は、山稼ぎと農業と駄賃稼ぎであると述べたが、山稼ぎは林地がなければならない。この林地は、村所有の林地のほかに数村入会地があり、これによって行なわれる。林地で採取されるものは、主として建築用材と薪材である。養蚕が盛んに行なわれるときには繭《マユ》の上簇に必要な小枝の採取と、糸をとるために繭を煮るのに必要とする薪を必要とする。これらは村所有の林地と数村入会地で採取される。自給自足に満たない耕地での農作物も、これに要する肥料の草を必要とするから、この採草地も村の草地のほかに数村入会地によらなければならない。駄賃付けの馬の飼育となると一村では広大な草地が必要となる。このように、林野地の必要性は、農業との関連性をはるかにこえて、村落成立の当初から、手工業や商業にも深く結びついていたのである。いずれにしても、山中村の村民が生活していくうえには村持地と数村入会地がなければならなかったのである。

このほか、山中湖での水の利用がある。魚貝の収穫や湖水での洗濯、水を畠地で使用したり、浴用(風呂水や水浴)に使用したりすることなどもある。湖水は、これをとりかこむ三か村の共同の所有であるが、村々の湖水利用の範囲は明確に定められている。湖水もまた入会なのである。入会といっても、それぞれの村が支配する範囲が決まっているので、同じ場所に村々が同時に利用するわけではない。この支配の範囲は、村所有なのである。したがって、村々は、決められた湖水の範囲において利用するのであり、他村からの利用を排除する。ただし、三か村(山中湖・長池村・平野村)の人々が入会地で伐採した木を湖水を利用して運搬するときには、さまたげることはできない。明治初年の地租改正のときに、山中・平野・長池の三か村が県へ提出した山中湖の所有を示す絵図には、山中湖が明確に三分割されている。これは、徳川時代の山中湖の所有をそのままあらわしているものである。しかし、山中湖の底地の所有権は認められなかった。三か村も、積極的には底地の所有権を主張していない。湖水の土地に税をかけられたら生活が困窮するであろうから、底地は国有（官有）として、利用権のみにしたらよい。という県官吏の説得をあったとも伝えられている。湖水の支配が三か村にとって重要な問題であったからである。すなわち、水利権である。

また、飲料水や生活用水としての水の利用は、村中に数か所ある井戸で行なわれた。この井戸は、井戸をとり囲む家々の共同のものであり、共同で維持・管理をしている。その井戸の水系は村のものである。これもまた入会にほかならない。

入会地から生活や生業のための資料を得ようといっても、その採取は無差別・無制限というものではない。数量に制限があるほか、採取期限にも採取方法にも制限がある。入会地での林木の育成は、主として天然更新によるものであるから、この天然更新をさまたげるような林木等の採取は許されないのである。逆に、特定の林木の成長をさまたげる木や薮などは伐られ、草は刈られる。これらのものは生活に使用されるが、その前提には、生活資源の保護のほかに、水の確保につながる林地の保護、寒暑や風雪を防ぐための林地の確保と保護がある。いわゆる環境保全である。これらの管理は村の規範であり、入会の規範によるものであった。村からは林野に精通した有力者から山守、林守とよばれている者が選ばれて監視にあたったのもそのためである。この者は、村の林野ばかりでなく数村入会地の監視にあたるために、村の有力者であって、かつ、林野に精通している者が選ばれる。村としては重要な役目であった。また、入会村以外の他村の者が勝手に入会地での採取を防止するための監視もしなければならない。なによりも林産資源の確保と環境保全を第一に考えたからである。

多くの民法概説では、入会権を『民法』条文の規定（第二六三条・第二四九条）の文言どおり「慣習」として記しているが、その内容については使用・収益ということばで「小柴・下草の採取」と規定している。入会権を特定の収益面で捉えるのは問題であり誤っているが、その内容にいたっては小柴・下草の採取という意味不明の用語であらわしているのは、無知・無理解をとおり越して悪質な法解釈ということになる。少なくとも、川島武宜氏の論文とまではいかないまでも、概説（『川島武宜著作集第八巻』・『注釈民法』）くらいは参照すべきであろう。

第一章　徳川時代の山中村の生活

山中村が徳川幕府の支配体制に入った初期には、どのような村の構成であったのかは明らかではないが、さきに述べたように、寛文九（一六六九）年に行なわれた領主の検地（土地調査）によると、年貢負担の戸数は三六戸となっている。年貢は土地に課せられるのであるから、生産物のいかんにかかわりなく課税された金額を領主に上納しなければならない。山中村では米がまったく生産されないし、その他の穀類も自家消費に満たないために、農業生産物を売って、その収益で税金を上納することはできない。課税は、第一に個人の土地にたいして行なわれ、第二に村の土地にたいして行なわれる。このほか、流通についても行なわれる。税金を上納するのは、この村の三六戸を総集して行なわれるために、個人が貧乏で税納することができない場合、村全体でこれを上納しなければならない。幕府の法制度では、個人が上納できない場合には、村全体の責任で上納しなければならない連帯責任制となっていたからである。

山中村では、税金を上納するためには、農業に頼ることはできないから、林産物の売却や駄賃稼ぎ（運送）等を行なったり、日雇に出て現金をえなければならない。これらの収入によって税金を上納するということになる。

さらに、現金収入によって主穀等の食糧品や、馬はもとより、その備品ならびに林業・農作業用の器具も購入しなければならない。

文化一一（一八一四）年の領主（甲府勤番支配）の調査によると、山中村の課税は変わらないが、戸数は七六戸で、人口は三六〇人、馬は七五疋と増えている。さきの調査から一四五年ほどたつが、この間に農業生産が飛躍的に向上したとは聞かない。ほとんど農業生産物の収穫量は変っていないから、戸数も人口も二倍以上になった村の生活は、農地を拡大することができないために、とうてい、農産物は自己消費に満たないことになる。劣悪な自然的条件下において家数も人口も増えたというのは、駄賃稼ぎと山稼ぎ等による収益の拡大があったためである。駄賃稼ぎについては、公式記録では馬が七六疋（実際は一〇〇疋）もいたとある。それを補うために他村から生活資料を購入しなければならない。この馬によって駄賃稼ぎに従事するのであるから、この物資の輸送によって得た手間賃（輸送料）が生活の中心を成していたことは明らかである。一九世紀中ばの山中村には、所有する馬が一〇〇疋をこえていたと言われている。

徳川時代には主として駄賃稼ぎと山稼ぎによって、山中村での生活は成り立つことができたのである。これを物資の給源という面で支えていたのが、ほかならぬ入会地にほかならない。いいかえるならば、入会地がなければ、これらの職業と生活は成り立たなかったのである。入会地は、農業のためにのみ存在していたのではない。さらに、養蚕・製糸に必要な材料も得ていたのである。

山中村での生活は、徳川時代の初期であろうと、幕末期であろうとにかかわりなく、家族は、子供・老人も、ともに働くことができる者は、なんらかのかたちで、その労力に応じて働かなければ生活することはできなかったのである。父親が働いて一家の生活を維持するということはできなかった。働くというかぎりにおいて、家族は平等であった。したがって、経済を基盤とした家父長制ということは成り立たなかったのである。働くことのできる家族が、働いて得た収入を合算して家計とすることによって、家族全員の生活が成り立ったのである。これを「家族複合経済」（北條の諸種の論文で指摘）とよぶ。

この家族複合経済は、戦前（昭和二〇年、一九四五年以前）はもちろんのこと、戦後の或時期（少なくとも一九六〇年くらい）まで続いたのである。小学校六年生の女の子が、馬二頭に薪を積んで、朝早くから神奈川県の隣村へ売りに行ったと言われている。学歴は男女を問わず、小学校か高等小学校（二年）で、中学へ入った者はほとんどいない。駄賃稼ぎを主業としている家では、子供でも草を刈って運んだり、湯をわかして馬を拭いたりした。小柴を採取して運ぶのも当然の役割りである。水汲みもしなければならない。小学校で勉強するときだけが、家の仕事から離れるところであった。しかし、ときには小さい弟や妹を小学校へ連れてきて面倒をみる子もいた。小学校を卒業すれば、日雇に出る者もいる。いずれにしても、家族全員が労働に従事して家計を支えていたのである。

養蚕や製糸をしている家では、春と秋の時季に不眠不休の作業がある。もちろん一家総出である。家族構成が多くないと、駄賃稼ぎや山稼ぎを兼用することはできない。山中湖で魚を採る家では、干物にして売るのが主である。貝も採取して売るのである。

馬の飼料とする草を刈るのは主として大出山《おおでやま》で、山の口明《くちあけ》と呼ばれている草の採取を認められた日と時間には、あらかじめクジ（籤）で決められた場所で、家族総出で草を刈る。林地で下草も刈る。このほかに、一一か村入会地でも草を刈る。畑の肥料にする草もここで刈る。一一か村入会地での草を刈るのには山の口明けがない。いつでも刈れるのである。

燃料にする小柴・薪等は、村の林地で採取するが、一一か村入会地と三か村入会地でも採取する。養蚕に必要なやといもや（小枝）も村の林や入会地で採取する。建築材や家屋補修材ならびに薪にする木の伐採は、村の林や入会地で行なわれるが、勝手に伐採できるものではない。山見《やまみ》（山林監視員）に相談して、その許可をえなければならないのである。これは林の保護をして資源の涸渇を防ぐためであるし、また、土砂の扞止ということもある。とくに山中村では、元文元（一七三六）年の幕府の裁決によって、一一か村入会地で薪にする木の伐採を含む自由利用を認められているから、木を伐採して薪として近村に売ることが行なわれていた。この伐採にも山見の許可を必要とした。一一か村入会地での風倒木であっても、これの採取は山中村ができるのである。山中村では、このほか炭焼きも認められている。このように、きわめて自由に入会地を利用することができたのである。

　山中村は山間部の小村でありながら、比較的早くから、商業による交換圣済に巻き込まれていたし、これによって生計が成り立っていたのである。駄賃稼ぎもそれを示す一例である。

第二章　徳川時代における山中村の入会と紛争

はじめに

徳川時代における山中村は入会紛争に終始したといってよい。

山中村が一村として領主の公簿上で確認できるのは寛文九（一六六九）年である。しかし、これはすでに村として明確なかたちをとっているのであるから、それ以前には集落があったことになる。『勝山記《かつやまき》』という古記録によれば、明応《めいおう》三（一四九三）年に山中太郎左衛門という小豪族の存在が記されているから、すでに、山中村の地域には集落があったと思われる。

山中村の人々が土地に定着するのには、そこに定着するだけの経済的基盤がなければならない。限られた狭い土地に加えて地質が劣悪なうえに寒気も強いから、農作物で生活することは困難であった。したがって、農業以外の経済的効果がなければならないことになる。一つは、土地の質がよく、農業も発展し、さらに海産物に恵まれている駿州（静岡県）から農産物や海産物を馬で搬入し、運送費を得ていた。また、薪・炭・木材などの林産物を売ることにした。これらは、いずれも広大な林野の存在を前提としていた。そのためには、林野を支配し、独占的にこれを利用しなければならない。山中村の人々の生活基盤は、なによりも林野がなければならなかったのである。

山中村では、比較的に早い時代には、富士山の林野のかなり広い面積を独占的に支配していたことが確認される。しかし、次第に近隣の村々でも産業の発展や職業の多様化によって、生活資源や職業にとって必要となる物を林野に求めることが多くなった。村々には、必ず村持《むらもち》の林野は存在したが、この村持の林野だけでは需要をまかなうことができなくなってきたのである。

村持というのは村所有ということであって、領主によって認められている所有であるが、個人所有の田・畠・宅地とは異なり、面積が確定していない。したがって、村持の林野と、他の林野との境界が公簿上ではわからない。慣習的に境界が定まっているといっても、地図の上で明らかにされていないし、また、公簿に登載されているわけでもない。したがって、この境界を確定するのは実力による支配である。境界紛争が拡大すれば、領主による裁決を求めることになる。富士山麓の村々が藩の支配に置かれていた頃では領主の居城も比較的近いところ（谷村《やむら》。現在の都留《つる》市）にあったので、ここでの裁判にはそれほど費用はかからなかったが、天領《てんりょう》（幕府直轄領）となってからは、訴訟は江戸の幕府の勘定《かんじょう》奉行所、ときには評定《ひょうじょう》所で行なわれるために、遠く離れた江戸へ行かなければならない。これに要する費用や苦労は並大抵のものではなかったのである。それでも訴訟をしなければ権益を守ることができなかったからなのである。

第一節　徳川時代前期の入会紛争

徳川時代に山中村と他村との間で入会紛争がいつの頃から始まるようになったのかは、明らかではない。訴訟についての記録が残っていないからである。

山中村との関係で、入会紛争についての文書が残っているのは、元禄九（一六九六）年の、隣村の忍草《しぼくさ》村とのものが初めてである。この文書は、山中村には残されていない。もっとも、徳川時代の初期のものについては、山中部落に文書は残されていないから、入会紛争について知る手掛りはない。この文書は忍草区（旧忍草村）のものであるばかりでなく、「写」であるから全面的にその内容を正当なものとして確認することはできない。文書は二つあって、その一つは訴状であり、もう一つは裁決（判決）である。

文書によると、山中村と忍草村との入会紛争は、忍草村が富士山麓の「梨ヶ原」という場所へ入って薪・萱・薄などを採取していたら、山中村の者に差押さえられたというのである。この紛争は訴訟となって領主の裁決するところとなった。裁決では、紛争地は、古来より忍草村の者たちが薪・秣《まぐさ》・萱・薄《すすき》などを採取してきた入会地であると認定した。山中村の単独入会地であることが否定されたのである。入会地であるから、山中村と忍草村とが入会の権利を持つことになる。

この文書によると、今回の入会紛争以前においても、富士山麓の「梨ヶ原」では山中村と忍草村との紛争はしばしば起っていたようである。それだけに、山中村・忍草村ともに村持の林野では薪・萱・秣・薄などが間に合わなかったことを示している。ということは、忍草村でも馬・牛などによる駄賃稼（運送）が盛んになっていることを意味するものであろう。両村の馬・牛の数については、初期の資料がないために比較して明らかにすることはできないが、この入会紛争からみると、相当の数があったとみてよいであろう。文化一一（一八一四）年に、甲府勤番支配の松平定能が出した『甲斐国志』によると、山中村の戸数は七六戸、人口が三六〇人で、馬が七五疋とある。これにたいして、忍草村は、戸数が一二三戸、人口が四二九人で、馬は七九疋となっている。山中村の薪については、他村へ売るというばかりでなく、馬・

牛に湯を使って身体を拭くことにも使用されていた。もちろん、自炊や暖房のための下枝とともに使用されていた養蚕・製絲が行われていたときには使用された。この薪は、村持山のほかに富士山麓、とくに梨ヶ原からも得ていた。

右によってもわかるように、山中村の主業は駄賃稼ぎであり、農業は自家消費の一部にしかすぎなかったことを指摘することができる。

なお、幕末期（一八三〇年以降）においては、山中村では馬が一〇〇疋以上もいたと言われている。このほか養蚕・製糸も行なわれていたというから、これらの資材の給源である林野への依存度はさらに高くなっていることは明らかである。

そのうえ、山中村では林産物を売っているということもあった。こうした現金収入によって生計を維持し、駄賃稼ぎに必要とする馬を買ったり、これを飼育する費用に充てられる。山中村の入会は、村民の生活や職業にとって必要不可欠の存在であった。養蚕・製糸を職業とすることにおいても、養蚕に必要な蚕や製糸にとって必要な燃料とする木も入会地で得る。それらはすべて計画的に行なわれるのである。したがって、山中村の者が立入って林産物を採取している場所や、畑地として利用していた地域は、村持と同じように思って支配していたところなのであるから、ここに他村の者が林産物を得るために入ることは、山中村の村持地を侵すとともに再生産を妨げることになる。そのために、実力で他村の立入りを阻止するのである。こうしたことから、利害の対立を生むことになり、訴訟へと発展していく。

山中村が――そうして、他の村々も――、村持地のほかに富士山の林野を求めるのは、生業の多様化とその発展、あるいは人口の増大によって、村持地での利用に限界があったからにほかならない。これは、他の村々についても同じであるから、入会紛争につながるのは当然のことである。

山中村では、村持の山林のほかに、村持の草地がある。山中村が村落を形成する初めの頃では十分であった山林・草地も、生業の駄賃稼ぎ（牛馬による運送業）が進展し、牛馬の頭数がふえると、従来の村持の草地では、牛馬の飼料に必要とする草の需要が多くなるためにまかないきれない。そのために、さらに草地を確保しなければならなくなる。したがって、村に隣接する梨ヶ原の広大な草地を確保するようになるのは当然である。また、村の接属地を切替畑《きりかえばた》として耕作していた。この切替畑は、土地の質がきわめて悪いために、いったん切替畑として利用すれば、その後は三年、五年、あるいは八年から一〇年は放置しなければならない。したがって、かなりの面積の切替畑を必要とするのである。

この紛争で特徴的な点は、山中村が村持であると主張しているのにたいして、忍草村が村持ないしは独占的な支配を主張していないことである。山中村との入会であることを主張している。村持を主張するだけの根拠がなかったからであろう。判決は、忍草村の主張を認め、山中村と忍草村との入会である、と裁決した。山中村の独占的支配は一歩後退したのである。

元禄年間の山中村と忍草村との紛争につづいて、宝永六（一七〇九）年に、山中村と新屋《あらや》村との村境《むらざかい》について、領主（柳沢出羽守《でわのかみ》）による裁決が行なわれる。この紛争がいつ頃から始ったのかは明らかではないが、裁決によると、山中村が訴えたようである。ということは、隣村の新屋村が山中村の村持地もしくは独占的支配を侵したというのであろう。裁決では、両村の言い分を認めないで、村境を決定した。つまり、痛み分けで、両村の言い分の真中《まんなか》を村境にしたのである。山中村としては、ここでも独占的支配は後退している。山中村も新屋村も、ともに紛争地で耕作していることを証拠としてあげている。

右の、宝永年間の紛争以降、いくつかの紛争が起り、しだいに一一か村入会の成立へとつながるのである。

享保七（一七二二）年に、山中村・長池村・忍草村が上吉田村を相手として訴えた。山中村・長池村・忍草村の入会地に上吉田村が入り込んできて、薪にする木を伐り取ったというのである。この訴えは、山中村が主導したものである。この頃にはすでに、薪・萱・すすきなどを採取して近隣の村々へ売っていたのであると主張している。山中村は前々から薪・萱・すすきは商品としての価値があったことがわかる。また、この頃までには、三か村の入会が成立していたのである。入会の内容については山中村が薪・萱・すすき等と記しているが、他の二か村については明らかではない。この訴えの結果がどうなったのかは関連文書がないのでこれ以上は明らかにすることはできない。

享保一一（一七二六）年になると、隣村の新屋村が、新屋村を「山元《やまもと》」とする実情を述べた訴状を領主に提出した。「山元」というのは、土地所有権に通じることばである。訴状では富士山を新屋村を山元とする地域と、山中村・平野村を山元とする地域にわけている。この訴えの結果については明らかではないが、翌年の一二年には忍草村と山中村と新屋村とで入会紛争が起る。山中村と新屋村はそれぞれ、忍草村が木を伐採していた場所は村持地であると主張している。これによると、広大な富士山の林野地は、山中村と新屋村の持分地ということになる。これにたいして忍草村は、山小屋を作って木を伐採していたのを山中村の者達に押えられたが、この慣習は七年間中断していたのを再開したまでのことである、と弁明した。また、薪・秣《まぐさ》・萱・薄《すすき》等を採取していたのを山中村の者達に中止させられた、と申し立てた。

新屋村は、忍草村が立入った場所は新屋村の持分地であるのに、山中村が忍草村の者達の山道具を差し押えるのはおかしい、と主張した。

三か村の申し立てにたいして、支配役所であった石和《いさわ》代官所では、富士山には村持というものはない。前々から三か村が入会っていたことが確認される。しかし、忍草村は七年間木を伐採していなかったので今後は三分通りとする。また、忍草村はほかに薪・萱・薄を採取するところがないので、これの採取のために入会ってもよい、と裁決した。

右の裁決にある、富士山の紛争地には村持地というものがない、ということはどういうことなのであろうか。紛争地は領主の所有地であるとは言っていないので、村持でないとすると、土地の所有ないしは支配は誰れなのか、ということが問題となる。裁決では入会村々の共同所有なのである、ということも明示していない。ただ、村々が入会うことだけを明示しているのである。また、忍草村は、紛争地以外には薪・秣、萱・薄を採取する場所がないので、紛争地で採取してもよい、と裁決している。この裁決をそのまま読めば、特定村の土地の支配ないしは土地の所有については否定しているのである。その理由については、土地が領主の所有であるとも言っていないし、また、入会村々の共同所有だとも言っていない。ただたんに、特定の村所有による独占的支配を認めていないだけなのである。これによっても明らかなように、村持（村所有）というものが、いかに強い権利であるかを示すものである。そうして、土地の帰属を示さないまま三か村の入会を認めている。ただし、入会といっても三か村ともに平等なものではなく、忍草村には制限が加えられている差等入会なのである。この差等入会というのは、現在の学術用語であって、当時の不平等な入会を示す用語ではない。

山中村は、この裁決にたいして納得しないで、幕府へ訴えたのである。このことは、支配者にたいして反抗したことになる。石和代官所というのは、天領（幕府直轄地）の支配をまかされているのであるから、領主のような存在である。領民が、その支配者にたいして裁定を不服ということは犯罪にも相当する。山中村はそれをあえてしてまでも、山中村の所有を主張して幕府の裁定を求めたのである。

この、支配役所の裁定を不服として、幕府へ出訴するということは、幕政下では異例のことである。すべてが上意下達の封建体制である。支配役所によって、どのような報復をうけるかもわからない。そのために、支配役所の裁定を不服として幕府に出訴したことは支配役所を無視したことであるとして、山中村の村役人等を「手鎖」とした。それがわかっていながら幕府へ訴えたのは、山中村の幹部の見識によるものであるが、それはまた同時に、忍草村が主張する入会を許すことの重大さのあらわれである。

山中村が幕府直轄地（天領《てんりょう》）を支配する勘定奉行に訴えた文書によって、名主・組頭・百姓代の村役人は代官所へ呼び出され、二月二〇日から三月一三日まで取調べがないまま代官所のそばにある宿屋に止められたままであった。取調べがあったのちには、四月二三日から六月一五日まで「手鎖」をかけられるという刑罰に服している。支配役所の報復にほかならない。

山中村を代表する者達には、幕府へ出訴するについては、このような支配者側の報復的な措置が行なわれるであろうことの見通しと覚悟はあったことと思われる。それでもなお、村の権益——総百姓全体の権利と利益——を守るためには、このような手段をとらなければならなかったのである。

山中村が出訴してから二年後の享保一四（一七二九）年に、幕府の勘定奉行所では勘定奉行の連名で裁決が行なわれた。その内容は、つぎのごとくである。

㈠山中村の「稼山《かせぎやま》」として、広大な地域を認めた。「稼山」というのは、その土地・産物を村中《むらじゅう》が支配して自由にできることである。したがって、産物を商品として売ることができる。㈡忍草村の入会は、採取した産物を人が背負って運ぶだけである。したがって、山中村の者達のように馬を使って搬出することはできない。㈢新屋村の入会は、私用に使用するものだけしか採取することはできない。したがって、山中村の者達のように、採取したもの（木・薪・炭・秣・萱・薄など）を売ることはできない。㈣忍草村・新屋村の者達は、入会地で採取を認められたものを採取するために小屋を作ってこれを行なうことはできない。その日に採取したものをその日のうちに背負って帰らなければならないのである。山中村の者達は、小屋を作って（小屋掛け）泊ったり、採取したものをここに保管して運ぶことができるのである。㈤忍草村は入会って秣・萱・薄を採取してもよい。㈥忍草村は薪を採取するために入会ってもよい。㈦忍草村は、山中村と新屋村・上吉田村をつなぐ道路の上にある山中村の切替畑《きりかえばた》に立入ってはならない。切替畑というのは、土地の質が悪いために、一定の場所で作物を育てることはできないので、絶えず土地を移動して作物を作らなければならない畑地のことを言う。使ったあとの土地は数年間（あるいは一〇年間）放置して、野焼きをしたりして草が肥料となり良い土壌を作るようになるのを待つのである。

裁決は、山中村の権利について、他の村々よりも強い権利を認めている。しかし、かって、この地域を独占的に支配していたことを思えば、山中村の権利は後退している。裁決では、これまで、山中村が村持地と主張しているように、独占的な支配があることを考慮して、山中村の村持地を確保し、入会においても他の村々よりも有利な、したがって、村持のような権利を認めたのであろう。

山中村・新屋村・忍草村の主張は、いずれも事実関係を述べたもので、確実な文書による証拠というものはない。もともと、村持地の範囲や入会の範囲・内容については、紛争が生じて、関係する村々の間で協定書が作成されたり、領主や幕府によって裁定が行なわれないかぎり、書類による証拠はないのである。

したがって、裁決にあたっては、村々の主張する事実をどのように判断するか、ということになる。元禄《げんろく》・享保《きょうほ》年間（一七世紀末から一八世紀前半）にかけて入会紛争が多く起るのは、関係する村々の経済的発展によって、これまで依存してきた村の林野では生業のための資料を需要することができない、ということから生じたものである。養蚕・製糸業が盛んになれば、これに必要とする桑や、繭《まゆ》に必要な枝、ならびに燃料にする小枝と薪が必要となる。また、流通の拡大によって輸送も盛んになれば、馬を所有する数も多くなるから、馬の飼料とする草や飼料、馬を洗うために必要とする湯の燃料も増大する。いずれも林野に求めなくてはならない。こうしたことを背景として紛争が生じるのであるから、紛争を裁定する領主・幕府にとっても、この事実を無視するわけにはいかない。紛争の裁決のたびに、広大な山野を支配していた山中村が、その支配の範囲と内容を後退させられるのも、支配者側が他の村々の産業・商業の発展に考慮したからにほかならない。しかも、山中村の主張する村持地ないしは支配地の範囲は、公文書や協定書という書類によるものがないために、これをよいことにして、山中村に或程度の権利を認めながら、他の村の権利も或程度は認めるというかたちをとったのである。純粋な法律論にもとづく裁判ではない。いずれにしても、山中村としては納得がいくものではなかった。

この、勘定奉行所の裁決が行なわれた三か月後に、近村の上吉田村・新屋村・大明見村・小明見村の五か村が山中村を相手とした入会訴訟を、勘定奉行所の出先機関である谷村役所（現在の都留市）にたいして起したのである。谷村役所では、五か村の訴状を幕府の勘定奉行所に送った。

五か村が、さきの山中村と忍草村・新屋村との入会訴訟に参加しなかったことについては明らかではない。近村に大きな訴訟があったことを知らないわけではないから、訴訟の成り行きをみていたのである。

訴状では、上吉田村と下吉田村が独自に主張をしているが、大明見村・小明見村・新屋村は一括して主張をしている。訴訟を起した直接の原因は、これまで、紛争のために立入りが禁止なっていたのが、紛争が終って解除となったので入ったところ、山中村より入山を差止められたことにある、というのである。三か村の訴訟に参加しなかった理由は、三か村の紛争が入会についての紛争でなかったことをあげている。これは、言い訳にしかすぎない。

この訴訟は、のちに述べるように、元文元（一七三六）年に幕府の勘定奉行所で裁決されている。これが一一か村入会の基本となったもので、入会の編成は、法律上の複雑な問題をかかえながらも今日にまでひきつがれているのである。

第二節　富士北面一一か村入会の成立と山中村

享保年間（一七一六〜一七三五年）に、富士北面での一一か村が入り乱れたかたちで争った入会紛争は、上吉田村・下吉田村・新倉《あらくら》村・大明見《おおあすみ》村・小明見村・忍草村の六か村と、山中村・平野村・長地村・新屋村・松山村の五か村とが対立したかたちになった。五か村と六か村との争いではあるが、それぞれの村には利害があるので、必ずしも同一の権利主張ということにはならない。

紛争は幕府の勘定奉行所で裁判が行なわれる。勘定奉行は天領を管轄する支配役所である。一一か村はともに天領の村々である。裁判は一審制であるから、勘定奉行所での裁沢によって決定する。一一か村の村々の代表者（名主・組頭・百姓代）は裁判の期間中は江戸へ行かなければならない。江戸を離れるのにも相当の理由がなければ認められないから、費用も含めて、村中は相当の出費を覚悟をしなければならない。裁判に要する費用は、村中持《むらじゅう》ということになり、持高《もちだか》（課税される田・畑の所有）による負担と、家別の負担によって、全村民が負担する。持高割りは、田・畑の所有面積による負担であるから、貧富の差によって課せられる負担が異なる。家別の負担（家割り）は、貧富にかかわりがなく、一律である。大村の場合は、総村民の一戸あたりの負担は少なくなるが、小村の場合には、一戸あたりの負担は多くなる。それでも、訴訟に応じて権利を主張しなければ権利が失われるために、総村民である権利者は、一致団結しなければならない。指導者である村役人やこれを支える重立家《おもだちしゅう》という幹部の知識と指導力がなければならないことになる。

裁判は、訴状の提出と答弁書の提出ならびに証拠書類の提出と答弁を経て、係役人の現地調査があり、勘定奉行一同で決定する。

その結果、元文六年一二月六日に裁決が行なわれた。裁決書は、上吉田村と山中村に渡される。これによってわかるのは、六か村側では上吉田村が主導であり、五か村側では山中村が主導である。裁決は山中村に最優等の入会の権利が認められるが、山中村は、この裁決に納得していない。しかし、この裁決によって、富士山北面の村持地と村支配地を除く広大な林野は一一か村の入会地であることが決定した。

裁決はつぎのような内容である。

まず、紛争地にたいして、紛争に参加した村の入会を認めたことである。しかし、入会といっても、一一か村がともに平等というのではなく、入会に差があるのである。すなわち、山中村・新屋村・忍草村・

平野村・長池村の五か村は、「山稼《やまかせぎ》」をしてよい。「山稼」というのは、採取した物を商品として売ってよいということである。入会は、たんに日常生活に必要とする物をうるために行なうばかりではなく、商品として売るために入会を行なうこともあるのである。この五か村にたいして勘定奉行所は、(イ)下吉田村は薪を売ることは認めるが、その他の物について売ることを目的として採取することは禁止する。(ロ)上吉田村・松山村・新倉《あらくら》村・大明見《おおあすみ》村・小明見村の五か村は、日常生活に必要な薪・家道具材・萓・薄・秣を採取してよいが、売ることを目的とした採取は禁止する。(ハ)前々から村が山畠について税金を納めている場合には、その村に接属する土地を畑地としてよい。(ニ)「御巣鷹場《おすたか》」(鷹が生棲しているところ)、または「立林《たてばやし》」(幕府の直轄林)では、下草を採取してよいが木を伐ってはならない、と裁決した。

裁決の内容はこのようなものである。なお、「御巣鷹場」・「立林」では、下草はもちろん、枯枝や風倒木《ふうとうぼく》(倒れた木)などは採取してもよいのが慣習である。

ところで、甲州側(山梨県)の富士山は、これを二分するかたちで、西側の入会村々の八か村と、東側の村々の一一か村に入会がわかれているのである。すなわち、ほぼ、河口湖の舟津村から富士山の頂上へ向けて、右側(西側)が、大嵐《おおあらし》村・勝山村・小立《こだち》村・舟津村・浅川《あさかわ》村・成沢《なるさわ》村・大石村・長浜村の八か村入会地であり、左側(東側)は一一か村の入会地であることが、半世紀以上もつづいた紛争の末の、宝暦五(一七五五)年四月に結着をみている。東側の一一か村入会が成立するのが元文《げんぶん》元(一七三六)年であるから、東側と西側の入会の境界線が決定するのは、その一九年後となる。文書上でみられるのは、正《しょう》徳《とく》四(一七一四)年関係文書であるが、紛争はそれ以前に生じているから、東側と西側との入会紛争は半世紀もつづいていたことになる。紛争が結着したのは、一一か村の入会が幕府の裁決によって確定し、一一か村が共同して東側の入会村々と境界紛争に積極的にあたったことによる。

しかし、元文元年の幕府の裁決はそれで終結したのであろうか。

翌年に、山中村と新屋村が、忍草村・上吉田村・下吉田村・大明見村・新倉村の六か村にたいして訴訟を幕府の勘定奉行所に起したのである。

山中村・新屋村が訴状で指摘している重要な点に、相手方六か村の横暴があげられている。六か村の者達は、大量に人馬を引き入れて林を伐り荒し、さらに畑地まで入って「乱暴狼藉」をきわめているというのである。そのうえ、新屋村の家々に押入り、鍋・釜までを奪い取り、家をこわすことまでしたというのである。

このような状態は、もはや入会ではない。入会には一定の秩序があり、採取・伐木をするにしても、将来までの需要を考え、林野の保全をしなければ林産物に不足したり水源が涸渇することもある。さらに土砂による災害が生じる。六か村では、製糸業や運送業が発展したからといって、これに必要なものをうるために、無秩序に林野を荒してよいというものではない。林野の保全は、入会の基本的な規範である。

かって、山中村と新屋村は、富士山麓を二分《にぶん》するかたちで支配していた。この二か村は、ともにこの地域を村持《むらもち》としていたために、他の村々は、この二か村の村持地を通らなければ林野へ立入ることはできなかったのである。そのために、この林野への立入りをめぐって紛争が生じていた。九か村では、この立入りを入会と主張していた。九か村のうち、平野村・長池村・松山村は元文元年の採決のときには、山中村・長池村と共同していたのであるから、利害は同じであったのである。したがって、この五か村は六か村の入会を排除するか制限していたのであろう。そのために六か村は、五か村の入会規範に服していたといえる。それが元文元年の裁決によって、差等入会であっても、入会を公然と認められたものであるから、一一か村ないしは五か村の制約や規範を受けることなく自由に立入ることができるということで、いっせいに立入った結果がこのような無秩序のような状態となったのである。

このような状況は、再び一一か村の紛争となってあらわれる。延享二（一七四五）年に、新屋村が上吉田村を訴えたのである。新屋村と上吉田村とは隣村の関係にある。

訴状によると、新屋村の村持の畠に上吉田村の者が入ってきて耕作しているというのである。新屋村では、さらに、係争地周辺は幕府が裁決した一一か村入会地であるにもかかわらず、上吉田村は村持であると主張していることをあげている。こうなると、紛争は上吉田村と新屋村の村持地であるか否かということだけでなく、他の九か村の権利にも関係してくることになる。紛争は、上吉田村と一〇か村との争いに発展したのである。

紛争は、寛延三（一七五〇）年になって、上吉田村が詫びを入れ、和解となって解決した。つまり、上吉田村は係争地が一一か村の入会地であることを認めたのである。上吉田村は下吉田村に次ぐ大村であり、養蚕・製糸・絹織業をはじめ、輸送業と商業も盛んな村である。また、富士山の先導者であり、「講《こう》」も持つ「御師《おし》」もいる。御師は、富士山の案内人（先達《せんだつ》）であるとともに宿泊業である。さらに講という金融業者でもある。この地域の有力者である。

この紛争が解決したことによって、一一か村入会は、ほぼ確定したものになった。しかし、依然として小さな紛争が生じている。

その一つは、山中村と忍草村の紛争である。山中村の村持地で畑地としているところへ忍草村の者が入ってきて秣刈りをしたのである。この紛争は、宝暦一二（一七六二）年に和解となった。幕府の奉行所に出した和解書によると、入会村々として九か村が参加している。一一か村の入会に関係していたからである。和解の内容は、年貢を納めている山中村の村持地へは立入ってはならない。ただし、甲駿往環《こうすん》（甲州と駿州とを結ぶ道路）より上の土地においては、畑地として利用したあとは入会としてもよい。また、これ以上は畑地として開発してはならない。このようなものである。

畑地としたあとは入会として草を刈り取ってもよい、ということは、火山礫《れき》の劣悪な土地においては、畑地として利用できるのは一年だけであり、その後は放置されるというからなのである。放置された土地には草が生えるので、これを刈り取って使用することができる。また、良い草をうるためには野焼をしなければならない。このようなことを何年かくり返しているうちに畑地として再利用することができるようになるので、また、一年間を畑地として利用する。この間は、立入ることはできない。このようなものなのである。

この和解条項は、紛争の当事者である山中村と忍草村が遵守するだけでなく、他の九か村も遵守すべきこととして幕府の奉行所にたいして出されたものである。したがって、裁決と同じ効果がある。

このような紛争を経て、しだいに一一か村入会地の規範は確立していくのであるが、依然として山中村と忍草村との紛争が生じているのである。右の紛争の直後から、忍草村は山中村が裁決を守らず勝手に開墾して畑地にしていると支配役所に訴えている。この訴えは、幕府の勘定奉行所には出さないで、出先機関である支配役所に出され、その判断が示されて、これを両村が同意したというかたちで解決している。

この訴訟では、忍草村の主張は却下されたが、山中村が余分に開発している分については新しく年貢を取り立てる、というのである。この紛争には、松山村・新倉村・上吉田村・下吉田村・新屋村が印判している。いずれにしても、山中村持の畠地であることが認められた。

右の紛争から三年後に、山中村が入会の境界を示す杭の打直しを奉行所に求め、奉行所では調査のうえ、杭を直したことがある。これによると、広大な一一か村入会地でも、支配役所によってかなり正確に杭を打っていることがわかる。

第三節　幕末期における紛争

幕末期（一九世紀後半）には、一一か村の入会について、権利を争った大きな紛争はみられない。一一か村入会が定着していたからである。しかし、村々の間でしばしば暴力をともなった争いが起っている。たとえば、記録によると、村持地として奉行所に認められた土地に桑を植付けていたら、これを他村の者が抜き捨てたというのである。村持地として独占的に利用しているのを不満として、このような暴力的行為に出たものである。

他の一つの例は、植林をめぐる紛争である。この例は、幕府の直轄地（天領《てんりょう》）で一一か村の入会地であるが、長い間利用していない場所である。ここに上吉田村が植林しようとしたのである。これにたいして関係村々では、現在は利用していないといっても、一一か村の入会地であるから、上吉田村を除く一〇か村の同意を必要とする、というのであった。この紛争には立入人が入って和解している。植林をするということは、木が成長して伐期になるまでは、ここに植林した村が長い間にわたり独占的に利用することになる。いわばわり地（土地を分割して独占的に利用させる土地）となるので、一一か村の同意（この場合は、一〇か村）がなければならない。一一か村で利用していないからといっても、一一か村の入会地にほかならないからである。この紛争は、上吉田村にたいして、隣村である下吉田村・大明見村・小明見村・新屋村・松山村が当事者となっている。この当事者はまた、山中村・平野村・長池村・忍草村・新倉村の代表者となっているので、一一か村の問題となっているのである。

　これによってわかるように、実際に入会していない場所であっても、入会地であるかぎり、ここへの入会は、一一か村の同意を必要とすることが規範となっていることである。また、植林を一一か村入会地で行なっていることがわかる。

　一一か村の入会の内容については、元文元（一七三六）年の幕府の裁決によって基本は決定したのであるが、この内容に触れる行為をしたことで、山中村が謝罪したことが、慶応元（一八六五）年に一例ある。これは、山中村の者が一一か村入会地で、他村の杣《そま》職人を入れて木を伐採していたものである。伐採した木を駿河《するが》・伊豆《いず》（静岡県）へ売却していたのである。この例では、他村の杣職人を使用したことが問題となった。元文元年の裁決では、山中村の者は職業として木製品を売ってよいということになっているから、木を伐採して売ったり、薪などにして売ることは認められている。しかし、他村の専門職人を雇い入れることについては規範としては認められていないということで、山中村の個人の行為であっても、一一か村の規範に反することであるから山中村として謝罪したのである。

　入会は、村々間の厳重な監視ばかりでなく、村内の者達の監視によって守られる。それは、違反者にたいする懲罰をともなうものである。このことによって入会は保たれるのである。

富士山東側の――すでに述べたように、富士山を河口湖から頂上にわけて、右側を西側といい、左側を東側という。地元では東側を北富士と言っている――一一か村入会は、元文元年の幕府の裁決によって入会地の範囲と内容は基本的にきめられた。その後に、いくつかの小さな紛争を経て幕末期（一九世紀後半）までには不可侵の規範として確立されたのである。

一一か村入会の内容について幕府は、元文元年までの慣習を考慮して、村々間に権利の差がある入会と決定した。さきに述べたように、一一か村入会の村々で、もっとも優位を占めたのは山中村・平野村・長池村・新屋村・忍草村である。この五か村は、一一か村入会地で伐採・採取した物を他村・他国へ売ってもよいとされた。これが「山稼《やまかせぎ》」である。その内容は問われていないから、木を伐採して木材として売ったり、炭や薪などに加工して売ったりしてもよい。また、薄・萱・秣などの草を刈って売ってもよいのである。とにかく、入会地にある物はなんでも売ってよいのである。そのほか、村に接属するところを開発して畑にしてもよい。ただし、この畑は、作物が終って草地となったときには、採草地として入会となる。このほか、日常に必要とする物はなんでも採取することができる。家材・家屋補修材・薪材はもとより、石や草花にいたるまでも採取することができる。ただし、搬出の内容については村々間で差異がある。山中村のような自由搬出は、他の村々では認められていない。

この五か村にたいして、下吉田村は、薪だけを売ってもよい。日常の生活必需品については、五か村と同じである。

上吉田村・松山村・新倉村・大明見村・小明見村の五か村は、日常生活に必要とする物を採取してもよい。このほか、土地を開発して畑地とするのは、村の地先だけである。

ところで、記録のうえでは万治年間（一六五八～一六六一年）より、富士山での林産物の採取や土地利用について紛争が生じ、元文元年になって幕府の裁決によって一一か村入会が確定するのは、富士山への一一か村の依存度がさらに高くなってきたからである。元文元年以前においては、富士山東側を二分するかたちで山中村と新屋村が村持地として支配してきた。ともに、土地が村に接属しているという地理的に有利な条件があった。他の村々が富士山へ立入るためには、山中村と新屋村を通らなければならない。そこには、必ず入会道《いりあいみち》というのがあって、ここを通って富士山の林野へ入るのを、山中村や新屋村は阻むことはできない。しかし、徳川時代初期の場合は、この入会道は確定していなかったのであろう。慣習的に入会道はあるといっても、この入会道を山中村や新屋村が慣習として認めていないのであれば、慣習を立証することはむずかしい。忍草村が立入って林産物や草を採取していたということだけからでは慣習が成立しているとはいえないのである。しかし、事実として、忍草村などは立入っていたのである。立入って林産物や草を採取しなければ、村持の林野だけでは需要をまかなうことはできない。こうしたことから入会の紛争が生じて領主の裁決が行なわれ、そこで始めて入会道が確定されることになるのである。

元文元年の幕府の裁決によって、富士山の一一か村入会は確定したが、この入会を実行するにあたって、一一か村の協議機関、もしくは監視体制が組織されたかというと、それをみない。入会村々がそれぞれの規範によって入会しただけである。したがって、入会の村々が相互に監視するということになる。他村の者が規範を犯しているのを発見した場合には、身柄を取り押えて器具を没収する。悪質な場合には、違反した者の村へ抗議するということになる。抗議をうけた村が、違反者と言われた者を制裁すれば、この件は落着する。しかし、違反であるとは認めないで、逆に抗議するようになれば、村と村との対立となり、紛争につながる。その紛争が拡大すれば領主に訴えることになり、裁決による解決か、立入人が仲に入って和解による解決ということになる。

一一か村入会の紛争は、もともと、山中村と新屋村とが村持地であることを主張して、他の村々――山中村の側では、忍草村――の立入りを阻止したことから紛争が生じたのである。山中村と新屋村との入会地であることは主張されていない。元文元年の幕府の裁決では、この両村の主張は排除される。山中村と新屋村の村持地は縮小されて村境が決定された。その他の富士山の広大な土地は一一か村の入会地となったのである。ただし、入会地に入るには入会道を通らなければならない。どこからでも入ってよいわけにはならないのである。入会道を通らなければ慣習に反するだけではなく、幕府の裁決にも違反する。

それでは、一一か村の入会地が、一一か村のどの村の所有でもないとするならば、誰れの所有ということになるのであろうか。領主が直接に支配している御林《おはやし》ならびに御巣鷹林は、領主の所有地のようにみえる。とくに、美林ならびに備畜林については領主の所有地であるといってもおかしくはない。しかし、御巣鷹林は、鷹が生棲していることがわかれば、入会地であろうと、村持地であろうと、個人持の林であろうと、領主権力によって禁伐木に指定して鷹の保護をするのである。鷹がいなくなれば御巣鷹林は解除され、もと通りとなる。また、御林であっても、領主が立木を伐採したならば御林は解除されて地元村のものになるか、入会となる。領主にとっては、領主が必要とする目的物が存在することが支配として重要なのである。土地の所有ということは、重要な目的ではない。これを一一か村入会地についてみると、裁決では、入会地を領主の所有地ともいっていないし、支配地ともいっていない。また、山中村と新屋村の村持地については明確にして、他の村々は侵すことができないとした。それならば、一一か村の共同所有地なのか、というと、その判断もしていないのである。入会も一一か村の平等の入会ではないから、入会の内容によって共同所有の内容も変えるというわけにはいかないのである。したがって、一一か村の入会地は所有の帰属がない、空白的な所有ということになる。

しかし、ここにいう空白的所有というのは、いわゆる無主物という意味ではない。所有を決めることができない、ということなのである。簡単なのは、一一か村の共同所有にすれば良い、ということになるが、一一か村入会は平等な入会ではないから、この不平等入会（差等入会）を所有のうえでどう反映させるのか、ということになる。これも決定することができない。こうしたことから、幕府においても所有を決めないで入会だけを決めたのである。明治初年になって、この不平等入会は一一か村の協定によって解消するから、以後、一一か村の入会地は一一か村の共同所有ということになる。

幕末期（一九世紀後半以降）になると、一一か村入会地においては、しだいに一一か村の共同管理というかたちをとるようになる。共同管理といっても、常設の管理機関が設けられるというのではなく、入会地についての重要な問題を協同して解決するということである。その一つに野焼《のやき》がある。野焼とは、萱・薄・秣などの草を刈りとったあとに火を付けて燃やし、その灰を肥にして草が良く生育するようにするのである。これによって害虫も駆除することができるというのである。野焼は、幕府が禁止しているが、それでも必要なために行なう者がいた。村々としても良い草を得るためと害虫の駆除のために野焼は必要であった。元治二（一八六五）年に一一か村が支配役所に出した文書には、村々が相談して野火除けの堀をつくり、野焼に際しては村々が定めた人数をもって防火にあたるので野焼を許可して欲しいとある。野焼については一一か村が協同して会議を開いて相談し、共同で野火除けの堀をつくり、野焼に際しては村々から一定の人員を出して延焼の防止にあたるというのである。この共同の出願と野焼にたいする共同の体制によって、野焼は認められる。このことは、一一か村による共同の会合であり、共同の管理にほかならない。また、入会の権利にたいする義務なのである。

一一か村の共同の管理体制が整うと、入会について村と村とが対立するということはほとんどなくなる。しかし、村のなかでは、規範を犯す者もでてくる。これにたいしては村が違反者に注意したり、罰を加えることがある。しかし、違反者が他の村に知られると、一一か村で協議して制裁する、ということが行なわれる。

たとえば、新屋村の例では、新屋村の者が他村の者を使用して木を伐採して売っていることが見つかって一一か村の問題となった。事実は、新屋村の者が他村の者と木を伐採するために小屋をつくって仕事をしているところを見つかったのである。悪質な行為であったために支配役所に告発されて入牢のうえ、取調べられたのである。他村の者を引き入れて木を伐採するのは一一か村入会の規範に反するばかりでなく、幕府の裁決にも反することになる。また、木を伐採する等についても村へ届けていないことは村の規範にも反することになる。

この問題は、本人が村と一一か村にたいして謝罪し、採取した物を一一か村に差出すことになった。違反者を出した新屋村も一〇か村に謝罪した。また、新屋村の者に雇われた他村の者(舟津村・小立《こだち》村の者)は、その村の名主《なぬし》(村長)等の村役人が一一か村に謝罪することで決着している。これによって告発は一一か村と関係村々によって取り下げられたのである。この取り下げ文書のなかで注目されるのは、「山を荒す」ということが指摘されている点である。新屋村の者は、山中村の者と同じく、商売のために木を伐採することは認められている。しかし、その前提には環境保全ということがある。この環境保全には、木を伐採するにしても、どの木を伐採したらよいか、という立木の立地条件をきわめることである。また、将来においても、木の需要がなくならないように乱伐を防ぐとともに、育林をしなければならない。そうして、森林による土砂扞止や水源の保全、副産物の恒常的確保などもある。これらを考慮しないで、やたらに木を伐採したり、枝を払ったり、立木の皮を剥いではならないし、副産物を根絶するようなかたちで採取してはならないのである。

一一か村入会地における、入会村の者の違反は、村の規範に反するばかりでなく、一一か村の規範に反する、という権利にたいする侵害にもつながることがこの事件によっても明確になったことがわかるのである。

第三章　幕府直轄林における入会

幕府直轄林・直轄地ということばは、現在の学術用語であり、御林・御立《おたて》林・御巣鷹林などと文書上に示されているものを総称したものである。このほか、幕府直轄地として薬草園がある。ここは幕府の所有であり、入会はない。

御立林・御巣鷹林は一一か村入会に関係している。また、御巣鷹林は三か村の入会地にも関係している。「御立林」というのは、幕府（領主）が必要上から禁伐林（伐採を禁止する）に指定したもので、立木は幕府の所有である。ここには山中村の入会がある。

富士山麓の薬草園については、入会紛争に関係する文書・資料等がないし、薬草園についての文書等がないので、明らかではないが、その性格上から入会を禁止していたとも考えられる。ここに村々が立入ったという文書がみられないからである。ということは、薬草園には地元村々の権益がない、幕府の所有地ということになる。

一、まず、山中村と御立林との関係である。

御立林は簗尻《やなじり》（屋内尻）といわれているところにあり、山中村に接属するとともに内野村と忍草村にも接属している。簗尻御立林が、いつ頃から設定されたのかは明らかではないが、楢・槙・樅・松の美林であることも、また、鷹が生棲していたことがある。土地は、山中村の地籍にあり、山中村が山守を置いて保護・管理にあたっている。御立林に立入り、枯枝・草・雑産物・風倒木を採取できるのは山中村の者だけである。つまり、山中村の単独入会地なのである。

この御立林が、山中村にとってどのくらい必要な土地であったのかについては、これについて記した文書・資料がないので明らかにすることはできない。関連文書によると、他村が御立林の開発を支配役所に出願したことから、山中村との間で紛争が生じているのがわかる。その際に、山中村からの文書をみると、御立林が、それほど山中村の者達の生活に直結しているようなことは記述されていない。山中村の者達が御立林に立入って枯枝等を採取していたことは明らかであるが、ここがなければ生活に支障をきたす、というようなことではないようである。しかし、他村の者が御立林へ立入るようなことがあればこれを阻止したり、他村の者が御立林の開発や、御立林への立入りを支配役所に申請すれば反対して認めさせないのである。

このように、御立林を他村の者が開発したり、立入って枯枝や草、風倒木を採取することについては、山中村の全員がことごとく反対しているのである。御立林は幕府の直轄林であっても、山中村の地内にあるので、山中村の独占的支配に属し、村持地のような意識があったからであろう。これは山中村の単独の入会地にほかならないからである。他村からの立入りを認めれば、少なくとも、山中村の単独入会地ではなくなる。こうしたことからでも反対しているのである。山中村の支配意識は、すでに所有意識につながっている。

御立林に隣接する内野村と忍草村の者が御立林へ立入り、生活に必要なものを採取しているのを山中村の者に見つかり、本人はもとより、村の役人が山中村に詫状を出すということがしばしばあった。御立林には山中村の者以外は立入ることはできない。他村の者が立入って収益行為を行なえば盗伐と盗採ということになる。立入った者の村の役人が詫状（謝罪書）を山中村に出せば、だいたいそれで済むが、場合によっては支配役所に告発される。このときは刑罰を課せられるだけでなく、村役人が支配役所へ詫状を出さなくてはならない。こうした犯罪者を出すことは村役人の責任ばかりでなく、村全体の責任となる。同時に、村の恥でもあり、五人組や親族の恥でもあった。

山中村が、御立林にたいして、きわめて厳重な管理・保護を行なったのは、御立林の土地が村のもので あるという意識と、単独の入会地であるという意識があったからにほかならない。内野村や忍草村の者たちがここへ立入り、山中村の阻止や制裁がなくて自由にしていたならば、それらの村の入会になってしまうという可能性があったからである。また、開発を認めれば、開発地は開発者の独占的利用から所有ということになり兼ねないという危惧があったからであろう。

二、つぎに、御巣鷹林である。

山中村に関係がある御巣鷹林は、さきの簗尻御立林のほかに、三か村の入会地と一一か村の入会地にある。

三か村の入会地にある御巣鷹林では、栂・樅・槻・墨木が伐採を禁止されている。そのほかについては自由である。御巣鷹林は、鷹が生棲しているために御巣鷹林として指定され伐木が禁止になっているのであるから、鷹がいなくなれば伐木の禁止は解除される。したがって、すべての立木は伐採が自由となる。ところが、三か村入会地に鷹の生棲がみられないにもかかわらず、伐採の禁止を解除して欲しいという願書が出された形跡はないのである。御巣鷹林を解除したからといって、ここにある立木を片はしから伐採するわけではない。環境保全の上から森林の保護をしなければならないからである。ということになると、御巣鷹林を残しておけば、他村が三か村入会地に立入ったり、権利を主張したりする場合には、御巣鷹林であることを理由としてこれを防ぐことができるし、訴訟となっても有利であるという考えがあってもおかしくはない。御巣鷹林があることが、三か村の立木需要について妨げにはなっていないからである。いわば、幕府の権力を利用したともいえるのである。

一一か村入会地に御巣鷹林があるのは「富士川砂《ふじかわすな》」というところである。この場所は「山中分《やまなかぶん》」とあるから、山中村の地籍であるとともに支配しているところである。しかし、この場所が、山中村が単独で支配している御巣鷹林であることについては、一〇か村が必ずしも同意していない。山中村に関係する場所には御巣鷹林があり、この林の管理あるいは鷹の保護を山中村が行なえば、その地域一帯は山中村の独占的支配か、山中村の持分地となる可能性があると思われたからであろう。山中村には支配役所から命ぜられた御巣鷹林の見廻りがいるから、山中村の都合がいいように山林の立入りが規制されるおそれがあると思ったからである。領主ないしは幕府は、鷹の棲むところを御巣鷹林として指定し、これの管理・保護を地元に命じればそれで済むが、御巣鷹林を指定された地元では、その管理をめぐって入会村々の間で紛争となるのである。

いずれにしても、幕府は鷹が生棲している林、あるいは生棲しそうな林を御巣鷹林と指定して、直接、間接を問わず保護・管理にあたるため、関係村では入会をすることはできても、これまでのように入会うことはできない。幕府の規制をうけなければならないのである。

すでに述べたように、御巣鷹林は鷹が生棲していなければ御巣鷹林の指定は解除されるから、一一か村の入会地となる。土地については幕府は所有を主張していないし、林木についても所有を主張していない。また、村々が伐採した木について料金を請求していない。解除された土地は一一か村が元文元年の裁決にしたがい一一か村の規範によって入会することができる。また、裁決にしたがって立木を伐採できるし、林産物の採取や植林もできる。

第四章　三か村入会

三か村入会というのは、「向山《むこうやま》」（向切詰）とよばれているところである。山中村・平野村・長池村という山中湖をとりまく三か村の入会のことである。富士山の、甲州（山梨県）側の東端にあり、一一か村入会とは関係がない。入会地は、山中村と平野村とが村境に接しているが、長池村とは村境とは接触していない。湖水をへだてて対岸にある。三か村入会の尾根を境とする南側は、駿州（静岡県）であり、同じ幕府直轄領（天領《てんりょう》）であるが、支配役所は異なっている。

この入会が、いつの頃から形成されたのかは明らかではないが、慶安年間（一六四八～一六五二）に、駿州の村と山中村・平野村とがこの地域をめぐって争ったという記録がある。ということは、かなり古くから山中村と平野村との入会であったと思われる。これにたいして、いつ頃から長池村が入会に参加するようになったかは明らかではないが、享保一四（一七二九）年に、平野村と長池村が支配役所に出した訴訟関係の文書には、向山について平野村が長池村の立入りを禁止したことが記されている。ということは、この、平野村と長池村との紛争以前から、長池村が立入っていたのであろう。長池村は平野村の枝村であり、姻戚関係が多い。

右の、平野村と長池村との紛争後の寛延《かんえん》二（一七四九）年に山中村が支配役所に出した文書によると、向山をめぐって、山中村と、平野村・長池村との間で紛争が生じているのがみられる。

この訴訟では、平野村・長池村が山中村の入会を否定している。また、紛争地が平野村の持分《もちぶん》（支配ないしは所有）であることを主張している。これについて、山中村は紛争地が平野村の持分地であることは認めているが、入会地であることを主張している。入会地の地籍については平野村であることを認めているのであるから、他村持の土地に入会う例である。この訴訟は三か村の入会であることを和解というかたちで確認して決着をみている。

ところで、平野村では、訴訟について「連判証《れんぱん》」というのが作られている。村民全員が訴訟に同意し、金銭を負担するとともに協力するということを村役人と重立衆《おもだちしゅう》に約束しているのである。村の訴訟は、訴訟の当事者は村役人であるが、総村民（総百姓）の同意がなければ村役人は訴訟の当事者とはなれない。つまり、村の訴訟は総村民全体の訴訟なのである。訴訟費用の負担は、だいたい、家割りと持高割りである。家割りというのは負担を半分にして、一つは家を単位として課すもので平等である。持高割りというのは、田畠に課せられた年貢を単位として課すものである。田畠を多く持っている者は、少ない者よりも収入が多いとみるわけである。したがって、負担額は大きい。このことについても、総村民は承諾しているのである。(1)

向山が三か村の入会であることを確認し、正式に向山三か村入会が発足した。

この紛争から五〇年後の寛政一一（一七九九）年に、長池村が支配役所に出した文書には、三か村の入会山であることが明記されているから、向山については、一一か村とは関係のない、山中村・平野村・長池村だけの入会であることは、他の村々も確認していることである。長池村では向山で伐出した木や薪を運ぶときには湖水を利用していた。山中湖は、三か村の入会でもある。ただし、村の地先水面はその村の単独支配であり、村持である。したがって、ここでは地元以外の者は漁業や貝を採取することはできないし、水の利用もできない。しかし、木材や木製品等を運ぶために湖水を利用することは、三か村によって認められている。水面利用について、慣習が認められているのである。

三か村入会については、その後において入会紛争をみないが、文政九（一八二六）年に山中村の者が甲駿国境に接続する籠坂峠——世界的に著名な版画家の葛飾北斎は「三嶋越」とよんでいる——で茶店を出すことをめぐり、その場所の「所有」をめぐって紛争が生じた。平野村が山中村との村境について支配役所へ訴えたのである。村境は、甲州と駿州を結ぶ道路をはさんであるために、ここを通る人達は峠で休むことがあり、山中村の者がここに茶店を置くとなると、山中村の村持地であれば村の許可をとるのは簡単であるが、平野村の村持地となると面倒だからである。平野村としては、この場所を村持地とすれば土地を貸すことによって収入がえられるし、村の者が茶店を置くことも簡単である。こうした利害から村境を争ったのである。

この紛争は三年後の文政一二（一八二九）年に和解によって終結しているが、この紛争は、支配役所をこえて幕府の直接の介入をみる。つまり、幕府の出先機関である谷村《やむら》役所（現在、都留市）では判断することができないためである。谷村役所では、場所が重要な道路に関係していたから幕府勘定奉行所に上申したのである。

紛争は和解として解決した。

その内容は、問題の籠坂峠の茶屋については山中村と平野村は自由に営業することができる。したがって茶屋を出すことは、茶屋を出す者の属している村の認可を得ればよいことになる。甲州と駿州を結ぶ道路（往還道）については山中村の支配とする。村境は道路とする。三か村の入会は前々の通りとする。

このようなものであった。

これによって明らかなように、平野村の主張は認められなかったのである。

三か村の入会地においては、三か村の管理が行なわれているために、乱伐や乱採といったようなことはほとんどなかった。

(1) 徳川時代の村方の訴訟については、中田薫氏の法律的解釈がある。中田薫『法制史論集・第二巻』昭和四五年（初版は昭和一三年）、岩波書店。

第五章　近代日本の成立と山中部落の入会

日本における近代国家の成立は明治維新を画期とする。

明治維新は、天皇を擁立《ようりつ》した薩摩・長州・土佐・肥後等の各藩を中心とした連合と、幕府を支持した会津藩以下の諸藩との国内戦争である。その結果、幕府側は敗れ、天皇制統一国家が成立する。その政策によって、それまで日本を支配してきた徳川幕藩領主制は解体して封建的藩制度から、中央集権的な国家体制のもとで廃藩置県が行なわれ府県制が施行されて、もはや藩や領主は存在しない。

明治六（一八七三）年に、近代的土地改革である『地租改正』（前段階に「地券制度」）が行なわれた。[1] 日本全国のすべての土地にたいして所有者を確定し、土地税を課すというのである。この時期に山中村は隣村の平野村と長池村と合併して中野村となり、山中村は山中部落となる。村の合併に際して、旧山中村の村持地と入会地は、新村の中野村に編入されないで、村持地は山中部落の所有となる。

山中部落では、神社地・田・畠・宅地等、すべての所有が確認されたにもかかわらず、旧村持地と入会地は官有地として編入された。これは、山中部落だけではなく、山梨県全体に共通した。これらの土地が官有地に編入された当時に、官有地の編入にたいして反対がなかったのは、時の県令（県知事）の方針によるといわれた。すなわち、県令は、広大な入会山林原野等を部落有地にすれば税金に耐えられないであろう。そのためには、官有地にしておいて税金を納めなくてもよい。旧来の入会はそのまま続けたらよいということであった。事実、わずかな期間ではあったが、官有地に編入されても入会になんらの支障はなかったのである。

しかし、中央集権的官僚制度が確立すると、官有地は官林となり、所管は内務省（のち、農商務省）となる。官林の規則が制定され、官林での入会は、採取する種類と量にたいして料金を徴収される。そのうえ、入会についても書類を提出しなければならない。植林をするのにも官庁の許可をえなければならない。こうしたことから山中部落では人民代表を選定して、入会地を官有から民有（山中部落有）へ返還する申請を村を経由して出した。この動きは、山梨県下に共通する。『官林規則』を無視して、書類を提出しないで入会うということが山梨県下のいたるところで行なわれた。官庁からみれば盗伐と盗採である。入会部落にすれば権利の行使である。

山中部落の土地の返還申請は、旧山中村の村持地についてである。本来ならば山中部落の所有地となる土地である。したがって、官庁の許可をえないで入会も行なわれた。こうしたことから官林を所管する農商務省では、旧山中村の村持地について返還することを決定した。官庁用語では土地の下戻《さげもど》しである。返還については有料として料金も決定した。このときに、山梨県下の官林は天皇家の財産として編入されたのである。天皇家の土地財産は御料地とよばれる。全国に展開した官林の御料地への編入は明治二一・二二（一八八八・一八八九）年に行なわれた。官林の御料地への編入によって、山中部落の土地の返還は中止される。農商務省に土地管理の権限がなくなったからである。

御料地を管掌するのは宮内省御料局である。入会地が天皇家の財産となっても、官林のときと同じような入会がつづいた。御料局の記録には、盗伐と侵墾・放火がいたるところで行なわれた、とある。盗伐というのは、御料局に入会の申請をしないで入会うことである。放火とは野焼きのことであり、良い草をうるために春に草地を焼くのである。御料局では、この入会の現状と官林時代の入会をみて、制度上で入会を認め、規則（『御料地草木払下規則』）によって入会を行なわせようとしたのである。しかし、この規則も遵守されなかった。山中部落では、明治二八（一八九五）年に、山中組（部落）の人民総代として、大森作太郎・羽田九右衛門・高村実等六名が旧村持地の所有権を主張して御料局に返還を請求する。さらに引き続いて、御料局にたいして土地の返還を中野村（村長・坂本諏訪松。同・高村盛造）経由で再三にわたり申請した。その申請書には、返還を請求した土地が、旧山中村の村持の土地であり、現在の山中部落の所有地であることが述べられている。

天皇家の御料地にたいして山中部落の所有地であることを主張し、返還をもとめることは、天皇にたいする反抗であり不敬であると言われた。しかし、それにもかかわらず、土地の返還請求は行なわれ、ついに、御料局（のちの帝室林野局）は山中部落への土地の返還を認めた。そこで問題となったのは、御料局のいう土地払下げ料金である。山中部落では、払下げ料金が高いということで御料局と再三交渉した結果、御料局との折合いがついて払下げが決定した。旧村々ではさらに旧一一か村の入会地の返還を請求する書類を、旧一一か村に関係する村々から提出する。旧一一か村入会地も返還の対象となった。その時に、山梨県下の御料地は山梨県下で生じた大水害を理由として、山梨県へ「御下賜」という名目で明治四四（一九一一）年に県有財産に編入されたのである。それが、現在まで続く山梨県恩賜県有財産である。

御料地が山梨県へ「御下賜」という名目で編入したのは、政治とからんだ中央集権官僚（内務省、農商務省山林局、山梨県）の謀略だと言われている。当時の首相は長州（山口県）出身の桂太郎で、農商務省山林局長の、上山満之進も、山梨県知事・熊谷喜一郎も同じ長州出身である。その目的は、広大な林野を県有財産とすることによって県の財政の安定をはかることと、県の政治力によって県有財産における入会権を制限ないしは抑圧することにあった(2)。入会権は、『民法』において保障されている集団的私的権利である。それにもかかわらず、入会権の排除政策をとったのは、入会林野に厖大な経済的価値があるからにほかならない。

明治二一（一八八八）年に市制町村制を施行して地方体制を確立するのに大きな力があった山県有朋《やまがたありとも》（内務大臣、のち農商務大臣・総理大臣）は、後年、市町村制の制定のときに、部落有財産を市町村の財産として編入し、地方自治体の経済的基盤を確立しなかったのは失敗であったと語っている(3)。山県有朋は、絶対主義的中央集権官僚制の基礎をつくった者である。府県知事は任命制であり、中央集権官僚体制に直結する。

山県有朋の思想は、のちに、内務省・農商務省の官僚によって、入会権の制限ないしは排除を目的とした、部落有林野の統一・公有林野の整理という政策に発展した。御料地入会を山梨県恩賜県有財産として編成したのもその一つである。

恩賜県有財産は、そのほとんどは入会地である。入会権は、私法上の権利として『民法』に規定されているから、法律を無視して山梨県が勝手に『規則』を制定することはできない。したがって、『規則』（恩賜県有財産管理規則）では、入会権を規定した。しかし、その解釈や運営については、入会権を制限して、県の独善的政策を進めたものである。

山中入会部落では、官有地・御料地に編入された旧山中村持地の返還を請求してきたが、この土地が県有財産となっても納得しなかった。県にたいして返還の請求を行ない、やっと、大正六（一九一七）年に返還をうけた。県の公文書では『不要存置恩賜県有財産払下』である。

山中部落が入会権をもつ旧三か村入会地と旧一一か村入会地は、ともに恩賜県有材産となったが、払下げは行なわれていない。

旧一一か村は、この入会部落が所属する村を単位として編成された一部事務組合形式というかたちで、恩賜県有財産管理規則のもとに置かれる。村が入会部落の単位となっているのは、すでに内務省・農商務省（のちに、農林省）の部落有林野の統一・公有林野の整理政策の以前において私法集団（入会集団）としての法的存在の確認をうけているからである。(4)そのために、旧一一か村入会部落は、県が入会管理団体として編成した村の連合を形式的権利団体とした。これが、戦後の『地方自治法』の制定によって、一部事務組合となった管理団体に引き継がれるのである。しかし、私権としての入会権は入会集団が権利主体であるから、入会団体が属する村は、県との関係における、たんなる窓口にしかすぎないのである。また、市・村より部落単位で選出される議員は、旧時はともかく、現在においては、入会権については無権原であり、入会権については旧一一か村入会組合が権利主体である。(5)したがって、旧一一か村入会についての重要な事項の決定については、恩賜林組合の議決だけではできない。

山中部落では、平野・長池部落とともに中野村（のち、山中湖村）を窓口とするが、入会については山中入会部落が権利主体として入会を管理・運営しているのである。

山中部落の入会地においても、旧三か村の入会地、ならびに旧一一か村の入会地においては、これまで、入会地が荒廃したという例をみない。荒廃地は、かっては陸軍演習場となった入会地であり、現在は、自衛隊・アメリカ軍の演習場となっている入会地である。これらは、入会民の立入りを許さないために施業や利用をすることができない。なお、入会組合と国との間で入会協定は結ばれている。

(1) 地租改正については、さしずめ以下を参照。福島正夫『地租改正の研究』昭和四五年、有斐閣。北條浩『明治初年地租改正の研究』一九九二年、御茶の水書房。
(2) 北條浩『山梨県入会闘争史』一九九八年、御茶の水書房。北條浩編『恩賜林の法今来』一九六五年、宗文館書店。
(3) 山県有朋「徴兵制度及自治制度確立ノ沿革」(国家学会『明治憲政史論』大正八年、国家学会)。北條浩『部落・部落有財産と近代化』二〇〇二年、御茶の水書房。
(4) 古島敏雄編著『日本林野制度の研究』一九五五年、東京大学出版会。北條『前掲書』参照。
(5) 川島武宜・潮見俊隆・渡辺洋三編『入会権の解体Ⅲ』一九六八年、岩波書店。
富士吉田市外二ケ村恩賜県有財産保護組合ならびに北富士一一か村入会組合の法律問題については、〔補論〕を参照されたい。

第六章　山中入会部落

山中入会部落は、徳川時代には山中村で、領主（幕府）との関係では行政村であり、村の責任者として名主が存在し、五人組の代表者として組頭がいるほか、百姓総体の代表者として百姓代がいた。五人組というのは、村を五軒一組とした隣保組である。これは原則であって、必ずしも五軒であるとは限らない。五人組には、それぞれ代表者がいる。これらは幕府が定めた村の組織であるが、このほかに山中村には重《おも》立衆《だちしゅう》などと呼ばれている有力者がいて、村政にたいして協力したり、意見を述べたりする。このようにみると、山中村は名主は対外的に村の代表者であり責任者であり、村政については組頭や百姓代と共同して行なわなければならない。しかし、実際上においては、有力者の組織の同意を得なければならないのである。にもかかわらず、村の重要な事項——たとえば、訴訟、負担金等、については記述のほか後述——は総百姓によって決定しなければならない。

山中村は、幕府との関係では行政村であり、村の責任者であり代表は名主である。それにもかかわらず、対外関係においては五人組の代表と百姓総体の代表である百姓代を必要とした。五人組は、五組を単位とした百姓総体なのであるから、その代表者である組頭を五組というかたちで編成している隣保組という隣人集団の最少単位である百姓の代表者である。この五人組の代表者である責任者の総体を組頭とよんで村の役人のなかに加えた。百姓代は総百姓の代表なのであるから、二重の意味で百姓の総代がいたということになる。これによっても明らかなように、山中村はつねに形式的も実質的にも総百姓の総体によって成り立っていたのである。したがって、村の訴訟も、村の借金も総百姓の同意がなければできない。村の財産も、総百姓総体のものであったから、その利用も処分も総百姓の同意を必要としたのである。今日の行政村とはかなり異なっている。ある意味では民主的である。

山中村は、明治初年に隣村と合村して行政村ではなくなり、山中部落となる。したがって、行政の単位でもなければ、対外関係において村を代表する名主や組頭・百姓代もなくなる。しかし、旧山中村持財産や三か村入会、二か村入会は、山中部落の権利者総体のものとして存続する。とくに、山中部落有の財産は私有財産なのであるから、行政の関与はない。なお、ここで部落ということばを使用したが、これは明治初年以来の公用語であり、被差別部落の部落のことではない。

また、百姓ということばを使用しているが、百姓という呼称は明治初年までである。徳川時代の公称である百姓は、公租を課せられた田・畑・宅地を所有している者に使用した。きわめてわずかでも貢租を課せられている畑地を所有していれば、その畑地によって生活が成り立たなくとも百姓なのである。百姓であるから農民ということになる。山中村の百姓のように、駄賃稼ぎや山稼ぎなどで生活している者も、わずかでも公租を課せられた畑地を持っているかぎり百姓なのである。百姓とか農民とかという呼び方は、生活のウエイトにかかわりがなく使用されている。ある意味では村落に居住して、なんらかのかたちで農地とかかわりをもっていれば百姓とよぶ一般的な呼称でもある。

この公租を課せられているということは、明治時代においても同じで、税金の課せられた土地・宅地・

家を所有することである。しかし、入会権利者は、一般的に認識するところの農業集団の農民である条件はない。これが山中部落としての入会権の基本的条件である。たんなる寄留者は村民であっても家を権利としてこれを代表する入会集団としての山中部落民ではないのである。ここにいう部落民というのは、行政における村民としての個人を指すのではなく、部落の構成員という意味であり、部落によって認められた部落の基本単位としての家の代表者をいう。そして、部落はまた入会集団なのである。

明治元（一八六八）年に明治政府が成立し、徳川幕府が解体し廃藩置県（明治四年）によって封建領主支配体制がなくなるが、旧徳川時代からひきつづき、旧村財産といわれていたものは部落にひきつがれる。これは、明治初年に山中村が合村した際に山中村は消滅したが、旧山中村の財産は、そのまま部落の財産としてよいという県（国）の指示があったからである。部落には公法の規制もないし、行政に把握されることもない、私的権利者集団となったのである。山中部落が所有するものは、若干の例示をすれば、旧村持地――山中部落の単独入会地で、山林原野・畑地・雑種地――、社屋や境内を含む神社、道祖神、道、水、山中湖などである。旧村関係の入会地は旧三か村入会と旧一一か村入会地である。

入会財産――というよりも総有財産(3)――の管理にあたる者の名称は変るが、入会集団によって選ばれた者があたるのは、旧徳川時代より変りはない。ただし、旧時のように責任者を県に届けるということはないし、県の許可も必要としない。

明治三一（一八九八）年に『民法』が制定されて、山中部落の入会は、入会地の返還が行なわれて後は、『民法』に規定している「共有の性質を有する入会権」となったが、その権利資格の内容は、二種類にわけられる。その一つは、大正六（一九一七）年のときに払下げ代金二一〇円を負担した本戸と、その後に本戸に加入を認められた者が「共有の性質を有する入会権」を付与された新戸なのである。この入会集団構成員（家の代表者）は、土地を処分したり、基本金を処分したりするときに家（権利資格）を代表する権利資格者となる。言ってみれば、入会地の所有権と入会権をもつのである。もう一つは、新しく入会権者になった者で入会土地の所有権はないが入会権はあるので、『民法』の「共有の性質を有しない入会権」の新戸である。いずれも家を単位とした権利には変りはない。いわゆる、一戸一権の原則であり、その権利は家族構成や職業のいかんにかかわりがない。もちろん、相続することはできない。

この、「共有の性質を有する入会権」利者の総体である本戸集団では、昭和二四（一九四九）年に、戦後の対策として、次三男割りという入会地の有償分割が行なわれた。また、翌年には、旧戸割りという無償分割が行なわれた。この二つの権利の差は、収益金の配分にも差ともなってあらわれている。大出山の入会地を処分するときも本戸集団が配分金を受け取っている。いずれも権利者の総意によって決定している。

山中部落における本戸と新戸の存在は、入会集団が二つになって存在しているのではない。山中部落という入会集団のなかに、「差等」（差異）があるだけなのである。かつては、部落（入会集団）を区長が統括していたが、昭和三九（一九六四）年の山中浅間神社入会事件以来、浅間神社有地は山中浅間神社有地入会管理組合という入会集団が所有し統括している。この入会集団は、形式上、山中浅間神社の所有となっている土地にたいするものだけであるので、その他の入会地である向切詰の旧三か村入会地と、富士山の旧一一か村入会地では、入会についての権利者には本戸・新戸の差異はない別の入会組織となる。山中部落入会組合がこれである。

山中浅間神社入会地の管理・運営については、今日、山中部落の七組のなかから権利資格をもつ代表者が選出され、これにあたる。重要な事項については、総会で決定する。土地・財産は山中浅間神社の所有地であるにもかかわらず、宮司・氏子総代は祭典の執行だけであり、土地・財産について関与することはできない。これは古い時代からの慣習である。神社には、所有の権原がない。したがって、宮司や氏子総代は神社財産に関与することはできないのである。

「共有の性質を有する入会権」は所有権なのであるから、入会組合が、この土地をどのように利用したり、土地産物を採取したり、植林するのも自由である。入会地での採取内容が入会権を決定するのではない。また、農民である必要はない。[2] もともと――少なくとも、徳川時代以来――、山中村には農業だけで生存することができる農家というものはほとんどなかったから、いわゆる一般的な農民範疇に属する者は存在しないのである。しかし、山中部落では、入会集団を構成しているのであるから、入会地を利用するについては山中部落（入会集団）の規範に従わなければならないし、特定された木を入会組合の許可なくして伐ることはできない。草の需要が多かったときには、草を刈ることについては厳重な規範と管理が行なわれていた。だが草の需要がなくなった現在では、権利者が草を刈るのは自由である。慣習の変化にほかならない。木を伐ることについては、資源の涸渇を防ぐことと、水源涵養・土砂扞止ならびに自然環境の保全等から、依然として規制が設けられている。徳川時代より今日にいたるまで、乱伐・濫採をしたことはない。

草地に火を入れるのは、害虫などを焼き、灰は新しく生えてくる草の肥にするためで、部落総出の重要な行事である。火入れを指導するのは経験者で、火入れをあやまれば山林に延焼するし、状況によっては部落に火災を招くことになるからである。したがって、入会部落の許可をえないで勝手に野火つけをすることは許されない。官庁や山梨県の文書に、この火入れについて「放火」ということが書かれているが、放火をすれば山林に延焼するし、部落にも火災がおよぶ。したがって放火をするはずがない。これは入会部落による慣習としての、野火つけ・火入れのことなのである。かつて、火入れは山中部落所有の草地について行なわれたが、現在では、火入れは旧一一か村入会地でのみ行なわれている。また、官庁文書には入会では濫伐・乱採や粗放経営が行なわれているとも書かれているが、入会集団が資源を涸渇するような乱伐・濫採をすれば生活することができなくなるので、そのような事実はない。自然保護につながっていたからである。入会地にたいして放火をしたり、乱伐・濫採をしたり、粗放経営をしている、ということを国や県が言うのは、これらはすべて入会地を町村財産に編入したり、地租改正の際に国有地や県有入地に編入した入会地の返還を防ぐための国や県の悪質な口実にすぎないのである。[3]

(1) 山梨県『山梨県林政誌』大正一一年、山梨県。『帝室林野局五十年史』昭和一四年、帝室林野局。

(2) 入会権利者は農民であり、農業に必要とする採取する権利が入会権だと規定するのは戒能通孝氏である。これは、山中浅間神社入会事件の訴訟記録（準備書面、証人記録）のほか、『鑑定意見書』にも明確に記されている。入会の歴史も実態もしらない、この非科学的な説を入会権の理論として受け入れる余地はまったくない。

(3) 川島武宜・潮見俊隆・渡辺洋三編『入会権の解体Ⅲ』一九六八年、岩波書店。北條浩『入会の法社会学・上下』二〇〇〇年、二〇〇一年、御茶の水書房。

第七章　山中浅間神社有財産と入会権

はじめに

明治三一（一八九八）年、『民法』が制定される。『民法』はそれ以前にすでに制定され、天皇の裁可を得ていながら、施行されるときに、この『民法』（旧民法）は国情に合わない、という理由で停止されたのであった。とくに、入会についての規定がない。ということが最大の理由であった。やがて、施行が延期となり、廃止される。旧民法は明治初年に政府の招きで来日した、フランス人のボアソナード教授（パリ・ソルボンヌ大学）の手に成るものである。

明治二六（一八九三）年に、新『民法』制定のために法典調査会が設立され、入会については、全国調査が実施される。その調査結果のかなりの部分は、現在、『明治二六年全国山林原野入会慣行調査資料』（林野庁、非売品）として刊行されている。新『民法』は、この調査にもとづき、第二六三条に「共有の性質を有する入会権」と、第二九四条に「共有の性質を有しない入会権」という二項目を規定した。

山中部落が、かつて長期にわたり返還を請求してきた入会地は、『民法』にいう第二六三条の「共有の性質を有する入会権」に該当する。旧村の村持林野は、すべて、この「共有の性質を有する入会権」なのである。その内容は、部落（旧村）のうちで入会権を有する者全員（家）の共同の権利なのである。これを学術用語ではドイツ・ゲルマン法制の用語で総有（Gesamteigentum）とよんでいる。[1] 共同の権利といっても、同じ『民法』にある「共有」のように、権利が個別的に独立していて、この権利を相続したり自由に処分したり、共同権利者に買取りを請求したり、権利を分割することができるものではない。通常、入会権利者は土着の者で、部落によって権利者としての資格を認められている者である。入会権は一戸一権を原則とするから、家を継承する者が権利者となる。長男・次男、または男女の区別はない。相続はできない。また、部落を去った者は権利を失う。いわゆる「離村失権」である。規約に従わない者については罰則があるが、入会を否定する言動の者は除名される。また、しなければならない。

『民法』では入会権が明確に私権として規定されたが、その条文は右にみたように二か条であり、その内容は、ともに各地の慣習が権利とされているだけである。『民法』の起草者は、入会権を団体的権利としているし、現在の入会研究においても判例でも入会集団の権利であると把握している。一般の居住者を包摂している山中区と、入会集団を山中部落とよんで区別していることは正当である。山中部落は、入会権という私的権利を有する者で構成される。入会集団にほかならないから、その財産は『民法』の入会権の適用をうけるわけである。

第一節　浅間神社有地の成立

山梨県に編入された山中部落の入会地の返還運動はひきつづき行なわれた結果、山梨県でも有償の返還を決定した。自分達の土地を勝手に取り上げておいて、いざ返還となると有償というのでは理屈に合わないが、当時の県知事は中央政府の任命制であり、上意下達の時代の権力者なのであるから、仕方なく受けざるをえない。問題は料金の支払いである。入会部落にはお金がないために、入会権者全員にたいして各々が平等に二〇円を負担することにした。当時の山中部落の経済状況では、多くの者が、この二〇円を負担することは容易なことではなかった。借金をしたり、負担することができなくて山中部落から出て行ったり、娘を年季奉公に出したりする者もあった（後出『山中湖村山中部落入会慣行座談会』参照）。しかし、いずれにしても、払下げ金を支払って山中部落の土地は戻ったのである。

問題は、この土地の所有名義をどのようにするのか、ということである。もともと、返還を請求したのは、山中部落のもの（総有財産）だからであり、入会権者が二〇円を負担したのは山中部落のものにするためである。共有財産とするためではない。部落財産を守るためであった。しかし、この返還された土地をどのような名義にするのか。登記制度では、入会を登記することができない。『土地登記法』の不備のためである。協議の結果、古くから山中村の氏神であり、現在も山中部落の氏神である山中浅間神社の名義にすればよい、ということになった。この経緯をみても明らかなように、本来であったなら、山中部落の財産を山中部落もしくは山中入会部落というように登記すべきであったが、登記制度では、これができなかったために山中部落の氏神の名義にしたのであるから、山中浅間神社の所有名義にした土地は山中部落の入会財産にほかならない。これは、形式は神社財産になっていても、実質は入会財産であるから、『民法』にいう、「共有の性質を有する入会権」（二六三条）である。しかも、山中浅間神社は、その境内地も含めて、徳川時代には山中村の村持（所有）であり、明治維新以後は山中部落の所有であった。したがって、山中浅間神社の祭典は宮司・氏子総代が依託された範囲で執行できるものであって、神社の財産の支出についてはすでに慣習的に決まっているもののほかは山中部落権利者総体の同意をえなければならない。なお、山中浅間神社には常駐の宮司はいなかったのである。祭典を執行するのは氏子総代である。

山中部落の入会は、山中浅間神社有地になって旧来に復したのである。二〇円を負担した者は本戸集団となった。一二〇名が基本である。その後に新規加入を認められた者が若干いる。

山中浅間神社の所有となった旧山中村・旧山中部落の所有地は、山中部落が管理・運営する。もっとも、地元では山中部落とはよんでいない。山中部落というのは公用語であるとともに学術用語であって、旧村地域集団を示すのである。山中部落では、「山中区」というようによんでいる。この「区」というのは公用語ではなく、法律用語でもない。明治初年に大小区制があったときの用語を慣用語としたまでのことである。しかし、この「区」ということばはかなり一般的に使用されている。山中区は、徳川時代の山中村の地域を総称している。

大正六（一九一七）年に山中浅間神社へ中野村経由で二三一町余（二二九ヘクタール）の土地所有権の移転登記が行なわれた。すでに述べたように、この土地は、徳川時代に山中村の村持地（所有地）で、明治時代に山中部落の所有地（単独入会地）であったのが、国に編入されたために、この返還を求めていた土地である。

土地の所有は浅間神社の名義にはなっているが、浅間神社は徳川時代から山中部落（旧山中村）のものであるから、境内地を含む土地は山中部落のものにほかならない。したがって、この土地を利用したり、林産物を採取したり、土地を処分することは、山中部落の規範（しきたり、慣習）による。かつて、この土地を処分した例がいくつかあるが、これの手続については、最終的に山中部落の権利者全員の同意を得て行なわれている。
以下に、その数例を示す。

第二節　大正年間の三反歩割り

山中浅間神社所有名義の土地のうち、大正六（一九一七）年の土地払下げに二〇円を出した一二〇名の者と、その後に加入金を出して新しく権利者になった者の四名にたいして、三反歩の土地を割り地とした。権利者総体の会合を開いて、その総意によって決定したのである。割り地をうけた者は、個人所有として登記を認められている。

第三節　東京帝国大学へ一二町余の土地を寄附

大正一五（一九二六）年に、東京帝国大学の演習林として浅間神社有地の広大な山林が寄附された。目的は開発である。東京帝国大学は最高学府として君臨していたから、東京帝国大学へ土地を寄附すれば、学生はもとより、卒業生である官界・財界の人達が山中湖へ来て遊び、別荘を作ったり、開発をしてくれるという思いがあったからにほかならない。寄附については権利者全員が署名している。面積は一二ヘクタールである。

第四節　若尾事件

昭和一五（一九四〇）年に、山梨県出身の財閥・若尾鴻太郎に、富士浅間農事実行組合の者達が、山中浅間神社有地を貸す契約を結んだ事件である。

富士浅間農事実行組合は、若尾鴻太郎に土地を貸すために設立したもので、当時の氏子総代によるものである。このことを知った権利者は反対し、山中区民代表として高村義富を選出して、関係者に反対の声明を発表するとともに契約の取消しを求めた。その結果、氏子総代らは自分達の誤りを認めて謝罪するとともに、若尾鴻太郎にたいして解約を申し出て解決した。この事件は、土地を貸すことについて、氏子総代だけできめて、山中部落の重立家にも相談していないばかりか、権利者全員の同意をえていないことにあった。氏子総代と同調者のみが行なったものである。山中浅間神社の土地は、賃借権を設定したり、処分することについて、氏子総代にはなんらの権限がないのである。

以上の若干の事例によっても明らかなように、山中浅間神社の名義になっている財産は、山中部落の入会権利者総体（全員）のものであることがわかる。したがって、土地を貸したり、処分することについては、この権利者総体の同意がなければならない、ということである。

第五節　浅間神社有地入会事件と入会権

山中区には五つの組合があり（第二次大戦後に二組が設置されて七組となる）、代表者として区長がいて、各組から選出された者が区の役員となる。入会権利者を「氏子《うじこ》」とよんでいる。旧山中村の氏神は山中浅間神社であり、山中村の守り神である。山中村が山中部落となったのちも守り神であることには変りはない。守り神を祭祀する氏子は、誰れでも氏子となれるものではない。とくに、部落の財産が浅間神社の所有となってからは、この浅間神社の土地に立入って利用することができるのは、この土地の取得に二〇円を出した者に限られるから、氏子はそのまま入会権者ということとなるからである。こうして、氏子とに入会権利者とが合同したために、法律用語でいう入会権利者を氏子とよぶのである。

山中浅間神社には、氏子の代表者である氏子総代がいるが、この氏子総代というのは神社の祭祀を行なうのであって、入会については関係がない。財産については区長が責任者となっている。しかし、この区長も、昭和三九（一九六四）年に始まる山中浅間神社入会裁判以後においては神社財産の責任者ではなくなり、「山中浅間神社有地入会管理組合」の組合長が責任者となる。山中区には、入会権利者でない、一般の居住者も区民となることから、入会管理団体としてはふさわしくなく、かつ、区長が入会集団の責任者となるのは適正ではないというように考えたからである。一般の居住者が多くなれば、区長に入会権利者でない者が選ばれる可能性があるからである。山中区の下部機構としては組があることは、裁判以前とは同じであるが、この組構成員には、居住者と入会権利者・共有入会権利者の三つの異なった住民がいる。居住者というのは、山中区へ居住しているすべての者をいうのである。入会権利者というのは、区民のうちで、旧三か村入会と旧一一か村入会の入会権利者である。共有入会権利者というのは、山中浅間神社有地の入会権利者である。旧三か村入会と旧一一か村入会の入会権利者であっても、共有入会権利者でない者もいる。しかし、共有入会権利者は、旧三か村と旧一一か村入会の権利者でもある。

この共有入会権利者は、戦後において採草地であった大出山《おおでやま》を売って、二〇円を負担した旧戸と、その後に新規加入を認められた者の間で売却金を平等に配分した。売るにあたっては、権利者全員の会議と同意とによった。また、土地を次、三男対策として割り地したことがあるが、これも同じ手続きである。いずれにしても、山中浅間神社の財産を処分するような問題については、権利者全員の同意を必要としたのである。

現在、山中浅間神社の土地では、草木を採取する者が少ないので立入る者はほとんどいない。入会地の管理には入会管理組合があたっていて、環境の保全が行なわれている。かっては、この土地において日常生活に必要とする資料をえていた。また、薪や木を売るためにも利用していたし、馬がいたときには草も刈っていた。そのほかの利用で顕著なものは、木切りや下草刈り、小柴刈、やといもや、下刈り、転石《まるびいし》の採取である。もちろん、産物の採取はこれに尽きるものではない。山中浅間神社の入会地は、山中部落のなかでも旧戸集団の所有なのであるから、どのように利用してもよいし、山林の状態をそのまま維持してもよいわけである。

昭和三六（一九六一）年に、宮司・氏子総代・山中区長が、富士吉田市出身で東京で中古自動車販売業をしている渡辺正保《まさやす》という者に、山中浅間神社の土地を貸す契約をした。山中部落では、土地を貸すことについて協議が行なわれていて、まだ、結論はでていなかった。とにかく、相手の営業所を見ることにするということで話がまとまった矢先のことであった。これを聞いた入会権利者たちは、総会で貸すということは決定していないし、契約の当事者として彼等を委任したこともない、ということで、大会を開いて反対した。契約をした宮司と氏子総代二名は、契約を主導したのは区長と氏子総代二名で、自分たちは契約をしたことがない。行ってきたということで判を押したのだと主張して、謀略であると報告した。

契約当事者である中古自動車販売業者は、契約の履行と土地の引渡しを求めて、甲府地方裁判所都留《つる》支部に訴訟を行なった。これが、二一年におよぶ入会裁判の始まりである。

甲府地方裁判所都留支部での裁判は、論点の問題もあって山中浅間神社側は不利という状況に追い込まれた。たしかに、論点はずれていて、法律論としてもきわめて貧弱なものである。とうてい勝てるものではない、と関係学者や関係者が判断した。この状況にたいして危機感をもった山中入会部落では、浅間神社有地入会権擁護委員会を組織して、中古自動車販売業者と浅間神社にたいして入会権の確認訴訟を提起したのである。

裁判の中心点は、山中浅間神社の土地が入会地であるか否か、ということである。山中部落では、山中浅間神社の土地は入会地であるから、広大な土地に地上権を設定して貸すということについては入会権利者全員の同意を必要とする。したがって、この同意がなくして区長と氏子総代だけで契約したのは無効である、と言うのであった。

この入会裁判の特徴は、著名な入会権学者がかかわりをもち、入会権の有無をめぐって対立したことにも特徴がある。一人は、東京の中古自動車販売業者の側について、山中浅間神社の入会権を否定した準備書面を書き、代理人となった戒能通孝《かいのうみちたか》氏（元早稲田大学教授）であり、他の二人は、鑑定人として選ばれ入会権を認めた民法・法社会学者の川島武宜《たけよし》氏（東京大学教授）と渡辺洋三氏（東京大学教授）である。さらに、これに法制史学の石井良助氏（東京大学教授）が鑑定人としてともに入会権を肯定したのである。また、佐藤大七郎氏（東京大学教授）も農林学者として入会を肯定した鑑定書を出している。

戒能通孝氏は、山中部落に山中浅間神社の土地に入会権がない理由として、山中部落には農業を行なっている農民がいないことと、小柴・草刈りの入会行為がない、ということであった。入会権は農民の収益行為によって成り立っているというのが、戒能入会理論である。また、山中部落の入会は国有地に編入されたときに消滅したと、大正四（一九二九）年の大審院（現在の最高裁判所の前身）の判決を援用している。それればかりではない。自分が係争地に立って見渡せば、一目で入会地かそうでないかはわかる、とまで言い切った。

これにたいして、川島武宜・渡辺洋三氏は、山中部落が「法主体」であって、浅間神社の所有名義は形式的なものであり、神社有地は「総有的支配に属する部落有地」である、と判断した。また、山中部落は、神社有地において入会行為をしていることを確認している。大正四年の国有地入会を否定した大審院判決については「理論的に誤っている」と述べ、当時の諸法令をみても官（国）有地に編入された部落有地の入会権について、その「消滅を根拠づける法令の規定は存在しない」と明確に判断した。この説について、法制史的に鑑定書を提出した石井良助も、山中部落の入会を確認している。(2)

さらに、戒能通孝氏が、採草地である場所に立入って、ひと目で入会をしていないということがわかったという認定にたいして、彼が立入ったのは一〇月であって、採草は草の軟かい八月中旬までに終っているので、あとの草は硬くて利用価値がないと山中部落の者に指摘されている。戒能通孝氏はまた、火防と獣の害を防ぐために山中部落の者が設けた石積みについて、自然にできたものであると判断した。林学者の佐藤大七郎氏は実地調査のうえ、鑑定書において、山中部落の入会地であることを認めている。これらの事実は、山中部落の者たちによって、戒能通孝氏が入会がどんなものかを知らない者であり、入会学者にふさわしくない、と言われている。

その、戒能通孝氏の手に成る忍草入会組合の規約では、入会権利者は一定の農地をもち、草刈り等を行なっている農民でなければならない、と規定している。現在、農民範疇に該当する者がいない忍草入会組合は解体したのであろうか。

山中浅間神社有地の入会権について、川島武宜・渡辺洋三・石井良助氏は、『民法』第二六三条の土地所有がある入会権であると認定し、戒能通孝氏はこれを全面的に否定したが、甲府地方裁判所は、戒能通孝氏の認定を信ずることができないと全面的に退けて、川島武宜・渡辺洋三・石井良助氏の認定を採用した。したがって、山中浅間神社の土地は、所有名義を山中部落で便宜上したものであって、山中部落の入会財産にほかならないことを判決したのである。

この判決は、東京高等裁判所に引き継がれて、入会権があると判決され、さらに昭和五七（一九八二）年に最高裁判所で判決があり確定している。

山中浅間神社入会裁判において、入会権学者の川島武宜氏と渡辺洋三氏ならびに法制史学者の石井良助氏の果した役割りは大きい。この学者の『鑑定書』がなかったならば、山中浅間神社の土地はどうなったのかわからないし、ここから年々、ばく大な収益が山中部落の入会集団に入ってくることはなかったであろう、と当時の幹部は語っている。しかし、現在の入会幹部のほとんどには、このような認識はないし、また、一般の入会権利者にもその認識はない。世代交替も一つの理由であろうが、入会権にたいする知識がないことも重要な要因である。

山中部落が裁判に勝って、ばく大な収益をえるようになったのは、入会の基本原則である「指導と同盟」

を山中部落——正確には、浅間神社有地入会権擁護委員会（昭和三九年三月設立。初代委員長・大森虎三氏、以後、高村不二義氏）——の指導者たちが主導したからにほかならない。指導というのは具体的に、入会集団を主導する幹部（とくに代表者を中心にして）が協力して的確な判断にもとづいて指導し、実行することであり、この者たちには良識と知識と行動力が求められる。裁判を起すことから裁判過程において、入会権利者は、この「指導」者を信頼して協同して（すなわち「同盟」）裁判にあたった。この「指導」者たちの入会についての認識は、いずれも裁判を担当した弁護士たちの入会知識を越えた能力をもっていた。とくに、長い間にわたって入会集団を主導した高村不二義氏にそれが当てはまる。

昭和四三（一九六八）年七月の甲府地方裁判所での勝訴の判決と、昭和五〇（一九七五）年一二月の高等裁判所での勝訴の判決をえたが、「指導」者たちは、異口同音に「裁判に勝てたのは先生方のおかげです。神社入会に入ってくる収益は、山中部落のためになるものに使いましょう」と言い、入会事務所・図書館・公民館・三浦環記念コンサートホールなどをあげた。この思いは、最高裁判所での勝訴後にもひき継がれていた。しかし、この思いは、入会事務所と川島武宜先生記念碑と沖じんばたの払下げとなって実現しただけである。収益金を入会権利者に配分することを主張する者がでて、入会権者がこれに従ったからである。川島武宜氏が、入会財産は、共同のために使用しなければならない、と言ったことは無視された。

現在、浅有神社有地入会管理組合に入ってくる収益を山中部落の全体のためにどう使うか。このなかには、自然環境の保護と観光地への対応が新しく入ってくるであろう。さらに、先人達の「思い」も、どう実現させるのか。課題は多い。

問題はそれだけにとどまらない。第一審での勝訴の判決後に、山中入会部落の入会権に反対して渡辺正保側についた者の処分をすべきである、と関係学者が指摘したが、弁護士がこの処分を部落が混乱するという理由で阻んだ。入会部落の混乱は、処分該当者が起こしたもので、さらに処分該当者やその同調者が連鎖的に部落に混乱を起こしている。判決後に、多くの裁判をみるのはそのあらわれである。処分をしなかった禍根は今日まで弊害をもたらしている。弁護士の責任は重い。さらに、この弁護士は、川島武宜氏の手に成る山中浅間神社有地の入会規則を改正――というよりも改悪――して、多数決とした。全員一致の入会の基本原則は破られたのである。これは、入会理論にとって重大な誤りである。弁護士には、担当した裁判官よりも入会にたいする知識がなく、見識もない。裁判に勝つことができたのは、学者グループのおかげにほかならないのである。

(1)　総有については、以下を参照。中田薫『法制史論集・第二巻』昭和四五年、岩波書店。石田文次郎『土地総有権史論』昭和二年、岩波書店。『川島武宜著作集・第八巻』一九八三年、岩波書店。北條浩『入会の法社会学』(上・下巻)、二〇〇〇年、二〇〇一年、御茶の水書房。

(2)　石井良助・川島武宜・渡辺洋三『山梨県山中部落の入会権』昭和四四年、『法学協会雑誌』第八六巻第一号。

三　山中部落入会慣行座談会（山梨県山中湖村山中）

山中湖村山中部落入会慣行座談会

出席者　（順不同）

羽田　恒司　前山中湖村長
羽田　佐重　元農業委員長、浅間神社・諏訪神社氏子総代長
高村不二義　山中湖村議会議長、氏子総代
大森　虎三　元山中区々長、山中・長池入会組合長
坂本　博　山中区長
槌屋　晴尚　山中湖村議会議員、氏子総代
高村　利雄　元山中区々長
高村　軍治　氏子総代
高村　宇八　浅間神社・諏訪神社代表役員兼宮司
羽田　義隆　元山中区長

（註、役職は座談会当時）

山中部落は、富士山北麓にあり、山中湖をとりまく三つの部落(山中・平野・長池)のうち、西側に位置している。古くから駿河国（静岡県）と、甲斐国（山梨県）の国中（甲府盆地周辺）と郡内（南都留・北都留郡）を結ぶ交通の要衝にあったために、俗に「伝馬稼ぎ」といわれる交通労働が発達していた。徳川時代の村高は二六石五斗余で、「山稼」や養蚕なども重要な村の産業でもあったために、この方面の素材の供給源でもある富士山北麓にたいする依存度は強く、そのために、富士山北麓の「山論」には必ず山中村の名がでるほどであった。いわゆる北富士一一ケ村入会中でも、相当のウエイトを占めていたといえる。

入会についての座談会は、入会や部落の編成、名称などが長い間のうちには変っているために、出席者が使用する言葉を一つだけとらえて、これについてわれわれが軽卒に近代的な感覚で判断してはならないし、また、法律用語でこの慣用語等をそのまま規定することはできない。さらに、記憶等も、若干資料等と異っている場合がある。座談会の記録を出すについて、こうした誤り等を訂正すべきであるとは思ったが、座談会の雰囲気と内容をそのまま伝えるために、ほぼ発言通りを掲載した。

右の点については、資料ならびに論文等を参照されたい。

北　條　浩

大出山と石地の入会

北条　今日は、大出山《おおで》と浅間神社の名儀になっている石地《せきち》の問題を中心にお話をしていただきたいと思います。まずお聞きしたいのは、大出山というのは、現在、マウント・フジというホテルが建っている山のことで、裾野から頂上までを言うのですか、それとも、もう少し続くのですか。

羽田(恒)　向う（内野区）までいっている筈です。当時、七十二町歩で払下げたのですが、実際はそれだけないというのです。あそこは五十町歩くらいしかないでしょう。長池に侵略されたけど、それも一緒でなければ払下げないということで、七十二町歩にして払下げをうけたけれど、結局、忍野《おしの》側に寄った方の大久保は長池にとられちゃったですね。大正の払下げの時、すでに長池の方では手をつけていたのですね。だけど、県ではこれを一括して払下げなければ駄目だということで、山中が一括して払下げて、長池に取られたという形ですね。

北条　大出山も明治の初めから山中がやっている払下げの出願のうちのひとつですね。大出山を大正六年の払下げの前と後に分けて、払下げ以後はどこが管理していたのですか。

羽田(恒)　山中区というもんじゃないでしょうか。

羽田(佐)　あれは神社の関係になるんじゃないですか。東大のグランドへ五万坪を寄附した場所に入っていた人の中には大久保へ行った人もいる。ウチも大久保へ割当てで行っているわけだ。

羽田(恒)　(註1)二反歩割が残っていた分はやって、足りない分は大久保へ行ってもらったというわけだ。

高村(軍)　農林省買収前は、あれは神社有地ですよ。

高村(不)　名義がね。大出山も大正六年に払下げた二三一町二反一畝九歩の中に含まれています。

北條　神社とは浅間神社のことですね。

大森　大出山という名称は通称で、本当の名称は大久保なのです。土地台帳上は大久保となっています。大久保の下が梁尻、その反対側が栗木林。大久保、栗木林、梁尻と字が三点境になっているのです。

北條　そうすると、大出山は石地などと一緒に県が中野村へ形式的に払下げたのを、それを山中ではすぐに神社有地にした片われですね。

羽田(恒)、羽田(佐)　そうです。

北條　払下げ当時、その管理者の名前はどこになっているのですか。

羽田(恒)　山中区です。

北條　その時の名称としては区ですか。

高村(不)　形式的には山中の区が管理して、そこの草も刈る場合には、区長が各組長に通知し、組長は組員に連絡して、全員が出て山の区域割をして、抽選で組毎の草刈り場所を定めそれを更に個人別に小割して草を刈ったのです。区といっても法律上の根拠はありません。

北條　山中区の中の組の割りふりというのは、（註2）いつ頃からはじまったのですか。

高村(不)　ずっと以前からでしょうね。はっきりとした起源はわかりません。

羽田(恒)　初めから五組ありました。

北條　組の割りふりというのは誰がやるんですか。

高村(不)　組長と区長が五つに大割りをやり、五人の組長がクジビキをして当ったところをそこの組員がクジをひいて小割をし、自分の採草地として刈るのです。

北條　そうすると、毎年、刈る場所は違ってくるわけですか。

高村(不)　その年々で違うのです。良い場所、悪い場所がありますから。

羽田(恒)　あれがなぜ神社有地になったかというと、当時選挙人が納税者によって決まり、平野が優勢だった。長池、平野に比べて山中は議員の数が半分くらいしかいなかった。払下げの方便として一時中野村へ払下げになったけれど、山中区の財産にして、これを個人に割ってしまうと、山中区の納税義務者が増えてしまう、と平野の頭のいい者がいい出し、絶対に山中部落へ払下げさせないと頑張った。しかし、あの土地は徳川時代から山中村の単独入会地で当然山中部落へ来るものなのだから、神社有にするなら払下げに協力してやろうということで、神社有になったのです。（註3）

北條　払下げの土地は組割りで利用していたということですね。利用していた内容は何ですか。（註4）

大森　干し草、堆把、青草。

高村(軍)　屋根をふくためや、炭俵のためのカヤもとりました。養蚕のためのエガズ。

北條　大出山は主に草山ですか。

大森　そうです。

北條　ワラビの採取などはどうですか。やはり組割りがあったのですか。

高村(不)　それは自由です。

北條　では、組割りにしなければならないのは、もっぱら何ですか。

羽田(恒)　草だけです。冬の飼料にする草です。

北條　一戸当りどのくらいの量の草がとれるのですか。

羽田(恒)　長さ一・五メートル、直径一メートルくらいの束で十駄。一駄は六把です。

高村(不)　クジで負ければ五駄くらいですね。草の厚く伸びているところにうまく当れば、十駄くらいあったですね。そういう時もあった。

北條　馬にはこの草をどのくらい使うのですか。

羽田(恒)　それだけでは足りないですね。

北條　すると、馬料にする草は大出山の他からも持ってくるのですね。

高村(不)　今の北富士演習地からとってくるのです。一頭がひと冬越すには三十駄は必要ですから。(註5)

北條　そうすると、草のかなりの部分というのは演習地に仰がなければならないのですね。

羽田(恒)　そういうことです。

北條　大出山の場合は馬料が主で、他にはどんなものをとるのですか。

羽田(恒)　野草もとりましたね。ワラビ、フキ。

大森　ウラジロ、スドメも……。

北條　スドメとはどんなものですか。

高村(不)　正しくはシドメでボケの実です。塩漬けや、焼酎漬けにして食べます。果実酒にしてもいい香りがするので、静岡の方へ出荷したこともあるんですよ。ジャムにもしたですね。

北條　払下げ以前は大出山をどういう形で利用していたのですか。例えば、県に出願してこれを利用するとか、或いは恩賜林組合に請願書を出すとか……。

羽田(恒)　無願ですよ。自分らのものと思っていたから。

北條　だけど、その当時は県有地でしょう。

羽田（恒）　いや、県有地になったことが既に間違いですね。これは自分らのものだとみんな思っていたけれど、自分の区なり、村なりの所有にすると税金がかかるし、又、当時の県令の藤村紫朗はうんと圧力を加えたので、そのためにあんなものは村のものだから、登記なぞしなくっても自由に入れるということでほっといたのですね。土地の所有権はこっちにあるのだから、地盤の形式的な所有などということは問題ではなかったですから。

北條　払下げる以前も区割りということはやっていたのですか。

羽田（恒）　いや、その当時はしなかったですよ。自由だったんですね。払下げて完全に村（山中区）のものになったから、初めて勝手に刈ってはいかんということになって区割りをしたんで、その前はてんでに行って刈っていたもんですよ。誰にも制約はうけなかった。それは自由に行ってたもんです。

大森　払下げの前は自由に朝草刈りをやってましたよ。払下げてから後は、野火をつけて草をよくして、秋に草の実が落ちるのをみはからってから刈って、干し草にして貯蔵したわけですよ。それまでは、いいいい、しんどめ（シドメ）づかだけを残して、いいところをみんな自由に刈っていました。

北條　いいいい、しんどめづかというのは何ですか。

羽田（恒）　シドメというのはバラ（とげ）があるので馬料にならないから刈らないんだけど、それが部分的に集まってあるわけだね。なぜ区割りにしたかというと、当時はどこへ行っても草が刈れたが、だんだん火を入れなくなったから雑草がはえて、草を刈る範囲が今の演習地のためにせばまって来た。そこで、大出山にみんなが目をつけて、ここに集中するようになり、需要も多くなった。しかし、早い者勝ちということではいけないから、共同で刈るようにしようではないかということで区割が始まったのです。あの山は馬しか登らなくて、馬力（荷車）

では駄目だから、演習地に自由に行けた時には馬力で演習地に行って、いっぱい刈って来たものです。

北條　そうしますと、大出山にみんなが鎌を入れ始めたのは、演習場では演習のためにあまり草が刈れなくなったから、大出山への依存度が大きくなったためということですか。

羽田(恒)　そういうことですね。演習場に自由に火入れすることができなくなって、いい草が少なくなったわけです。草というのは妙なもので、だまってほっとくといい草はだんだん亡んでいって、馬の飼料にならないような、イチゴなんかがのびてくるんだね。ところが火を入れると、そういうのが亡んでいくんだが、火を入れないとそういうものがはびこってしまって、馬料が不足してくる。それで、大出山への依存度がうんと強くなって、これは放っておいてはいけないということで、組割りということになったんだろうと思うがね。

北條　大出山の草刈りというのは、いくつ頃からいかされるのですか。

羽田(恒)　僕らは小学生の時分から行きましたね。学校から帰ってくると、必ず草刈りをやらされた。

北條　つらかったですか。

羽田(恒)　つらいというより楽しかったね。学校が終ってから友達と一緒に行っては競争して草を刈ってね。

高村(不)　ひき草といってカヤになる五十センチくらいの草を刈って、直径二十センチくらいの束にして、それを十五、六把ひとしょいにして、背子（しょいこ）でしょってくるんですよ。小学校を卒業した頃からやらされました。山の仕事を夕方早く終えた時とか、朝早くとかに大出山へ行って刈りとって来たのです。

羽田(佐)　干し草は馬小屋に入れて馬に踏ませる草で、ひき草というのは細かく切ってフスマなどに混ぜて馬に喰わせる草で、カヤになる非常にいい草です。

羽田(恒)　干し草だって馬は喰うよ。

高村(不)　干し草は寝ワラの代りに使い、いい所は馬も喰う。

羽田(恒)　当時このへんは田んぼがなかったから、ワラがない。だから草に依存していたんですね。

高村(軍)　私は平野の生れですが、平野は地形上、馬の背中でないと物の運べないところです。平野では採草地に行くのに、四十分から一時間くらいはかかりました。朝草刈りといって、朝めし前に採草するんです。高等小学校の頃からやらされました。卒業すれば当り前のことでした。平野の場合は、朝草刈りが一人前にできないと娘はお嫁に行けなかった。

北條　主に女の仕事なのですか。

大森　朝草刈りというのは娘の仕事です。

北條　男の子は?

高村(不)　男の子も行きますけれど、男にはそれよりもっと重労働があるわけです。木を切る、棚木を作る、日当仕事の土方をやるなど……。草を刈って来ても現金収入にはならないから、それは女の仕事というように大体きまっていたんだね。

北條　馬を持っているのは金持ちの家ですか。

羽田(恒)　全部が持っていた。

高村(不)　持っていないと農業ができないです。

高村(軍)　優秀な力のある馬は金持ちが持っていて、貧乏人はあまり荷の運べない、小さな馬しか買えなかった。

大森　馬には馬力馬と駄馬があるんですよ。馬力馬というのは大きくて、馬力を引く馬で、駄馬は小さく、背中に米をせいぜい二俵くらいつけて歩く馬のことです。本当の農耕馬で、かいばを一駄くらいつけて歩く馬しか持っていないのは、貧農の部類です。

北條　馬を放牧したことはありますか。

高村(不)　二つ掘（神社有地の上の南側）と狭《せばみ》に放牧した。多い時には山中で五、六十頭いました。使った馬を夜に放すと食糧を勝手に喰べるので、家で飼料をやる必要がなかった。その他に馬に草をやりにいくところとしては大出山と梨ケ原があげられる。

北條　石地の利用というのは、払下げる以前は何が主だったのですか。

大森　小柴です。

羽田(恒)　馬料に丁度よい草が木の間に生えるので、それを刈ったし、小柴は蚕のモズにするためとつたり、薪にするためにもとったですよ。それがだんだん火入れを勝手に行なうことができなくなって、下刈りだと称して時々切った。私がおじいさんに聞いた話では、あれをなぜ山中の分にしないかというと、税金がこわかったかららしいですね。富士山の方だって吉田の行政区域がぐっと入っているが、あんなものは、他所から来たって入れっこない、行政区域なんていう形式は問題ではない、もともと山中のものだったから、山中の名義にしなくたって権利があり山中のものなのだということでした。昔は直径三十から四十センチの松があって、それを勝手に切って薪にした人もいた。

北條　それはいけないことなのですか。

羽田(恒)　いや、みんな黙認していた。勝手に切って来ても、誰も文句をいわなかった。

北條　それは石地ですか。

羽田(恒)　ええ、石地にかなり大きいものがあったという話です。

北條　石地というのは、天然林でしょう。

羽田(恒)　ええ、全くの天然林です。ただ、天然林といえども、手を入れなければならない。結果的には植林地のようなものです。

北條　その他に石地でとっていたものに何がありますか。(註6)

羽田(恒)　石は自家用なら誰がとっても文句はなかった。それが近頃になって、だんだん売るようになったから厳しくなったんです。草、小柴、薪は徳川時代から明治時代にかけては自由だった。

高村(不)　草ではマグサ、カリシキが主です。

羽田(恒)　大出山へ行くよりも、石地の方が手近だから、あそこへ行った人が多いでしょう。

高村(軍)　十六手という、豆やきゅうりのつるの支えにする直径三センチほど、長さ三メートルから五メートルくらいの木を石地から切って来ては使いました。

北條　養蚕の材料としてはどうですか。

高村(不)　ヤトイモヤがあります。

北條　大出山と石地を比べてみると、石地の方が利用価値はあったのですか。

羽田(恒)、**大森**　あったねえ。

高村(不)　ツボのモヤを丸尾から切ったとも聞いた。湖水の中に丸太をうって、ソダを編んで入れると魚巣ができる。そこへ魚を寄せてかごでとるためのものです。

羽田(恒)　五メートルくらいの杭をうち、そこへソダを入れるのです。石地からとってくるナラでその杭をつくる。これは採取が勝手だった。

北條　勝手でなくなったのはいつ頃からですか。

羽田(恒)　僕らが覚えてすこしたった頃だろうね。本当に厳しくなったのは、僕が大きくなってからだから、やはり大正時代に入ってからだろうね。

北條　石地に植林したことはありますか。

高村(不)　あります。

大森　昭和三十五年に部分林を植えて余ったものを申請して、外《そと》の道上に植林したのが最初です。

北條　それ以前はどうですか。

高村(不)　聞いていない。大出山に植林したことはありますが、やはり戦後です。神社有地に植林をやったのは昭和三十五年ごろが初めてですね。それまでは、雑木の天然林で、それを皆伐してなくなったところへ松を植えたのです。

（註1）　二反歩割り

大正六年に払下げた二百三十一町歩の神社有地のうち、大正八年、農耕に適した場所を二反歩ずつ分割し、払下げ時に二十円ずつ出費した権利者全員に貸付けたものをいう。貸付料は御年貢と称して、年に一円を各個から徴収した。ところが、戦後の牧野買収で国に買収され、その後昭和二十七年、農地改革により地元へ売り渡された。これに対し、三反歩割りというのは、払下げた権利者に登記簿上、無償で三反歩ずつ与えたもので、二反歩割りとは性質を異にする。

（註2）　山中区の組

ふれや伝馬をまわすのに便利なため、戸数割りでかたまった組織であり、現在も入会地の下草刈りの時などに利用されている。起源は徳川時代と思われるが、一組、二組という名称が出たのは、明治末のことらしい。組には選挙でえらばれた組長がおり、区長に直属し、組構成員を統轄する。現今は村に関する事は、村長より直接に組長に依頼されるが、区で決めるべき事は区長を中心に区会を開き、その方針を決めている。第二次大戦前までは、組より小さい単位の組織はなかったが、戦争中、組中を常会と呼び、その下に隣保組を作ったのが現在も残っており、組長の下に、二、三名の隣保組長を置く。組長を伍長と呼んだこともある。

（註3）現在の浅間神社の所有地となっているところは、徳川時代—明治初年に形式的にも山中村（部落）の土地であったが、林野官民有区別のときに官有地に編入され、ひきつづいて御料地・県有地と地盤所有名儀が変ったが、この土地の名儀を山中部落へ移転する（土地払下げ）について、県では、法人格を持たない部落は名儀移転の対称としないとしたために、形式的に中野村へ一時移し、のちに浅間神社に名儀を移転した。

（註4）大出山の利用

馬料（まぐさ）、飼馬（干し草）、カヤ、ススキ、刈敷、ぐづば（葛の葉）、柏の葉、かしっぱぎ（柏）の実、ハギ（掃木、塀に使用）、ワラビ、ウラジロ、フキ、ウド、しんどめ（ボケの実）、すいこき（スイバ）、ユリの根、だづま（ワレモコウ）、みこしぐさ（ゲンノショウコ）、紅花、お盆用の花等々の採取のほか、トンボ、チョウ、コオロギ（鰻のえさ）、ウサギ、キジ、ヤマドリ、ウヅラ、昆虫等の補獲・採取、越鴨打ち。その他に遊び場（例、スキー、ハイキング、小学生の遠足）などにも使用した。火入れも行なう。

大出山を部落の統制のもとに入会うのは干し草を刈る時のみで、あとは自由に利用できる。火入れの際には、山中区のかなりの家から一人ずつ団員になっている消防団と組長、区長が立ち会い、行なう。

大手山で使う道具は、

大鎌（干し草を刈る）・小鎌（カヤ、ススキ、馬草、刈敷を刈る）・唐鍬（根を掘る）で、運搬には、背負子、ソリ、馬力、馬等で行なった。

（註5）馬一頭が一冬越すには、だいたい干し草三十駄の他に、ワラ十駄ほどを必要とする。

（註6）石地で採取したものには、つぎのようなものがあるといわれている。

ヤトイモヤ、薪、下草、石、薬草、十六手、キュウリ手、花、ウツギ（掃木の材料）、落葉、ツボのモヤ、門松、柏の葉、柏の皮（茶色の染料）、キワダ（黄色の染料）、天狗棚、クルリ（砧打ち）の棒（サルスベリから作る）、盆樹、藤づる、アケビづる、シナノ木の皮（ロープにする）、クマヤナギ（かごの縁にする）、だんごバラ（マユ玉をつける枝）、キノコ、アケビ、クリ、山ぶどう、えぶ（山ぶどうの一種）、ごむし（不老不死の実といわれる）、ウシコロシの実、ヨシズの実、ワラビ、ウド、ゼンマイ、コケ、ウサギ、キジ、ヤマドリ、ウヅラ、ハト、キツネ、タヌキ、イタチ、テン、マムシ、シマヘビ、等々である。

大出山の処分

北条　それでは今度は、大出山の処分の方法と、石地の処分の方法を、さきのお話（石地の紛争）と重複しますが、この二つのことを中心にして話を進めたいと思います。大出山を富士急行株式会社（以下、富士急と称する）に売った時の手続として、どういうことをやったのですか。

高村(不)　権利者大会を幾度か開いて、貸すか、売るかを論議したのです。貸した方がいいという人と、貸すよりもいっぺんに売った方がいいという人とに意見が分かれて、何回か会議をした結果、売ることに決まったのです。条件が思うようでないというので、(註1)売ることに同意しない人もあったのですが、最終的には、後日坪数が増えたら同額で買い取るということを条件にして売ることに全員が賛成したわけです。

北条　大出山は記名共有ですか。

高村(不)　共有持分権で登記してあったのです。百九十八名です。

北条　持分というのは、権利者大会を開かなくとも勝手に自分の分を売り払うことができるのですか。百九十八人のうちの一人が分割請求を百九十七人に行なうとか、勝手に持分を売買できるのですか。

坂本　それはできないですね。大出山は、その当時の本戸全員のものですから。

高村(不)　分割請求はできなかったが、誰他何名で全員の名前が登記簿に記入されているのです。

北条　登記簿に記入されているからといって、記入された者は勝手に売ってもいいのですか。例えば、富士急が五人分だけ買いに来たら、該当する五人だけは売ってもかまわないんですか。

高村(不)　そういうことは絶対にできません。

大森　農業委員会の資格検査の結果、一九六人の名前で農林省から採草地として買いとった。買いとった人の中に権利者であるけれど、二名だけ入っていない者がいたので、二名増えたわけです。それがその当時の本戸です。

坂本　一九八名の中には、正式に売ることはできなくとも、内緒で売った人もいたんです。

高村(不)　持分権で自分の権利を他の人に内密で売ろうというやりとりもあった。

北條　内密で売った時には、登記簿は変更できるのですか。

高村(利)　それは駄目です。とにかく、売ることはできないのですから。

北條　それでは、売っても名前はそのまま、登記簿は変えられないということですか。今の話ですと、売ったというのは内緒でしょ。内緒だということは、少なくとも、この大出山に関する限り、みんなの承認がなければ公然とやることはできなかったという意味を持っているわけですね。だから、もし公然と売った場合には、或いは何らかの制裁が加えられるかもしれない。だからこそ、内緒で売ったというわけなのですか。

大森　そうです。大出山の場合には、一木一草に至るまで共有権（共有的入会―註）があったが、神社有地の場合には、一反歩づつ割って、これは誰の持分であるとはっきりさせて個人に分割利用させているのです。

高村(不)　浅間神社有入会地を権利者個人に分割利用させているもので、土地の管理処分権は依然として、山中部落が支配しているのです。ですから、勝手に処分することはできません。

羽田(佐)　大出山の場合は、三十九万いくらかで各戸に売ったが、その時に、元の持分権の人に富士急から、承諾してほしいという通知が来たです。それに実印を押してやったから初めて売れたのです。陰で何をしているかわからなかったけど、結論的には元の持分の人にみんないったです。

北條　陰でやっていても、公然とならない限り決めようがないでしょう。大出山の場合、単独で分割請求もできないし、持分の移動をすることもできなかったと解していいのですか。

羽田(佐)　そういうことです。

高村(利)　それと、大出山には親番はあっても子番(註2)というものはなかったから、七十二町歩の台帳面積を共同で持っていたということは、はっきりしている。

北條　大出山に関する限り、大出山を持っている権利者が大会をひらいて、それで、この処分を決めるということですね。そして、これに附属しているものの処分も何か恩恵的なものがあったのですか。

高村(不)　学校林で木を植えてあったのが、一緒に共有財産として富士急へ売られたので、それに対する補償金として、買上げ代金プラスいくらという形で百五十万くらいついた。立木補償のようなものです。

(註1)　大出山の売却は、権利者である本戸の意見をいろいろな方法で徴したが、その代表的例として、つぎのようなものがある。

委　任　状

私事山梨県南都留郡中野村山中湖開発委員会長山中区長坂本好治を代理人とし、左記事項を委任いたします。

記

一、売却すること　売却するにしても大勢にしたがいますが最後の決定は権利者総会に決定します

昭和三十六年五月九日

右委任者　氏名　××××㊞

但しこの委任は昭和三十六年五月三十一日以降は無効とする

大出山の権利者集団＝山中部落の本構成員集団の正式な呼称というものはなく、そのために、大出山処分問題の事務機関として山中湖開発委員会なるものを設け、ここで大出山に関する事務連絡・調整を行なっていたのである。この機関の事務責任者に区長があたっていたが、それは区の仕事としてではなく、また、区長としての責任でもなかった。あくまで

も、大出山の権利者集団にとって事務連絡上都合のよい区長職にある者が選ばれて事にあたったのであり、したがって、区とは別個の存在であった。なお、委任状は右の事務機関が出した書式である。

（註2） 親番というのは、持分権者のことで、この件ではその当時の本戸一九八名をさし、子番というのは、この一個の持分権を分割した場合のことをさすのである。大出山では、持分権の分割を許さなかったのである。

土地の払下げ

北條　大正六年に石地等の土地の払下げをうける時に必要なお金は、全山中部落に「平等割り」にして出させたのですか。

高村(不)　そうです。権利者全員にです。寄留者のような者は関係ありません。

大森　貧乏人でも金持ちでも二十円でした。

羽田(恒)　山中の部落民で入会権をもっている者のうち、この負担金を出せない人は立ち退いた。

北條　何軒くらい立ち退いたのですか。

高村(不)　聞いているところでは三軒です。貧乏で負担できなかったのですね。

北條　二十円を払えなかった者は、大出山ならびに石地等に対する権利がなくなったばかりではなくて、山中に居ることができなくなったのですか。

高村(不)　払下代金として割当られた二十円を出せなかった者は村八分にされたかたちで山中から出たのです。

羽田(恒)　まあ、居にくいということではないでしょうか。

槌屋　ほかの人達はそれぞれどういう苦労をしても二十円ずつ出したわけだけれど、そういう人達は経済的にそれを出すだけの余裕もなかったので出さなかった。そうすると、他の人達はそれぞれ権利を得たけれど、その人達は結局仲間入りができない。まあ、田舎のことだから、人並の生活ができないということは法律的な問題は別としても、居づらくなってしまったということではないでしょうか。

坂本　金を出さないから、そこへ入ってモヤをとることもできないし、石をとることもできない。そういう制約は必ず受けたので、結局、山中にはいられなくなったのでしょう。

羽田(恒)　僕は次男だから当然分家するものとして、当時私の家では二軒分の四十円を出した。

大森　私のところも二軒分だった。

北條　分家の場合は二軒分ということも認めたのですか。

羽田(恒)　その時は、分家すれば認めていたですよ。それが部落の承認事項だった。

北條　その時、分家してお金を払わなかった家もあるんですか。

高村(不)　それはないけれど、大正十一年に同額の二十円を払って仲間に入った分家もあります。

北條　先ほどの話の立ち退いた三軒というのは、本戸みたいなものだったのですか。

高村(不)　あれはまあ、他所から山中へ来て落着いていた人達でしたね。

北條　それでも本戸なみでしょう。

高村(不)　それには違いないが、二十円の大金を出して山中部落に永住するなんてばかばかしいから出さない、ということなので、結局、立ち退かざるを得なかったということなのです。

北條　分家の場合には二十円出さなくてもよいのですか。

高村(不)　その時すでに分家していた者は、もう分家ではなくて戸主ですから、二十円出しています。その後に分家した者は後になって出しています。

北條　その場で即座に二十円出せなかった者もいるわけでしょう。そういう人達はどうしたのですか。

高村(不)　月掛けをしたところもあるし、自分の娘を糸とり工場に奉公に出して、金を借りて払ったとか、一年間息子を作男として奉公にやって、その給金で払うという方法をとった家もあるらしいです。

羽田(恒)　僕らの組では月一円づつの月掛けでやったので、そんなに苦痛ではなかった。

北條　政府の方は、いますぐ払えという命令だから、山中では、一時とにかく銀行からお金を借りていますね。月掛けというのは銀行に返すお金ですね。

羽田(恒)　組々によって方針は違っていたですね。

高村(不)　大抵月掛けをやったんだね。私の組の方も月掛けをやった。払下げ代金プラス八百円を含んで二千三百四十八円八十銭、これが総金額でした。

羽田(恒)　当時は平野の方が頭が進んでいて、山中の方が意気地がなかったですよ。今はまあ、そのしっぺ返しをくれているかしらないけど。

槌屋　当時、平野の方が財政的基盤があったので、発言力も強かったんではないかね。(註1)

羽田(恒)　当時、普選のための直接国税十円が三円になったので、ようやく山中の頭が上って来た。

北條　山中でお金を出した家は何戸ですか。

高村(不)　百十二軒です。

(註1)　「大出山と入会」の前出項目にあるように、徳川時代以来の山中部落(村)単独入会地の払下げは、中野村(旧山中村・平野村・長池村で構成)のうち、平野部落(村)に大きな刺激を与えた。中野村議会の構成等の政治的な問題もからんでいたことは事実であるが、問題は、払下げられた土地の名儀をどうするか、ということであった。当時、部落という名儀では登記することができなかったし、代表者名儀、記名共有等も論ぜられたが、部落皆のものというたて前を貫くために、その当時としては最良の方法と思われた浅間神社(宮司もいない)の名前にして、後日生ずると思われるトラブルを避けようとしたのである。

浅間神社と諏訪神社

北條　浅間神社は山中部落にとってどんな存在だったのですか。払下げ当時の宮司というのは格式があったのですか。

羽田(恒)　当時、浅間神社には宮司はいなくて、お祭りの時には吉田から来てもらったのです。

北條　宮司がいなかった浅間神社に土地の払下げをうけて、徳川時代からの山中部落有の入会地を神社有地にしたというのはどういう理由からなのですか。

羽田(恒)　浅間神社有地でないと村から山中部落へ払下げないというので、当時の政治家（村長、村会議員）が強制的にやったんです。浅間神社というのは、本当はここの氏神様だけれど、無格社だから浅間神社有にしておけばよいということだった。明治の神仏混淆の時、諏訪神社が村社になって、浅間神社は無格式となった。山中区としても浅間神社は自分達のものであり、また無格社の所有にしておけば、面倒くさい手続や形式などなくて山中区の力で動くものだという考え方だったのでしょう。

北條　この浅間神社は山中部落だけの神社なのですか。

羽田(恒)　そうです。

北條　山中以外の部落には関係がないのですか。

羽田(恒)　全然ありません。

北條　土地の払下げをする以前に、浅間神社の土地というのはその他にもあったのですか。

羽田(恒)　ありません。境内だけです。

北條　おみこしは大正六年以前にありましたか。

羽田(恒)　ありました。四〇〇年くらい前のものでしょう。これはとてもすばらしい、文化財級です。

北條　祭りは毎年やってたのですか。

羽田(恒)　毎年やっていました。

北條　宮司がいなくともですか。

羽田(恒)　他所の宮司を頼んでやっていた。

北條　それは秋祭りだけですか。

羽田(恒)　春祭りは浅間神社の祭り、秋祭りは諏訪神社の祭りです。

北條　その諏訪神社というのも、やはり山中部落のものとしての神社ですか。

羽田(恒)　ええ、やはり山中部落だけのものです。

北條　どうして土地が諏訪神社のものにならなかったのですか。

高村(軍)　明治五年に諏訪神社は村社になったのです。当時の中野村（山中・平野・長池）の社格がある村社なんです。浅間神社は無格社で、山中部落だけのお宮でした。

羽田(恒)　諏訪神社は安産の神様として近郷近在から広く信者があった。浅間神社はそういう風には認められていなかったから、それで諏訪神社が村社になったのでしょう。村社といえば他の部落も入ってしまう。

北條　格がなかったからあまり大切にしなかったということはないでしょうね、

羽田(恒)浅間神社は山中部落のものであって氏神様だから大切でした。それに、村社よりも親しみがある。

北條　例えば、子供ができたときはやはり浅間神社へ行くのですか。

高村(不)　そうです、七・五・三のお祝いでもみんな浅間神社へ行ったのです。

羽田(恒) 私は浅間神社が村社になるべきだったと思う。諏訪神社が村社になったのは、あれは間違いだと思うがね。

北條 恒司さんの小さい頃、浅間神社の祭りはどういうことをやっていたか御記憶ありませんか。

羽田(恒) 初申といって、五月の初めての申の日にお祭りをしたですね。それが僕の子供の時分にだんだんとすたれて、この宮司（高村宇八氏）が就職してから復活して、にぎやかではないけれど、またやるようになったですね。

北條 正月に諏訪神社に詣るということはないですか。

羽田(恒) そう、おもに浅間神社です。

北條 そのほかどういう時に浅間神社へ行ったのですか。

羽田(恒) 正月二十日に「弓いり」をやって、悪魔外道をゆげ祓えということです。あとは何かといえば浅間神社に村民は集まったねえ。

北條 村の集会はどこで行なわれるのですか。浅間神社で行なわれることはあるのですか。

羽田(恒) 昔は神社でやったらしいね。神聖な場所で、神聖な会議をするということだったらしいですね。僕の家にも、寛文九年頃の、焼けた神社をつくった経費を書いたものが残っています。明治になってからは学校ですね。戸長の家でもいけないというので、学校が出来る前は神社が会議場だったこともあったらしいですが、僕の頃は神社ではやらなかったねえ。学校でやりました。

北條 それだから大出山以下の土地を払下げた時も浅間神社有にしてもおかしくはなかったわけですね。

羽田(恒) ええ、全然おかしくはなかった。山中区よりもむしろ浅間神社の方が正しいのではないかという考え方もあったのではないでしょうか。区にやってみんなに分けてしまうと、ちりぢりになるけど、昔から入会っている山だから、神社の名前の方がいいだろうという考え方もあったと思うんです。当時、部落の人達が便宜上ではあったけれど、山中部落の古い入会地を神社有にしたということは、僕は正しいと思うんですね。

高村(不)　個人のものにすると結局財閥（金持ち）がまとめてしまうけど、神社有にしておけば、何か災害のある時にはごく簡単に役立てることができるだろうと思ったんですね。

北條　今度の裁判の時に、お稲荷様に裁判の相手方の渡辺正保さんが十万円寄附したという話があるでしょう。このお稲荷様はどこのですか。

羽田(恒)　稲荷はあまり信仰の対象ではなく、特殊な人だけだったね。

高村(不)　稲荷様は運神様で、山中の出口にお祀りしてあるので、出口稲荷といわれていて、山中部落民が駄賃稼ぎのための道中無事を祈願するため、山中の出口に祀ったものです。

羽田(恒)　渡辺正保があまり景気のよくなかった時代にお稲荷さんに願をかけたそうです、成功したら寄進しますと。うそかほんとか知りませんが。あれの言うことだから多分うそだろうがね。

浅間神社入会

北條　大出山の処分の時は、その一九八人が権利者としてお金を受けとったのですか。

高村(不)　あの時は一九八人でした。大正六年に払下げた権利者百二十何戸が、事実上の管理者(註1)なのですが、農地法で採草牧地として農林省が買上げ、今度は売り渡しをする時に、それを買う金を権利者以外の人からも集めたのです。百二十何軒と更に大正十一年頃になって二十円納めて新しく加入した者からは、五百円づつ二回、その他の権利のない者は五千円づつ出したのです。

槌屋　私達は復員して来て、今の演習地の下の方の土地に入植者として入ったのですが、当時、肥料もないので草を刈って堆肥にしたのです。それには、大出山の草が一番良いというので、あそこの仲間に入れてほしいと頼んだら区でも昔の権利者以外の者をも含めてくれたのです。その時権利者加入金として一万円を払いました。

北條　それでは、三段階に分れるのですね。千円、五千円、一万円と。

高村(軍)　もとからの権利者は千円、純粋な新宅は五千円、他所からの入植者は一万円ということです。

北條　そうすると、その時権利のなかった人は、仮りに、後に石地を処分する時には権利はないのですか。

大森　ないわけです。それだけが石地の入会権利者なのです。

北條　例えば、入会権闘争に参加して一生懸命やっても権利はないわけですか。

高村(不)　今、神社で下刈りをやっていますが、そういう人は、どんな時でも出て来るだ。あれだけは三百人も出て来るだ。何でも下刈りに出れば権利が生まれるという考えを持っているから、一応注意しておいた方がいいというので、入会の利用権と管理権は違いますよ、それからこの積み重ねによって将来資格は考えられる、だから、今日、他所から来て下刈の仲間に入ったからといって、神社有の権利が生ずるというのは間違いですよ、これは利用権だから承知しておいてもらいたいと注意はしてあります。だけど、そういう人達も将来は入会に参加してお伝馬役などをすることによって、権利者の仲間入りをする資格審査の対象にはなると思います。

羽田(恒)　僕は山中に永住する可能性のある者は仲間にした方がいいだろうと思っていますがね。入会というものは、大体そういう性格のものですからね。

高村(不)　その反対に、入会を否定し裁判に反対している者は権利が消滅してしまう……。

羽田(佐)　それでも、そういう人は下刈りに来るですよ。

高村(軍)　五十円収めて仲間に入った者もいるんですよ。二回目の新宅を認めた折に、二十円を収めないでずるずるとしていて、諸経費が重なってしまい二十円が五十円になった。五軒ぐらいですよ。大正の末期から昭和の初めのことですね。

北條　大出山の処分の時は、今の三段階に分かれた人達が富士急に売った時の利益の処分をしたわけですね。この売る時の会合は、最初の二十円のクラスと最後の一万円のクラスを含めた者でやったのですか、それ以外の人はいれずに……。

軍村(不)　そうです。

槌屋　農地法で買収する時に、羽田貞義他何名で登記してあったんですね。

北條　登記人以外で利用していた人もいくらでもいたでしょう。

高村(軍)　公然とはないです。

高村(不)　登記人以外で敷草を刈りに行く人があっても黙認していた。大会では権利者だけが集まった。権利者以外に利用していた人がいても、文句はひとつも出なかった。

北條　石地の場合には事情が違ってくるでしょうね。これまでの部落集団の本構成員、つまり旧権利者だけでやるということはできないでしょうね。例えば、権利はなくとも、積極的に参加する人も出て来ているわけですから。どういう人を入会の権利者とするかしないかが問題でしょうね。

羽田(恒)　僕は森林組合を作って、名簿をしっかり作ってしまえといっているのです。神社有にしておくと、払下げのいきさつを忘れ、もしくは知らない者が神社を崇拝する者はみんな氏子だから、氏子に全部権利がつくというようなことを勝手にいい出すようになる。組合組織も三十八年頃、ある程度進行したのですが、途中でどういうわけか許可にならなかった。

高村(不)　昭和八年に神社有地採草組合を作るため、組合規則まで作ったが、組合はできないで終っちゃった。その後に若尾鴻太郎に神社有地全部約二百町歩をそっくり貸すという問題が出て来た。その時は架空の組合をこしらえて貸すといっていたが、それが違法だということで、村人全部から知事へ陳情が出て仮契約を解消してもらって何事もなく終った。

高村(軍)　昭和三十六年にやはり組合を作ろうとして、各組から二名ずつ出して研究をしたけれど、その時も尻切れとんぼになってしまった。

北條　石地の場合、入会権者を何人と把握しているのですか。

高村(不)　いまここではっきりと仕分けはできないのですね。下刈りというと、三人や五人は必ずふえるのです。たとえば、今日、山中に来て落着いたというような者まで、下刈りに出ていれば財産権の仲間に入れるんじゃないかということで来るんですよ。

北條　下刈りのメンバーではなくて、大体これならば入会権を持たせてもいいと思われる人はだいたいでいいですが、どのくらいいますか。

高村(不)　まあ、三百人ぐらいかなぁ。

羽田(恒)　二百名できりたいけどなぁ。

高村(軍)　だいたい三百名内外ですね。

北條　それ以外に流動人口はあるでしょう。たとえば、巡査、教員など。それは入会権者ではないんですね。

槌屋　それは該当していない。

羽田(佐)　そういう人達で下刈りに出て来るのは、夫が山中の人か、奥さんが山中の人です。

高村(不)　たとえば、旦那が自衛隊員で、山中の娘と結婚したというような人は、勿論加入金も払っていませんけれど、下刈りといえば出て来る。出て来たのを返すわけにはいかない。昔は薪をとるのが下刈りの主目的でしょ。今は木の保育をかねてやるんですよ。切った草も木もいらなくとも出て来る。出て来るというのは権利がほしい、権利者の仲間に入りたいということなのです。この人達は入会権者ではありませんが、私達がこの人達の下草刈り等に協力するのを阻止しないのは、山中部落の一員であるということと、この人達の山中への永住の意志を含めて入会権者とする資格の可能性をみるということもあるのです。

北條　氏子というのは巡査とか教員とかも入るのですか。

羽田(恒)　崇拝者はみんな氏子だから、そういう人も入る。

高村(不)　そういう人達は山中区に居住しているし、崇拝者だから、氏子ということになるけれど、実質的には入会の権利者でもないし、財産の管理権者でもないということです。だから、氏子というより氏神の崇敬者です。

北條　そうすると、氏子と山中部落の入会権者とはどう違うのですか。

高村(不)　氏子はたいてい入会権者ですが、入会権者は氏子以外の者でもあります。その数は必ずしも同一数ではないです。

北條　入会権者というのは、ある意味では氏子とは異質のものだと見てもいいわけですね。

羽田(恒)　そうみるべきですね。

高村(不)　山中区に居住している者は区民でしょ。その中に二年、三年住んでいる人でも、巡査や教員はいずれ辞令が一本来れば移動しなくてはならない。

北條　氏子と入会権者との最も重要なきめ手となるのはどこにあるのでしょうか。

槌屋　その神社を崇拝している者は氏子。

高村(不)　そうして、昭和二十七年に氏子台帳に記載された者が氏子。

高村(軍)　氏子の中にも諸役伝馬を果しても、浅間神社有地を利用しない者もいる。

槌屋　氏子は神社を崇敬することはさることながら、地区にいて、長年慣習としての神社の諸役伝馬も果して今日に及んで来た人を私は氏子とみている。(註2)

高村(不)　現代用語でいう氏子は、そこの部落に居住して浅間神社を氏神様として崇拝し、それを基本に義務を果すのが氏子だと思う。ただし、浅間神社に行って、十六手を切らなくとも、草を刈らなくとも氏子だと私は考える。氏神というものは、部落の先祖様だから、そこに住む者は氏子である。氏子の中にも財産の管理処分権のある者と、唯単に氏神を崇敬するだけの者もいる。氏子又は崇敬者の中にも入会的収益行為を必要としない者もいる。したがって氏子権利者又は入会権利者の仲間入りをするには各々一定の手続きを要する。

高村(軍)　崇拝者というのは範囲が広い。氏子は、やはりその地域に居住していなければならない。

高村(不)　自から住む人の気持ちにも、そこに永住して、そこの附近の神を村人と一緒に崇拝しようという心のあらわれが出て初めて一体となるものだ。

高村(軍)　最近とくに矛盾を感じるのは、浅間神社には百五十何町歩という不動産がある。それに魅力を感じて欲が先走る。神社の財産であり氏子が権利者であるということならば、他の宗教を否定する創価学会員も神社有地に入会しているというのは矛盾も甚しい。

北條　それは、宗教上の理念としてではなく、部落を中心とした生活上の理念としてでは矛盾しないということなのか、それとも氏子であっても、即座に入会権者にはなれないということか、が問題ですね。

高村(不)　氏子であって、入会行為をやれば入会権者です。

北條　氏子であっても入会的な利用、或いは入会集会に参加しなければ入会権者として認めないんでしょう。そうすると、入会集団は氏子集団とは別にあると解釈して良いわけですね、

羽田(恒)　そう考えたいですね。あれはもともと部落の財産だからね。

北條　その逆に入会権者であるから同時に氏子になるとは限らないですね。

高村(不)　限らないです。

高村(軍)　いや、それはそうではないです。私の意見としては、氏子でなければ神社有地にかぎっては入会権者として認められないと思います。氏子が前提条件だと思います。

北條　順序としては、氏子になって、氏子の生活を送って初めて入会権者となれるのですか。入会権者であって、それから氏子になることはできないわけなのですか。

高村(不)　それは神社有財産という形で考えるから、そういうことになってくるんですよ。入会というものは、神社有以外に県有地の場合も、国有地の場合もあるでしょう。ですから、神社有地の場合はどうで、国有地の場合はどうだという区別で今迄入会行為をやってはいないんですよ。たまたま、土地の名儀が浅間神社となっており、神社という形式の財産になっているから、氏子と入会住民を混同して考えられるんだね。権利意識があるからそういうことになるが、浅間神社有地としての入会地が無ければ、そういうことにはならない。本来は入会集団と氏子集団は区別されるべきである。

高村(軍)　国有地は別としても、神社有地の場合は、氏子でなければやはり利用させないのではないかね。

坂本　以前は氏子であって、入会を積み重ねて来ていて、今日、今度は別の宗教信者になった者でも、やはり先祖から積み重ねて来たものは残っている、という考え方でみんないるんじゃないかと思うんですがね。氏子云々というよりも、神社の財産は部落のもので、部落の団結が大切だからね。

高村(軍)　創価学会員でも、もし山中の部落ではっきりと神道を否定するような行為があらわれたら、恐らく排斥されると思う。神社有財産は、もともと部落有財産で、払下げのとき名儀を神社として利用したのにはちがいないが、今日では、ほかの入会とは区別して、神社入会としたい気持ですね。

高村(不)　たとえば、浅間神社有地が大正六年に誰他何名の共有財産にしてあったとする。そこに対しては、氏子でなくとも入会はするわけ。たまたま形式的な神社有地というものを前提に考えているから、そういうゴタゴタが起こるんで、あれが本来の部落有財産となっていれば、氏子であってもなくても入会集団が認めて仲間にすることはできる。氏子というものは別個に考えていい。本来は氏神を信仰することによって、氏子というのは、その御加護を受けようとする宗教的な結合によって生ずる存在であると思う。

北條　今だからこそ問題になって来るんであって、戦前なら浅間神社という形式で、部落のものである入会地を不安なく維持することができたのではないでしょうか。

高村(不)　当時は、宗教の自由なんて言わない時代で、しかもたんに産土神として崇拝していたから、部落の財産を産土神の名儀にすることは抵抗なくできた。ところが今は、信仰の自由な時代なので部落に住んでいても氏神を崇拝しない者もいる。それは結局氏子とは言えない。

北條　だから、氏子でなければ入会権者でなかったという言い方も可能なわけですね。逆に入会権者が全て氏子であるというのは、ちょっと話が別なことですね。

羽田(佐)　私は入会する事自体が、お宮さんの土地に入会するんだ、と概念的に入会権者と氏子を結びつけて考えると思うんだが……。

北條　たとえば、百人氏子がいて、入会権者が九十八人という場合は考えられないかしら。

高村(軍)　それは考えられますね。氏子であっても、入会をしない人もあるから、実数からいうと、利用権者の方が氏子より少ない。

北條　それだったら、イコールではない別のものですね。だけど、入会のメンバーになるためには、氏子を通過して来なければならないというひとつの掟があるわけですね。

高村(軍)　ですから、入会集団に加入する前提となるものは氏子でなければならない。

北條　だけど法律論からいうと、氏子集団そのものは入会集団ではないという解釈になる。氏子というのは、氏神との土俗宗教的な結びつきで、部落が氏神社を維持・運営してきたのであり、これは、本来、氏神社の財産とは別の部落の財産で維持してきたことは明らかですね。土俗的な宗教心によって氏神と氏子とは結ばれている。

高村（不） だから氏子でも、他へ転出したときに、その者が依然として氏神にたいして一定のつながりがあれば氏子です。もともと、浅間神社には財産がなかった。部落の入会権者は入会地で入会していたのですが、それは氏子という資格ではなく、先生の言われる部落の「本構成員」という資格でです。それが、入会地の払下げのとき（註3）に、形式的に神社有としたことで、法律論としてはなにか面倒なことになってしまったようですが、あれは、部落のものなのです。そうして、お金を出した本構成員に土地の権利がある。

（註1） ここでいう管理者ならびに権利者とは、当該の土地の共有名儀人であるということであり、この者達が権利者なのであるということである。したがって、土地にたいする処分の権能をもっているのであるが、実際的には、共有入会権というべきもので、このメンバーは、大正六年以降、数次にわたり修正された。つまり、このメンバーが、いわゆる山中部落の本構成員であり、共有入会権者なのである。

（註2） 氏子に新規加入するための手続

加入したいと思う者が組長に申出て、組長より区長に伝えられ、区長が氏子名簿にその者を登録すれば加入したことになる。条件は部落に住み、浅間神社を信仰し、神社の諸役伝馬を果すこと。加入金なし。

（註3） 石地は、徳川時代―明治初年までは、山中村の一村の村持ち入会地で、山林原野官民有区別のときに、国に強制的に官没されたが、入会はそのままであった。それが、御料地時代に部落に払下げ（返地）が決定され、のち、県からこの手続きが行なわれた。

石地と石地をめぐる紛争

北條　つぎに石地に話を移しますが、神社有地がさきの例以外に処分されたという例はないのですか。

高村(不)　大正六年に払下げをうけた後、といっても返還のことですが、大正十四年に東京帝国大学演習林として、五万坪未満を無償で寄附した。

北條　その時は、どういう手続きをとったのですか。

高村(不)　聞いたところによると、その土地というのは払下げ当時二十円ずつ出した人達に農耕作適地として二反歩づつ割って貸し与えてあった土地だそうです。桑を作っていましたから、すぐにひきあげると養蚕に支障を来す。桑というものは一年だけでカイコに食わせるだけの木にはならないから困るということで、無償だけれども、桑の補償として多少の金が東大から来たわけです。それを各戸に支払って、その土地を寄附した。寄附するようになったいきさつは、大正十四年に東大から中野（山中湖）村長へ演習林として使いたいと申出があり、浅間神社有地二百三十一町歩もその中に含まれていたので、区長（高村靖氏）が役職にある者を集めて会議を開いて検討したところ、今寄附しろといっても困るという意見と、村の開発のためにはやむをえないという意見が出て、最終的には寄附するという原案ができたけれど、その土地は個人に貸しつけてあるのでその人達の諒解と権利者全員の承諾を得なければ困るということで、各組毎に組寄り合いをひらいて、組の諒解を得た上、代地として浅間神社有地の大久保と下り山、三本柏木の土地を二反歩づつ分割貸与し、先に貸付けてあった土地を一括して寄附したのです。その他に大正二年に植林した部分林五十町歩を県から解約してもらい、東大へ貸した。

北條　それは二反歩づつに関してなのですか、それとも東大へ全部寄附することに関してなのですか。

高村(不)　両方です。

北條　反対者があっても、最終的には納得して、ほぼ全員の同意を得られたのですね。

大森　その時の百四十五名の名簿が役場に残っていますよ。

北條　百四十五名というのは、山中区の戸数からいったらどうなのですか。

大森　当時の権利者全員です。

北條　巡査などは入っていますか。

高村(不)　巡査、教員等は入っていません。要するに、山中へ永住する一戸独立の者です。(註1)

高村(利)　私の記憶しているところでは、三反歩割りが百四十何名で、今の話の二反歩というのは、この三反歩持っている権利者に対して貸し付けたのです。この土地は桑などを作っていた。三反歩の方は公然として畑地として登記されていた。

羽田(恒)　三反歩割りというのは、山中区へ割当てたものです。

北條　その時には、神社には専任の宮司はいなかったのですね。

高村(不)　山中にはいなかったです。

北條　東大の一件は山中部落の人の、全員の一致で処分したのですね。

羽田(恒)　そういうことです。

高村(不)　浅間神社有地に払下げになったから、その土地を区民に図って、開発のために寄附しようじゃないか、と衆議一決したので、寄附したのです。

北條　それ以降、今度の裁判事件が始まるまで、売ったということはないのですか。

大森　土地そのものは売ったことはない。

高村(不)　売ったのはひとつある。二反歩ずつ貸しておいたものを、昭和二十七年に農地法の関係で登記することになって、神社有財産の処分として、半ば強制的に、借地人に所有権を移転登記しました。

北條　神社有財産となっている土地をそれまでに貸したことはあるんですか。

高村(不)　ないですね。

北條　神社有になってから、みんな小柴の採取とか木を切りに行くときには、どういう手続をしたのですか。

高村(不)　薪は大体農閑期の十一月か十二月、雪の降る前に、区長が組長に「木切りをやる」というふれを出して、みんないっせいに集まり、区域を定め、各組毎に下刈りをして採集する。その他の草などは、自由に個人が必要に応じてとった。

北條　その当時、神社有地に入って、部落の統制に違反したという人はいるのですか。たとえば、切ってはいけない木を切ったとか。

高村(不)　それはありますね。

北條　あったらどういう風に処分するのですか。

大森　罰金だね。

北條　誰がとるのですか。

大森　区長。

北条　罰金を決めるのは区長(註2)の一存ですか。

羽田(恒)　氏子惣代とか重立者です。

北條　組長はどうですか。

高村(利)　組長も勿論入ります。

北條　罰を科すということは、全員諒承しているのですか。

羽田(恒)　そうです。

大森　とれば罰せられることはみんなわかっているのです。

高村(不)　切ってはいけないのを切れば咎められることは知っているわけです。たとえば、用材を盗伐すれば罰金科料に処せられる。

羽田(恒)　石なども自家用にとれたのですが、そのうち開発が進んできて、工事に使うようになったからやかましくなって、許可なしではとられなくなったんです。

北條　それまで、石は主に何に使っていたのですか。

羽田(恒)　家の基礎のわりぐり、石垣、井戸。それらが石を沢山使う例です。

北條　井戸は村中にいくつくらいあるのですか。

高村(不)　ほぼ、各戸にひとつづつあります。

北條　ところで、利雄さん、あなたは年長者で、山中で長い間生活をしてこられたわけですが、そういう「悪いこと」をしたことがありますか。

高村(利)　私は七十五才になるけど、かつて皆さんに御迷惑をかけたことなんぞはありません。

北條　決められていた山中のおきてで、たとえば、小柴、下草しかいけないというのに、木を切ったこともないのですか。公然と制裁をうけた範囲ではなくて……。

高村(利)　先ほども申しあげたように、人に後ろ指を指されるようなことはかってやったことはない。十六手に使う木などは神社有地で採っても咎めることはなかった。

大森　見つからない範囲じゃ、恐らくやっている人は相当あるでしょう。

高村(不)　きゅうり手といって、直径三寸、長さ六尺くらいの杭にする木は、本当は切ってはいけないんだけど、入っては切って持って来ましたよ。

北條　いけないということを知っていて……。

高村(不)　知っていますよ。だけど、切っちゃ持って来ましたよ。誰かに見つからなきゃいいと思って……。そうしなけりゃ、自分の林がないから、きゅうり手を切ることができない。

北條　そういうものを切ってはいけないということは、小さい頃からもう知っていたのですか。

高村(不)　ノコギリを持って入ってはいけないなんてことは小さい頃から聞いているからね。

高村(利)　秋に、主婦や女性が背負子をしょって、鎌ぐらい持って入っていくのは自由だった。ノコギリ、ナタ、というのは持っていってはいけない。

北條　ふれの出た時には持っていけたのですね。

高村(不)　そうです。その時は賑やかなもんです。

北條　石地に入るときは自由だといっても、やはり早く入らなければ駄目なときがいくらでもあるわけでしょう。

高村(利)　何もかも取り入れを済ませてしまって、こがらしの吹く頃、生木さえ切らなければ、枯枝を拾ってもいいじゃないかと、大体の話合いはしてあった。

高村(不)　モヤひろいや、落葉ひろい、草刈りは、まあ、日課です。それは自由だったし、みんながやるのだから誰も咎めないのです。そのほか、必要な杭を切って来るくらいのことは、しばしばありました。

坂本 えらい罪悪感はなかったですよ。悪いということは知っていても……。

高村(不) 取って商売で売ろうなんてことではなく、自分の家に必要なためのものだったから。

高村(利) 八月末になると、野の草はかたくなって馬のえさに適さないけど、林の下に行くと光線があまりささないのでやわらかい草があったから、馬を飼っている人はその草をとりに行った。

大森 ガニ草を刈って、湖水の縁に干して、ワラと同じように使ったものですよ。

高村(利) 裁判で、我々の方を有利にするために刈りに行くわけではない。

北條 これに関連して、一度売るか貸すかで部落の幹部が独断でどこかに貸した、それが部落会の決議で無効とされて、契約を破棄したということがありましたね。それはどこですか。

高村(不) 大出山を含む全面積約二百町歩のことで、昭和十五年のことです。神社有地でした。

北條 農地開放以後は個人有地ですか。

大森 そうです。

北條 それはどういういきさつなのですか。

大森 若尾鴻太郎という人間が山中を開発するということで、山中養蚕実行組合というのを作って、その組合長高村靖が仮契約をした。三十六万坪を一区一万坪で三十六区の林間学校の敷地にする。一反歩五十銭でした。

北條 誰が貸すと決定したのですか。

高村(不) 区長、氏子惣代、常会長、村会議員など部落の役員です。

大森 高村靖というのが養蚕実行組合を作って、その組合の名前で貸そうということになって、若尾鴻太郎と仮契約をした。

北條　ほとんど契約になるまでになっていたのですか。

高村(不)　仮契約はした。

羽田(恒)　だけど村中の同意が得られないので、結局駄目になったのです。

高村(不)　電柱に貼り紙が出て、二十円ずつ出して払下げた土地じゃないか、それを一部の者だけで貸すなんてとんでもないことだ、という住民の反対調印をとったため、若尾鴻太郎に貸すについて全員の諒解が得られなかった。「反対があるんなら解約しよう。なぜもっとしっかり貸さないんだ」と若尾鴻太郎は高村靖をおこったが、結局は相手側も理解してくれて、仮契約は解約になった。

北條　その土地に関する限り、惣代、区長、常会長だけの専決処分ということは駄目だということですね。

高村(不)　そうです。まあ、部落の財産については幹部だけでは勝手に処分できない。

北條　仮契約をする時には部落の人達に知らせないで、仮契約した結果を部落の人に知らせたら、反対にあって、無効になったということですね。それがひとつ間にはさまって、大出山がなって、つぎにいよいよ石地を不洋モータースに対して貸す段になるわけですね。その時の一番最初の交渉というのは、どういう形で行なわれたのですか。

高村(利)　渡辺正保さんが昭和三十六年の四月頃に十万円をお稲荷さんに持って来て、「こちらを発つときにはお稲荷さんに〝一人前になったらお礼に寄附をするから〟と願をかけたが、どうやら私も東京の水道の水を飲めるようになった」とその十万円を寄附した。その橋渡しは高村大蔵さんがやった。その金をどういう風に使ったらいいかと協議した結果、お稲荷さんが第一だからお稲荷さんに使って、残りは本殿の諏訪神社なりに使おうじゃないかということで、時の氏子惣代にその十万円の使用についての計画立案を一任した。

北條 十万円を誰のところに最初に持っていったのですか。

高村(利) 氏子惣代長をしていた高村大蔵さんのところです。

高村(不) 私の聞いているところでは、当時の諏訪組の氏子惣代の高村輝さんというのが、食堂をやっていて、たまたまそこへ昼飯を食べに来た正保が、「お稲荷さんへ十万円寄附したいけど、どういう風にしたらいいだろうか」と輝さんに相談たしところ、輝さんは「私の兄が惣代長をしているから、兄を呼んだらいいだろう」と言ったので、高村大蔵さんにその話をしたということです。

北條 その十万円を正保さんが寄附する処理は誰がやったのですか。

高村(利) 時の氏子惣代がやったのです。

北條 区民は知っていたわけですか。

坂本 その時は知りません。後で聞きました。

北條 宮司さんはそれを知っていたのですか。

高村(宇) 私もその後聞いたのですが、稲荷様へ寄附をいただいたからどうしようかという話になって、今のところ参道が良くないので、参道をコンクリート製に作ることにして、その方へお金を使いました。

北條 そしてその後はどうなったのですか。

高村(利) その十万円をきっかけに大蔵君が言うには、正保という人は吉田の出で、東京へ行って成功して、今度こっちを開発したいということだから、ひとつ土地を貸してやろうじゃないかということだった。私は、土地を貸すのも結構だが、君らは正保と交際して彼を知っているからいいけど、土地なんてものはそんなに簡単に貸すなんてとんでもないことだ、これは区民に話をしてからでなければ貸せない、と主張した。ところが正保は、「ワシもお稲荷さんを篤く信仰しているので、お稲荷さんをお守しながら、この附近の土地を三万坪くらい借りて、工場を誘致したい。山中の者を二百名や三百名は使いたいから、是非貸してほしい」と言うので、区長を中心に十何回会議をやった。

大森　説明会です。申込は五万坪だったけど、それをどう利用するかという説明会に正保を呼んだのです。

北條　その説明会の出席者はどういうメンバーだったのですか。

大森　役職を持っている有志です。

北條　具体的にはどういう肩書きの人達ですか。

羽田(恒)　村会議員、氏子惣代、区長、常会長、前区長など六十名くらいでした。

大森　十何回か行なわれた。

北條　その席上ではどういう結論が出たのですか。十何回というのは期間としてはどのくらいの間ですか。

高村(利)　昭和三十六年三月中旬に始まり、意見が二つに分かれた。貸すという者と、先方の様子を見ないと駄目だという者と。それでは、正保はどのくらいの資力があるのか行って見て来ようということになって、多分四月二十日ころ、当時区長をやっていた坂本好治が、「どうか皆さんで行ってもらいたい。一台のバスに乗り切らなければ二台借りきっていいから、行って彼の信用状態をみて来てもらいたい。その上で決定しようじゃないか」と提案した。たまたま村会議中にその話が出て、今の村長(高村捷治)が議長をやっている時だった。好治が言うには、「追って通知をするからひとつ行ってもらいたい」というので、そこはそれで終った。

高村(不)　三月中旬に始まって、四月二十九日までの間に十五回ひらいたのだから、大体三日に一回ぐらいの割で会議を開いたことになる。そうすると、相当に慎重を期したような意味になってくるけれど、有志会の通知が実際に発行されているのは、そんな回数にはなっていない筈だけれど、当時の有志として利雄さん通知を受けたのは何回あったですか。

高村(利)　そうだなあ、十回以上だった。

高村(不)　そうすると、二日に一回ずつ会議をした……。

高村(利)　まあ、二日に一回でもないけれど、一週間に一回くらいの割でした。

北條　その会議のことですけれど、通知を出さないで、有志に集まってくれという形で行なった会合ですか。

高村(利)　そうです。

北條　正式にこういう議題があって、こうだから是非出て来てくれなくてはならないという形で区民に対してふれが出て、それで有志が集まったのか、それとも、正保さんからの話があるから、ひとつ出てくれと有力な人だけをひっこぬいてやった会合なのですか。

高村(利)　正式の通知があったときも、お伝馬を使ってふれを出して集まってもらったこともあったです。

大森　三人ぐらいしか集まらなく、今日できないから、じゃ、また明日にしようという風に、その続会みたいに、正式な通知を出さずに回を重ねていましたね。たまたま正式な通知が発行されて招集された時というのは、議会などのある時ですよ。

高村(利)　最初に正保から話があったのが、昭和三十六年三月二十日過ぎで、正保の信用状態を見に行こうという話の出たのは四月二十七日頃でした。その間一ケ月くらいの間に、三人でも有志は有志、五人でも招集をかけられるが、少なくとも半数以上集まらないと会議にならないじゃないかという話は、しばしばしていた。

北條　そうすると、少人数の会議というのはしょっ中あったのですか。

高村(利)　あったけど、初めは物珍らしく集まったが、だんだん人数が少なくなって、会議も成立しないこともあった。

北條　その時の会議は何人で成立するのですか。

高村(利)　少なくとも十五〜二十人いなくては……。

羽田(恒)　そういう規定がないもんですから、都合の良い招集の仕方もあったように思うんです。

北條　利雄さんは何回くらいその会議に出席しましたか。

高村(利)　ワシはまあ、ほとんど出席しました。十回か十五回ぐらい出ていると思うで。

高村(不)　区の文書発信簿では、「神社有地貸与について」という正保の件についての通知が正式に出ているのは、三、四回しかない。

高村(利)　そんなことはないで。かなり通知はもらいました。

北條　通知というのは正式の文書での通知ですか。

高村(利)　そういうこともありました。

高村(不)　文書を出した綴りがあるけど、そんなには出していない。もしその当時、それだけの会議をすれば、当然それを綴っておかなければならない筈だけど。

高村(利)　お伝馬を使って、区長の名儀で会合を招集したこともある。

北條　お伝馬というのは、通知状ではないわけですね。

高村(不)　借地の貸与申入れについて招集した会議で、成立したのが何回あったかということなのです。流会した会議まで入れて、回を重ねたというのではおかしい。

大森　正保側は坪二十円で申込んで来たけど、羽田万作さんが二十円ではちょっと安いから二十五円か三十円ならどうだという話も出ました。その会議が一回。それから、道路沿いに、稲荷様からここまで貸せという会議が一回。更に、貸せ貸せといっても、正保がどういう人物かわからなければ貸せないから、どういう事業形態か見に行こうと決めたのが一回。この三回と私は記憶しています。

羽田(佐)　最後の会議では具体的な話はなくて、貸すか貸さないかが話の焦点になってきた。村の人を三百人も使ってくれるということだが、一体相手の会社はどの程度の会社か確かめた上で契約の原案をつくったりしようじゃないかということになって、東京に行く日を二十九日と決めた。バス一台でも二台でもいいから、都合のつく者はみんな行って見てこようじゃないか、その後に大会を開いて決めようじゃないかといって待機していたところに、その二十九日になったらお役人衆が五、六人、朝すっ飛んじゃっていないということだ。それでその人達が東京へ行って帰って来たら、契約ができていたということになった。

北條　どういう形で貸すかについては、部落の偉い人達の間では、二十九日までに、ほぼ一致して決められていたのですか。

大森、羽田(佐)、高村(宇)　きまっていなかったです。

高村(利)　ワシは、大事な土地を信用状態のわからない正保にそんなに簡単に貸すのは駄目だ、と終始一貫して慎重派だった。あとでわかったが、正保なんていう人間は人を三百人も使える資力はない。

北條　恒司さんの場合はどうですか。その当時、議員でしょう。

羽田(恒)　議員だったけど、村長を援助して防災工事をやっていたので、横浜まで行っていて、それには行かなかった。貸したというから、それは大変なことをしたと思って、その時の二回目かに初めて行った。

北條　不二義さんはその時偉くなかったの。

高村(不)　役職はしていなかったので有志会には関係なかった。

北條　大森さんは議員。佐重さんはどうでした。

羽田(佐)　私は農業委員の会長でした。

北條　農業委員の会長だったら行くべきですね。何べんも行きましたか。

羽田(佐)　体が悪かったので何べんもは行きませんでした。

北條　最後の会議へは行きましたか。

羽田(佐)　行きました。

北條　その時は、借地料がいくらということや、貸す土地の広さまで全部決定したのですか。

羽田(佐)　いいえ、決まっていません。

羽田(恒)　向う（渡辺正保）を調査するということが先決だということだったらしい。

北條　坂本さんはその時、何か役職についていましたか。

坂本　なんでもないです。

北條　宮司さんはその時出てたのですか。

高村(宇)　私は最後の会議の時はやはり行っていました。そして、渡辺正保の事業面の調査にみんなで行こうという話だけ聞いて、その時は解散になった。二十八日の晩に、「あしたの朝六時に東京へ行くから一緒に来てくれ」と氏子惣代長の高村大蔵氏から電話連絡がありました。

北條　内容は聞いたんですか。

高村(宇)　内容は別にいわないんです。

北條　二十九日にバスを連ねて正保の家へ視察に行くことが決まったのは、その前日ですか。

高村(利)　多勢で行くには向うの都合も聞かなければならないから、追って通知をするといってその時は分かれたが、一、二日たって六人のお役人がいってかような契約をしてきたわけです。

大森　丁度その時は議会の開催中だったので、会議のない日を選んで視察に行こうじゃないかということだけは決めてあったのですが、突如、二十九日に行って契約をしてしまった。契約したという話を聞いて区長に、「本当に契約したのか」とつめ寄ったところ、「仮契約をした」というので、報告会をしろということになって報告会に持ち込んだのです。

北條　どういう席上でつめ寄ったのですか。

大森　組長も全然知らないので、組長からも質問状が出て、いよいよ報告会ということになったのです。五月七日の午後四時頃、小学校の体育館で主だった者への報告会が開かれた。

北條　その時の情況はどんなだったのですか。

高村(利)　大蔵曰く「皆さんにお礼を言われるべく契約をして来ました」。私らは「とんでもないことを言うな、元通りにして来い。我々は契約をして来いと言った覚えはない。勝手に君らは行って、勝手に契約して来たんじゃないか」と言った。宮司にも、「一体、誰がこういうことを先立ってやったのか」とつめ寄り、けんけんごうごうで殴り合いが始まるかと思うような具合だった。

大森　初め三万坪とか五万坪とか言っていたのを、その時に大蔵は十四万坪貸して来たと報告した。「誰に頼まれて十四万坪も貸して来た」と言うと、「間口を五万坪貸してしまうと、奥の方が死んでしまうから、奥の方も同じ条件で借りてくれということで、十四万坪全部貸した。却ってみんなから敬意を表されてもいい筈だ」と大蔵は言った。みんなが「とんでもないことをした」と言うと、大蔵は「そんなら明日行って解約してくる」と立ち上った。その時に「ママアマア事件」が起きた。当時の議長だった現村長が「マアマア」と言ったのですが、そのマアマアというのは、大騒ぎになったので「あしたでなくてもいいじゃないか」という意味で、「その場を鎮めるために言ったのだ」と今の村長は言っている。相手側は、マアマアというのは、「十四万坪貸して来てもまあいいじゃないか」と言ってその場が収まったのだと主張している。そんな馬鹿なことがあるもんじゃない。

北條　その時はどういう形で収まったのですか。

大森　契約書を見せろというと、あくまでも仮契約だからといって見せないで、念書を先に出した。その念書というのは、貸した十四万坪のうち九万余坪は演習場に提供してある土地だから、これが解除と同時に起算点として貸そうという内容です。念書をかえってこっちがとられているのですよ。そこで神社で大会を開いて、忠吉さんがその契約書をとって来たところ、その契約書には向うに有利な契約がしてあった。その後、惣代長が議長になって、村長が学校を貸さないので、おたまやを使った。その時から僕は出席しなかったが、たまたま正保の方から、なんとか斡旋を頼むと、時の議長、高村捷治に願い出たので、吉田の寿荘で議員が口利きをすることにした。議会の開会中だったが、夕方五時に終ったから、議員が、何か斡旋案はないかと全員で寿荘に行ってみたところ、かえって向うにあおられてしまった。私達が車で行ったところ、寿荘の玄関に塩沢という秘書と正保がいてカバンを持って発とうとしていたので、「話がおかしいではないか、仲介がいるということなので、こちらは来たのに、帰るとはどういうわけだ。待て」と議長が引きとめて会議を始めたところが、正保がカバンから契約書を出して、「オレにはこういう立派な契約書がある。あんた達は議員だろうが、なんだろうが、これは法的に立派な契約だから口利きは頼まない。しかも、この契約書に対してまた立派な念書まであるんだ」といって、二通のものをふりまわした。それで、議員が口利きに入ろうという議長の仲介案もつぶれてしまった。その時、正保がこういった。「一《はじめ》、大蔵がなんだかんだ言ったけど、オレが大蔵に一発やったが、行ってお前のオヤジによく言って、悪くないようにいってくれ」。そこで一君が「正保なめるな。貴様に神社有地を指一本さわらせないぞ」と言って正保につきあたった。すると、その時に正保のメガネが落ちて、「暴力行為だ」と言ってすぐに警察に電話をかけて、「診断書をとって、訴える」と言った。一はすぐにどっかに逃げて、家に電話をかけて、「正保が暴力団を入れるかもしれないから家に気をつけろ。オレは今夜は家に帰らないから」といって、その晩はどっかに行った。私達は警察へ行って、「正保からこう言ってくるだろうけれど嘘だから」と言って、取り上げない様に申入れた。向うは二人でも、こっちは議員が七人ほどいたので……。それから、口利きをした時の経過を有志会に報告した。そこであういう契約では、現議員は貸すことに協力できないということで、却って訴訟する方向へ力を入れ出した。

北條　その時の契約書というのは、正保が一通と、地元で一通持っていたのではないのですか。

坂本　好治が一通持っていました。

北條　念書も当然持っていたわけですね。

大森　ええ、そうです。

北條　それは見せないんですか。

大森　最後に見せたわけです。

高村(利)　六人の者は、九月十五日までに本契約にしてひき渡すという約束をして来た。
大森　そのことは念書にある。十五日くらいあったら地上権設定登記も出来ると宮司が発言しているのが念書にある。その念書に基づいて請求をくったけど、宮司が言を左右にしたので訴訟に持ち込まれた。
北條　二十九日以前には、区民大会は開いていないんですね。
大森　開いていません。
北條　二十九日以降で区民大会を開いたのはいつですか。
高村(利)　昭和三十六年九月二十一日の正午より神社で氏子大会をした。その時が第一回の会合です。
北條　契約をした四月二十九日から九月二十三日までに区民大会などの大きな大会を開いたことはないのですか。
羽田(佐)　その間は、おかしいぞおかしいぞということで、真偽がわからなくガタガタしていた期間です。契約書もないし、口で言うだけだし、念書があるといっても見せてくれなかったし。
坂本　その間に、坂本好治が区長名でワラ半紙の回覧に「念書がとってあるから、みんなが心配しているようなことはない」と刷って各戸にまわした。
北條　四月二十九日に正保さんのところへ行った時には、どういう形で契約書に判を押せと正保さんと好治さんから言われたのですか。行ったのは何名ですか。
高村(利)　好治、大蔵、吉三、宮司さん、保太郎、正重の六人です。区長が村を通して行く場合は、ここの慣例として組長がついて行くのが原則なのに、その時は組長なんて連れていかないで、六人で行って判コウを押した。
北條　判をついた時はどういう情況だったのですか。契約書の書面というのは、宮司さんは見せられたわけでしょ。
高村(宇)　ええ。

北條　六人の中で、その場で正保さんとの契約に判を押すのに一番積極的に主張したのは誰ですか。

高村(宇)　区長の坂本好治と大蔵氏とが、私共が来たからという報告をした後、二人でしばらく席をはずしていましたから、その間に二人がどんな話をしたのか私は知りません。

北條　その時の雰囲気はどんなでした。

高村(宇)　私共は、ここに来たのも村の有志会の承認を受けて来たのではないから、ここで決めるわけにはいかないと私は反対して席をたちました。すると正重君が来て、折角来たことだし、話の様子では先方も悪い人でもなさそうだし、宮司に迷惑をかけるようなことは絶対にしないから席に戻ってくれと言われて、私がその場に帰った時には既に十四万四千六百坪がもう書いてあったです。

北條　その時には、契約書の判コウはほとんど押してあったのですか。

高村(宇)　押してはないです。それで、応接間に通され、更に事務室のようなところに行って、そういう話が出たのです。変な雰囲気でした。

北條　みんなが東京から帰って来て、契約書の文面が区民にはっきりわかるようになったのは、四月二十九日からどのくらいたってからですか。

高村(宇)　五月七日だったです。その日に報告会がありました。

北條　五月七日の報告会以前に、契約をしたという話はもれていたのですか。

高村(宇)　私は現場へ立ちあい、内容を聞きましたから。そして大蔵氏がその時の氏子惣代長という形で、一切を牛耳っていたわけだから、東京へ行った結果がこういうことだったから、このまま放置しておくわけにはいかないから、早速、有志会を開いて報告してもらわなけりゃ困ると何回言っても、大造氏は有志会を開かなかったので、私は高村忠吉さんのところへ行ってお願いして、そっちの方の力によって、有志会を開く段取りに持ち込んだのです。

北條　一般の人が契約の内容を知ったのは五月七日以降のことですね。確実に知ったのはいつですか。

大森　九月二十一日に神社で大会をした日です。

北條　その時の大会の情況はどうだったのですか。また、大会を招集する手続きはどうやったのですか。

高村(不)　招集する手続きは、契約反対をするために、私、忠吉さん、栄作さんら発起人が五、六人集まって、このまま黙ってうっちゃっておくと正保に神社有地をとられてしまうから、決起して、反対しようじゃないかという相談が成り立った。九月二十一日に浅間神社で氏子総大会をするようにみんなに呼びかけて、その大会で契約書を読みあげて、こういう形だから、これは絶対に賛成できないという線で盛りあげようということになって、スピーカーで氏子に呼びかけたのです。その大会に集まった人達が百八十名近くで、まず私が契約書を朗読したところ、氏子が怒り出して、絶対に一坪も貸さないという大会決議をし、これに対して委員会を組織して応訴しようじゃないか、ということになり、各組から二人ずつ委員を選出した。そして、委員長に高村忠吉さんを選んで、神社有地対策委員会を作って、訴訟へ入ったのです。

北條　その契約書というのは、どこから手に入れたのですか。

高村(不)　宮司さんが持っていた。

大森　宮司が契約書を持っていて、念書は好治が持っていた。

北條　裁判は「契約不履行」ということで、向うから起されたのですね。区長が辞職しようとしたのはいつですか。

高村(不)　十一月だと思う。

北條　理由は任期満了ですか。

高村(不)　いいえ、違います。任期満了は十二月だったのです。九月二十一日に作った神社有地対策委員会の委員長の忠吉さんが、人権擁護委員をしていたので、できないということで、高村栄作さんに委員長をかえたわけです。栄作さんの時代に、その当時の村会議員が、正保と区との間の口利きをするというので申入れに来たのですが、私達は絶対駄目だとけったのです。そうしたら、「そんなことをいわないで、とに角私達に任せてくれ」と彼等がいうので、とんでもないことだ。入会について議員がとやかく言う筋はない。一坪も貸さないという前提条件で任かせるなら任かせましょうと言ったところ、「神社で保管している契約書を貸してくれ。向うで持っている一通も、もらって、そこで白紙にして破って、ないものにする」と現村長である当時の議長は言った。「村会議員といえども、信用できないから、貸すことは相ならぬ」と断ったら、「我々を信用してくれないか」と言ったが、貸さなかった。そうしたところ、村会議員は「神社で契約書を貸さないけれど、一応口利きはしよう」ということで、吉田の寿荘へ和解の場所を持った。相手の弁護士鈴木と秘書の塩沢、本人の正保が来て、先程の大森さんの言った話のようなやりとりがあって、その報告会が十一月頃あって、有志の人達が集まった。我々委員会の委員は有志でないから、行く資格がないということで、高村栄作さんの家で待機していたところ、是非来てくれというので、発言はできないけれど、傍聴しようじゃないかということで行った。そこで高村捷治氏がいろいろと報告をすると、方々から区長は責任追及をくったのです。区長は居たたまれなくなって、「私が不徳のために村人を騒がせて誠に申訳けありません。私は責任をとって辞職します」と言い切って、その場から出てしまい、教員室へ行った。その後の会議の収拾者は区長代理がやった。「区長が只今辞意を表明して行きましたがいかようにしたらよろしゅうございますか」と言うので、我々は発言権がないけれど、「ふざけるな」と言った。「問題を起こしておいて、やめればそれで責任はないのか。ここに引っぱって来い」と言って、区長をまた連れて来させて座らせた。「この間行って契約して来た当事者も全部一丸となり、挙村一致で反対しようじゃないか」という空気がそこに出て来た。すると大蔵氏が発言して、「私達は村の有志会のお使いをして土地を貸して来たけれど、皆さんが駄目だというのならやむをえない。反対はしないからやりなさい」と言った。羽田吉三氏は依然として「自分達には間違いはなかったのだ」と自己弁解だけをやった。好治は、「あと一ケ月足らずで任期満了なのだから、ここで辞職とは何事だ。今迄は一部分の神社有地対策委員会という組織でやったんだが、今度は区というひとつの固りで大同団結してやろうじゃないか」とみんなに怒られて、とうとう任期一杯やったし、組織も大きくふくらんで、常会長も入り、議会の議員も対策委員の中に入った。

北條　山中区の中で、九月二十一日以降に契約に賛成した人と反対した人の割合はどのくらいでしたか。

高村(不)　契約して来た者の中にも、好治、大蔵、吉三は賛成派、宮司、正重、保太郎は反対派でした。一般区民は九十九パーセントが反対派です。

北條　神社有地に入会権があるということを、代表者も正保さんも薄々ながら知っていたわけですね。入会権があるとするならば、一定の手続きを経なければ使えないわけでしょう。吉三さん、大蔵さん、好治さんは入会権がないと主張するのですか。

高村(不)　三人とも、あれは二十円ずつ出して買った土地だから、入会権なんてものより強い所有権がある。自分の土地に他人が入会権を主張できるか、という論法だった。

北條　仮りに所有権があったとしたら、あの場所は共有地となるわけでしょう。その論法でいくと、他人の土地まで委任状がないのに勝手に契約して来たと同じことになりますね。これは、明らかに法律違反でもあるし、犯罪でもあるわけです。代理権を行使しなければできないわけでしょう。六人だけで判を押しても無効なんですから。

高村(不)　だから、こちらも「二十円ずつ出して買った土地だ。出せない者は村を立ち退いたんじゃないか。それだけ祖先が苦しんで買った土地をなんであなた達は勝手に貸して来たんだ」と詰め寄ると、「我々にも行き過ぎはあった」と彼等は言った。

高村(利)　その時に、背任罪で訴えようという話もあったけど、宮司さん、正重さん、保太郎さんの三人は区の側についていたので、三人だけ訴えて、あとの三人を訴えないというのはおかしい、同罪だから、やる場合には六人ともやらなければならないからまずい、という意見も出て、躊躇した。

大森　四月二十九日の契約当時の情況を私が聞いたところでは、当日こちらを午前五時四分の始発で行って、東京へ八時頃着き、正保の家へ行った。すると、一部の者が契約の案を作りにどっかへ行き、お茶もお昼もろくろくくれないで応接間に置いて、いよいよ六時頃の山中へ帰る最終バスの時間に間に合わないような時になって契約書を持って来て、「さあ、早くしないと最終バスに間に合わないから、これに早く判をつけ」といって判をつかせた。

高村(不)　歌舞伎も見ただよ。遅くなったからというので一晩もてなしをうけた。

大森　そして汽車の窓から記念品と時計をもらった。

北條　ところで、裁判が始まる前に、立ち入り禁止の札が立ちますね。

高村(不)　仮処分の立て札が立った時に、私は吉田へ行っていて、その帰りに立て札をみた。「これはなんだ」と聞くと、人夫を連れた大村執行吏と弁護士がこうこうこうで仮処分になったから立て札を立てるのだと説明した。何んの裁判かと私が聞くと「神社有地を渡辺さんが貸りて、こういうわけで」と言うので、「お前達が貸りたとか貸りないとかいっているのはこの上のことだろう。ここは旧戸割地で、既に個人に分割した土地なのだ。ひとのところにやたらにそんなのを立てるとはりたおされるぞ」とオレは言った。そうすると、鈴木松太郎さんが言うには、「いや、これは公示だから人の目につくところがいいと思ってここに立てた。上の方だということは知っているけど」というので、「ふざけるな。人の地所にやたら物がおったてられるか。上へ行って立てるなら立てるがいい。まあ、我々は認めていないけど」と私は言って、帰り道に清作さんの家へ立寄った。そこに清作さんと栄作さん、利雄さんがいて、山中の巡査も来ていた。巡査は「じゃ、オレが見て来る」と言って見に行った。なんでも、行く時には立て札はあったけど、競馬場から帰る時には立て札はなかったそうだ。上の方へたて直したわけだ。

北條　立て札が立ってから以後に、その土地へ入れなくなってくるでしょう。それについてのみんなの反応はどんなでしたか。

大森　みんなびっくりしたですよ。仮執行くったというので村中大騒ぎをしたね。

北條　それから訴訟が始まったのですね。

大森　そう。それで反訴するかしないかということで、みんな骨折って弁護士を頼んで、反訴することにした。

高村(不)　向うが仮処分をして訴訟をおこして来たから、それを反訴訟した。その時、応訴費用の出場所がないから、都留信用金庫から十万円借りた。すると、「今に見ていろ。いつまで続くもんか。金の出場所はないし、今に個人の財産をすっ飛ばして終りになる」と言ったのが大蔵、好治、吉三だった。ところが、それから十一年の間、全然ひるまずにやって来た。

北條　正保さんが医療機械を持って来たのはいつですか。

高村(利)　裁判が始まってからです。三八年頃じゃないかねえ。

北條　誰を通じて持って来たのですか。

高村(利)　大蔵、好治を通じてです。

高村(不)　それは違う。三十八年に大蔵、好治に実権がある筈がない。映らないレントゲン機を持って来て授与式まででやり、坂本英俊村長が敬意を表したのは三十六年。正保という奴は、十万何キロも走った自動車を三千キロだか六千キロぐらいしか走っていない新車と同じだと言って売るくらいだから、こわれたレントゲン機をくれて、田舎者をだまそうとしたんだ。

北條　その事件（公正取引委員会で不正な販売として摘発を受け、新聞、週刊誌を賑わした）から後、まもなく正保さんの会社はつぶれたんですね。

高村(不)　そうらしいです。

羽田(恒)　そういうこともきっかけになったんですね。

高村(不)　不渡り百万円で行き詰まりになった。不洋モータースという会社がなくなって登喜和国土開発株式会社と名称をかえて、河口湖に温泉の掘さくをするというので、土地を借りたこともあるらしいです。

（註1）　入会団体に新規加入するための手続

新規加入者については組で検討し、加入の条としては、一戸独立して、山中区に永住する意志があり、諸役伝馬を果すこと。加入金はない。加入者の公示方法としては、下刈りなどでみんなが集まる時を利用して、加入したい者を紹介し、みんなの承認をうける。

（註2）　重立者（おもだちもの）とは、前村長、現村長、助役、収入役、区長、組長、氏子惣代、議員など、村や部落等の要職にあった者、ならびに現在ある者を言う。

御料地時代の入会

北條　話を少し前にもどして……。御料地時代には入会が厳しかったという話は聞いていませんか。

羽田(恒)　いわゆる御料局が来ていたけれど、丸尾だけは目をつぶっていた。

北條　丸尾というのは石地のことですね。

羽田(恒)　ええ。丸尾だけは山中のものだと思っていたですよ。

北條　大出山というのは長池の方から大部削りとられたのでしょう。石地の方はどうですか。

羽田(恒)　どっからもないね。

北條　山中以外は誰も石地へは入会いませんでしたか。

羽田(恒)　ええ、他所からは入りません。

高村(不)　山中だけの入会地でしたから。

北條　入ろうとしたことはありませんか。

高村(不)　十六手を盗み切りに来て山中の衆につかまって、酒をもって来てあやまった者がある。

羽田(恒)　それは何回もある。徳川時代の昔からあって、その時の裁判の記録も残っている。忍草は雑木の山林のないところだから、石地へ薪をちょいちょい盗みに来る。それでつかまって、謝ったということは何回もある。

高村(不)　山中が管理していた針モミ林の御料地へ、内野部落の者が入り、転石やソダ類をとったので、山中が訴人をして騒ぎをしたということも聞いています。内野や忍草の人達は石地が欲しかったのではないですか。

高村(宇)　忍草の方は雑木の林なんかなくて、みんな松・杉だったからね。

羽田(恒) 炉でもやすには雑木の方がいいので、雑木は尊かった。

北條 石地も山中のものだと思っていたことは、これは間違いがありませんね。

羽田(恒) そうですね。

大森 石地と県有地と国有地の境に山中の庄兵衛という人が始めてそこで耕作をしたのです。

高村(不) なぜ庄兵衛作りというかというと、ここは高冷地で、あんなところで作物を作るのは馬鹿だと思っていた。みんな里の近くでしか作物はできないと思っていたのが、庄兵衛はそこまでいって作ったらとれたというので庄兵衛作りという名がついた。徳川時代のことです。

大森 その庄兵衛作りが神社へ払下げたところと県有地の境なんです。そこを通って来て山中の神社有地に盗伐に来るのです。そこで、村中で道路に二メートルくらいの壕を掘って、人も馬も馬力も入れないようにした。

羽田(恒) 山中で富士見橋まで山の地籍がのびているでしょ。ここから富士山までは山中のものだと考えていたんだね。だから、法的な手続をしないうちに富士吉田に行政的にやられちゃった。国有地になる前の官民有区分の時に、税金がかかるので、ここの一画は羽田の家が持て、こっちの一画は高村の家が持て、その中には誰も入れるなということをやっていた。それで県有地になってから初めて払下げて、三反歩ずつ各戸へ分けて、尚、神社有としてあったのを二反歩ずつ分けてやった。税金がこわいだけで、当然富士見橋から富士山の八合目まで山中のものだ、どこからでもこの中に入ってみろというくらいの気持ちでいただね。

高村(不) 山中部落の住民は東は駿州須走村国境から西は隣郷鳴沢境まで山中のものだ、と思っていたのです。

羽田(恒) 信玄の時代に、国境で協力したらしく、鳴沢の境まで自由に行ってもよいとされた。開墾しては畑をつくっていたから、富士山までそっくり山中村のものだと単純に考えていた。

北條　石地の場合には、戦後農地買収ということはなかったのですね。

高村(不)　石地は対象にはなっていません。

北條　御料局につかまった人はいませんか。

高村(利)　山中の者はあまり目にあまることをしなかった。それに、あまり取締りが厳しいと協力しないから、大目に見ていたことも事実だったらしい。

高村(不)　つかまらないわけなんです。見張番がいて、御料局が来ると、馬でまわってみんなに知らせ、御料局の見廻りとは全く反対の山に入るとか、野火をつけそちらへ御料局の気をそらし別の方向で木を切っていたのだから、つかまらなかった。御料局の取締りに抵抗して野火をつけたのが三日三晩やけ続けたことがあり、やけ坂という地名が残っている。

北條　羽田万作さんに聞いた話では、忍草の者が入ってくるから、それ行けというのでみんなで行って、先に入会ったということだったけれど……。

高村(不)　忍草の者が入っていれば、馬、馬車を山中へ没収して謝まりに来れば返してやった。

大森　忍草の者が入っているというのでつかまえに行ったら、丸尾のデコボコの道を必死になって飛ばして逃げていたが、馬力がひっくり返って、馬だけが逃げて行った。奴等は道を道に逃げられないんだから。

北條　北富士で入会った時は、口あけの掟があるのは草だけですか。

羽田(恒)　その他は自由だった。誘いあって、三、四軒くらいで行ったこともあるが。

高村(利)　火入れすることをネズミ追いとも言った。火入れする時は巡査に届け出た。

大森　山の口をあけるのは、草の実が落ちてからでないと、翌年草が茂らないので、その時期をみはからってやった。

北條　北富士には馬力が入れるのですか。

高村(利)　入れます。輪金の広さ二寸、厚さ五分くらいの荷馬車というので入った。

羽田(恒)　その荷馬車ができたのは明治三十年頃じゃないかな。

高村(不)　山中の羽田九右衛門が静岡県田方郡の方からその荷馬車を買って来てから普及したらしいですね。

羽田(恒)　その頃は、輪金が一寸くらいの巾で、めりこんでしようがないので、だんだん巾の広いのを使うようになった。

北條　トロの場合はどうですか。

羽田(恒)　大月から御殿場まで軌道があった。

北條　馬力以外に物を運搬するものはあったのですか。

高村(宇)　大八車があったけど少なかった。

羽田(恒)　山に入るには駄馬を使ったですね。

北條　陸軍演習場の買収が昭和十一年から十三年に行なわれ、その時は入会があまりできなかったわけですね。

高村(不)　それでも中入れをして、演習に支障のない範囲で耕作を認めてもらったり、火入れや草刈りもやった。但し、農耕をしたところを軍が荒しても補償はしないということだった。

高村(宇)　戦時中は場所によってはソバを蒔いた。土用の暑さの中を、木を切ったり、草を刈ったりして晩までに乾かし、それを焼いて焼畑を作って、その後にソバを蒔いた。富士の裾野まで蒔いたです。

高村(不)　オップセといって、草を刈って砂をまき、その上に種を蒔いて、また砂を上に薄くかける方法もやった。

北富士の入会

北条　次に北富士（演習場）の入会について話を移します。まず、北富士の沿革というのは、徳川時代に旧十一ヶ村の入会地と、その近辺に山中の単独の入会地があったわけですね。それが、明治の官民有区別になると、村持ちを含めてほとんど全部官有地になってしまう。それから、明治二十二年に御料地になって、明治四十四年に県有地になる。現在の石地、大出山というのは、御料地時代から払下げの出願をする。それ以前の官民有区別の時から既にもうこの問題というのが出ていまして、特に御料地時代に払下げを申請している。それが県有地になってから中野村経由で、神社有地となって帰って来るわけですけれど、そのうちの大出山と石地の方は除いて、なるべく北富士にこれからの話は集中させたいと思います。この北富士の方へ一番早い時期に物を採取しに行った方は、この中では利雄さんですか。

高村(利)　十二、三の時から行きました。富士山で切り放題という時代がありました。

高村(不)　それは籠坂峠で焼き打ちをした時だな。

高村(利)　あれは明治四十二、三年頃だったじゃないかなあ。

大森　いや、オラの家で「盗伐」の材木を買って家を建てたけど、あれが明治二十五年だ。明治二十五年に、要するに救済事業として、「木を盗んで来い、買ってやるから」とオラのおじいが全部盗ませて木を切って来させたのを、一本三十銭ぐらいで買った。年寄から聞いた話によると、庭にいっぱい木を積んだら、大森の家では「盗伐」をしているからというので、当時静岡にあった御料局から人が調べに来た。するとオレのおじいさんが、足袋の上からワラジをはいて、「これはオレの山から全部切って来たのだ。嘘だと思うなら、伐根調査に歩け。もし、調査して伐根があったら承知しないぞ」と言って虚勢で御料局を追い返したということだ。それが明治二十五年です。こうした言い伝えがあるだ。その頃は、建築用材は自由に富士山に依存していた。

羽田(恒)　自家用は大目に見ていたんですね。私の家は明治三十六年に作ったが、その当時、今の村長の家に御料局員が下宿していて、朝に晩に見廻りにしたけど、咎めはしなかった。

羽田(義)　オレは十の時におやじに死なれて女の姉妹ばっかりだったから、十三の時からあの山へ行っただ。富士山へ丸太切りに行ったのは十五の時で、十七の時に丸太をつけに行った。

高村(利)　明治四十二年から四十三年頃、盛んに「盗伐」をして、主として生活の手段にしていた。何んでも切り放題、持って来放題という時代があった。籠坂の大曲でワシが十五くらいの時に焼き打ちがあった。一旦御料局に差し押さえをくらったものを、そのままにしておくと証拠になるので、証拠湮滅のため、夜中にトロに積んで運び一晩のうちに細かく切って、石油をかけて焼いてしまった。当時どこでも「盗伐」はつきものだったらしい。ところが証拠湮滅を図ったために、三十人ぐらい珠数つなぎにつながれて、吉田の署まで、まるで馬がひかれていくように連れていかれた。甲府で未決になり、三人ばかり犠牲者を出した。それ以来というものは、山も難しくなって来て、テヤマ（手前山）同様には木も切れなくなった。

羽田(義)　天気の良い日をみはからって、富士の裾野で草を刈って、まとめて夕方火をつけて、夜中もやし、朝行くと灰になっているのでそれをとって肥に使った。青灰《あおんばい》というが、強い人は一日にカマスに二俵か三俵くらい作った。

北條　小さい頃、富士山へは何をとりに行ったのですか。(註1)

高村(利)　ワシの小さい時は食糧難の時代だったから、ウラジロをとって来て、ゆでて、これを干して粉に混ぜてダンゴを作った。その他にワラビ、モチ草、フキ、ウドもとった。梨ケ原はフキの産地だった。

羽田(佐)　他に、フジアザミ（山ゴボウ）、ゲンノショウコ、タラノメ、ダズマ（ワレモコウの根）、オオバコ。

高村(利)　ベニ（紅花）もとった。

北條　花はどうですか。

高村(利)　仏壇に飾るのは今もやっている。

大森　スズタケも随分とった。バラの実で生計をたてていた者もいた。バラの根をつぎ木に使って、盆栽にしていたのもあった。

高村(不)　屋根板にするササ板や、炭俵、草屋根の材料にするカヤ、ススキ、マグサもとった。

北條　ササ板を押さえるのは何ですか。

羽田(恒)　針金でゆわえるサン葺。

北條　針金でなくて、蔓でやる時もあるんですか。

高村(不)　石をのっけた時もある。釘が出て来てからはトントン板ぶきになった。

羽田(恒)　藤蔓なども重要なものでした。

高村(不)　縄がないから、藤蔓はモヤを束ねる時などみんなそれを使いました。

大森　例えば、いくらもない田んぼの稲を束にして、家へ持って来るのも全部藤蔓を使ったもんですよ。真藤がない時は葛の蔓を使いました。

高村(利)　葛は鳴沢上まで取りに行ったらしい。

北條　北富士の場合、山の口あけや火入れは各村一緒にやったんですか。

羽田(恒) 山中は山中だけでやった。

北條 でも新屋・長池・忍草などが早く行くこともあるでしょ。

羽田(恒) いや、あそこへは忍草は入れなかった。国有地になるまでは、忍草は全然入れなかったですよ。

高村(利) 当時、忍草なんてのは、山中の目を盗んで草刈りに来たもんですよ。

大森 軍へ強制的に馬料を供出することになって、しょうがなくて陸軍が中に入り、三村協定(註2)して忍草も入るようになった。忍草が自分で使うためでなく、軍へ供出する草を刈るためにあそこへ入って来たんだ。

高村(利) 忍草の人間なんて、ワシラを見れば逃げたもんだ。それだけワシラの方には権利があっただよ。

高村(宇) 山中地内は今の富士見橋の川境いから、上は富士山の栗毛袴までの広さを言って、忍草を入会としてそこに入る余裕を全然持たせなかったです。

北條 義隆さんの小さい頃は何をとりに入ったのですか。

羽田(義) 薪、草、山物、モッコに使う藤。

羽田(佐) 水クサ、ハンノキ。

坂本 輸出用のモク(コケの一種)。

高村(不) モクは女衆が一期間で十五、六万円かせいだそうです。木の葉かきは一日で四、五千円になったらしい。

大森 アケビの蔓もとった。

北條 昭和十一年以前に梨ケ原に火入れした部落はどことどこですか。

高村(利) 山中だけです。

北條 戦前北富士は十一ケ村の入会と思っていたのですか、それとも山中の入会と思っていたのですか。

高村（利）　物心ついた時から、これは十一ケ村の入会だということを親から聞いていたし、その先代からも教わっていて単に山中のものではないと言われていたのは記憶している。だが、富士見橋から与兵衛橋にのぼる道を桜道といって、それからこっちは、山中のものと聞いていたが、それは子供の頃で、物心ついた時には、もう十一ケ村の入会になっていた。

北條　親から言われていたように、十一ケ村の入会であるのにも拘らず、忍草の人間が来たら追い返すでしょう。そういった場所というのは、自分達のものだと思っていたのですか。

大森　自分達のものと思ったから、忍草を追い出した。

高村（利）　山中の権利に属しているということは聞いているし、実際の話が、忍草の人間が来れば、ワシが区長している時なんぞ追い払った記憶がある。

北條　それは旧十一ケ村入会のところですね。

高村（利）　そうです。

高村（不）　ワシはこういうことを先代から聞いている。忍草が泥棒に入ったからみんなで追い払ったとか。意識的には自分の山のような気で、忍草の者が入れば、他所者が入ったという考え方で追い払った。今も梨ケ原に対する権利意識は山中の方が強い。

羽田（恒）　十一ケ村の入会と思えば、そんなことはできない。思っていないから、忍草の者が入れば追い返した。

（註1）　梨ケ原で採取したもの
薪、ヤトイモヤ、干し草、カヤ、ススキ、マグサ、ウラジロ、ワラビ、フキ、ウド、キノコ、ゼンマイ、タラノメ、山ゴボウ、モチグサ、アケビ、山ブドウ、エゴ、木イチゴ、野イチゴ、ホウロクイチゴ、サクランボ、シンドメ、ダヅマ、セ

ンブリ、ミコシグサ、オオバコ、紅花、白ウツギ、シナノ木の皮、柏の皮、柏の葉、ホウノ木、皮グルミ（沢グルミ、下駄の材料）、花、コケ、盆樹、藤づる、転石。動物では、ウサギ、キジ、ヤマドリ、ウヅラ、ハト、ツグミ、テン、キツネ、イタチ、ムジナ、ササグマ、イノシシ、モモンガなど。

（註2） 三村協定とは

単に馬料を供出しやすくするため、昭和十六年六月九日に中野村長長田《おさだ》正治、忍野村助役天野隆一、福地（現吉田市）村長佐藤茂との間にとりかわされ、演習場を山中、忍野、福地村の三つに区分けし、刈る範囲を定めた協定。草を刈るだけでなく、不発弾や馬糞も拾った。忍草村はこの協定により、初めて梨ケ原に入ることができるようになった、と山中の者が言っているのがこれである。

恩賜林組合と山中

北條　明治四十三年以前は恩賜林組合と言わずに、団体役場と言ったわけですが、明治四十四年以降もその名称は一般に残っていましたけど、団体役場と北富士入会とはどういう関係だったのですか。具体的に言ったら、皆さんは団体役場をどういう風に思っていたのですか。

高村(不)　バイゾウ（薪木にするため木をある程度の長さに切って束にしたもの）をとってくる場合には、鑑札がないと山の見廻りにつかまるので、団体役場から五十銭か一円を払って入山鑑札をもらって入った。団体役場とは、そういう機関だと思っていた。

北條　それはどこの役場からですか。富士吉田まで行くのですか。それとも誰か一括してもらってくるのですか。

高村(不)　こちらから監視員が出ていたので頼めば、一括してもらって来てもらえた。

北條　団体役場の議員というのは、あなた方にとって偉かったのですか。

高村(利)　今も昔もやる事においては変りない。ワシも昭和十六年から十八年までの間、役員をやった。決戦議員で、戦闘帽にゲートル、地下足袋のいでたちでやった。

北條　議員になる以前には、団体役場をどう思っていたんですか。

高村(利)　団体長といっても、別に見識があるなんて考えられなかった。

高村(不)　特に威張るようになったのは戦後で、演習場の補償料がたくさん入るようになってからのことで、昔は、各構成町村からお伝馬を出して、木を植えたり、下刈りをしたので、なんといっても、こちら（部落）が威張っていた。

北條　利雄さんの時は手弁当ですか。

高村(利)　いくらか費用弁償（実費）はもらえたけれど、今みたいではない。手当（給料）はなかった。

北條　村会議員だからこそ出られたのですか。

高村(利)　そうです。村会議員の代表として出られたわけです。

北條　そうすると皆さんは団体役場や恩賜林組合をあまり意識していなかったのですか。

羽田(恒)　ただ、林の保護、植林をする役場としか思っていなかった。

羽田(佐)　補償料が入って、金が入って来てから重視するようになった。結局、あそこから金をもらわなけりゃ損だから、みんなもらうようになって、もらう方は自然と低姿勢になるから、向うが威張り出した。

北條　利雄さんは団体役場で何をやっていたのですか。

高村(利)　別に何といってなかったけど、ただ部落代表者という考えで行ってた。ワシラの時代には、議長というものはいなく、兼任で団体長が議長もやった。収入もあまりないので、支出することもあまりなかった。たまたま会議があると、その後には一献やって帰って来た。けど、戦争になると、飲むこともできなかった。

羽田(恒)　とにかく、植林をするだけで、金に追われていた。植林をした木もまだ小さくて、何も売るものはないし、その時分でも苗木代は補助があったです。

高村(利)　収入もなかった反面、大きい事業もなかった。山を守ることに一生懸命だった。

北條　では、やっぱり入会というのは、一番身近な山中の連中の方が偉かったのですか。

高村(利)　今じゃ忍草も母の会だ、なんの会だと鳴物入りでやっているけれど、実質的にはワシラの方が先祖でござんす。富士見橋からこっちは、ワシラの縄張りと考えていたので、行路病者などが死ぬと、区民が協力してワシラ（山中部落）の方で片づけました。

北條　忍草がのして来るのは戦後のことですか。

高村(不)　陸軍演習場になってからのことです。

北條　戦前は、区長と恩賜林組合長と、どっちがなり手が多かったのですか。

高村(不)　区長の場合は立候補ではないけど、恩賜林組合の議員になるには、山中湖村の議員の資格がなければなれないし、当然、立候補して議員になって、なった者のうちから選抜されていくから、いまは、区長よりも恩賜林組合の議員の方がいいでしょう。

高村(利)　それは年代によって違う。ワシは議員をよして区長をやった。

高村(不)　ところが、なりたくなくても、一区を収めるだけの手腕と力量がなければ区長にはなれない。恩賜林組合の議員は、多勢でいって決めればいいけれど、区長になるには、議員以上の資格がないと出来ない。格から言えば、実質的には区長の方が上ですよ。

高村(利)　いまの恩賜林組合は、あれは慰安所です。昔の姿にもどさにゃいかん。山が駄目になる。

羽田(恒)　慰安だか違反だか……。とにかく、今の恩賜林組合はまちがっている。口先きばかりで、権益擁護などはなにもしていない。勝手なときだけ、部落に動員をたのんでくる。組合長の質も落ちたもんだ。

高村(不)　山中から北富士へ通ずる入会道は数本あって、一番重要なのは、外野道《そとのみち》といって、これは、今神社有地になっている石地を越えた向うの外の野に行く入会道として、昔から利用され現在もその跡が残っている。それをみても、山中の北富士にたいする権利は強かったのがわかる。

屋根のり伝説

北條 この地方に「屋根のり」という人の「伝説」がありますが、これはどういう訳でそう言われたのですか。
羽田(恒) 屋根ふきです。
高村(不) 当時は、萱ぶきか板ぶきの屋根なのですが、その笹板ぶきの屋根をふくのがとても早いんですね。普通の人が一日かかっても二坪しかふけないくらいなのに、彼は十坪でも二十坪でもふいてしまうくらい早いんです。
大森 板をへぐこともやったんです。
羽田(恒) 浅間神社の檜皮の屋根をかえた時も彼がやった。そういうことから、屋根のりという名がついた。口に釘をくわえていて、ボン、トンと打って、それは早いもんでした。
大森 屋根のりから、川のりになるんです。吉田は川が町の中を流れているでしょ。あの川へ、やたらにごみをすてる人がいたので、川の監視をしたり、吉田に引いてある簡易水道の番をやった。それから、国立公園の監視員に昇格して、富士五湖の国立公園監視をやったのです。
高村(不) 吉田の簡易水道の番をしていた時に、自分の奥さんが水道を出しっ放しにしていたら、鍵を持っていってしまって、水をくれなかったという話だ。
北條 国立公園の監視員は戦前からやっていたんですか。
大森 そうです。
坂本 当時のお巡りさんのような帽子を被って、遠くから見れば巡査のようだった。
北條 こわかったですか。

大森　こわいというより威張っていた。自分の女房さえ縛るくらいの気一本な男だった。

羽田（恒）　それでもおどかせば利いた。「いい加減にしろ」なんて言うと、おとなしくなった。相手の顔色を見ながらやっていたようだね。

大森　ワシが復員して来てから、無届けでバンガローを作ったというので、それをつかまえて、家へ来て、「即刻撤去しろ。そうじゃないと、その筋へ届けるぞ」と言った。すると、うちのオフクロが「のりさん、うちの若いのが知らないでやったんだから、勘忍して、お前、知らないことを教えてやってくれ。まあ、昔の縁故もあるから」と言うと、「それはそれ、これはこれ」と言うので、オフクロが怒って「この馬鹿のりめ。なんでお前は女房をもらえたんだ。うちでもって世話してやったお陰じゃないか。恩知らず。」と言うと、すごすごと逃げていった。

高村（不）　学問が全然なくて、官憲のように威張ってみたい性格の人だったんだね。だから、川の番をしてみたり、山の監視をしてみたり、国立公園になってからは、山から昔取って来て植えておいた高山植物をみつけて文句を言ったりしていた。シャクナゲはどこの家でも一本くらいはこいで来て植えてあるんですよ。うちも便所を新しく作ったので、その周りに植木を植えたくなって、富士山からシャクナゲを一本こいで来て植えておいた。そうすると、「これはどこからこいで来た。駄目じゃないか」と言うので、トボけて「何を言うのだ。こいで来たものではない。昔からここにはえていたんだ」と言ったら逃げてしまった。

大森　荷馬車に乗ることは危険だといって禁止されていたんですが、それに横乗りになって吉田あたりに薪を売りに行って帰って来る。警察だとすぐに逃げるけど、屋根のりなんか馬鹿にして、みつかってものっかったままでいると、それをつかまえて、自分では字が書けないから、紙を出して「これに姓名を書け」と言うので、つかまった人は「屋根のりのバカヤロウ」とか書いて渡すと、その紙を得意になって署長のところへ持っていって、「こういうのをつかまえたから」と威張って言うので、署長も苦笑したらしい。

羽田(恒) あれは福地村時代に雇われたんだが、「なんであんなのを雇った」と聞いたら、「食うに困ると、泥棒をするからな。食わしておくだ」と役場では言っていた。私は彼と結構仲が良かった。自転車にのって、吉田から登って来る時に道で彼に会うと、僕の自転車のハンドルをつかまえては、昔ばなしをよくした。すると、通る人は、「大将何かして、あいつにつかまったんじゃないか」と思って、あとで僕に聞く人もあった。「なに、昔のなつかしい話をしていたんだ」と言って笑ったことがあったけど、彼の方はいつでもしっかりと僕のハンドルをにぎって放さないので、いかにも僕はつかまえられているような恰好だった。

北條 相当みんな軒なみにやられているんですね。

大森 家を修理したら、国立公園内なのに、勝手に家を小さくした、と言って怒られた人がいたが、「家を大きくしたのなら怒られてもいいけど、小さくするにも金がかかるだ。それを小さくして何が悪い」と怒鳴り返したということだ。そんなことにも、いちいち文句を言っていた。

羽田(恒) あれはただ威張ってみたいだけなんだね。帽子なんかも凝って、お巡りより良い帽子を被ってましたよ。バンドなんかも巾の広いのをしめて、夏になれば白い服を着ていた。

大森 国立公園監視員なんていう腕章をつけて、身分証明書をものすごく沢山持っていた。河川監視員、水道監視員、国立公園森森監視員とかいうのを持っていて、それを見せびらかしていた。この近郷近在でも有名な名物男だった。

高村(不) 少しでも学問があれば馬鹿にはされないけれど全然ないんだから。

羽田(恒) だけど、あのくらいの年令で、全然字を一字も知らないというのもおかしいなあ。

羽田（佐）　バカヤロウくらいわかりそうなもんだけど。

高村（不）　ところが、いつも同じ字を書くと、こういう恰好はバカヤロウという文字だと覚えているので、次は馬鹿野郎とか書いてからかったそうだ。

大森　だけど、愛すべき面白いやつだったなあ。

羽田（恒）　単純だったが……、そうだね。ある意味では、本当に山を愛していたのは奴だったのかも知れない。

（一九七一年座談会。一九七二年刊）

（追記）この『山中部落入会慣行座談会』は、『山中湖村山中入会慣行座談会』として、一九七二年に林野制度研究会（徳川林政史研究所内）から刊行されたものである。

四　入会とコモンズ

一、入会とローカル・コモンズ

日本における「コモンズ」（Commons）論は、Governing the Commons: the Evolution of Institutions for Collective Action（Cambridge University Press, 1990）を著したアメリカのエリノア・オストロム（Elinor Ostrom）教授が二〇〇九年にノーベル経済学賞を受賞したことを契機として脚光をあびているように思われる。海外では、『コモンズ国際学会』（International Association for the Study of the Commons）を中心に長い間にわたる「コモンズ」研究の蓄積があるので、「コモンズ」論はオストロム氏の業績を契機に突如として脚光を浴びたということでもないであろう。

しかし、オストロム教授の右著書の初版は一九九〇年であり、それから多くの「コモンズ」研究の業績が発表されていることからみると、オストロム教授のノーベル経済学賞受賞は、数多くの「コモンズ」研究の蓄積の上に成り立っていると同時に、コモンズ研究者に大きな影響もあたえているといえるであろう。

このことは、コモンズの国際研究誌諸論文を見ても明かである。しかし、日本においては、「コモンズ」論は学際的な市民権をえていない。「コモンズ」研究の前には、関連諸学（たとえば、法社会学・社会学・民俗学・歴史学等）と接点があるために、これをどのように克服して体系化するか、ということがあるからである。いたずらに調査を重ねても意味がない。また、逆に関連諸学からは、「コモンズ」論からなにを摂取することができるのか、という問題がある。関連諸学において蓄積された研究成果を集成して、一つの領域をつくることは容易なことではない。日本では、調査よりもイデオロギーが求められているからである。そこには、法社会学が概念法学におちいっている問題もある。しかし、その法社会学からは、これまでに入会研究は質と量をもって蓄積されているのである。

一

「コモンズ」(Commons, Local Commons) 論の一つの集成として、右のエリノア・オストロム教授の『コモンズ』論がある。(1)

日本の「コモンズ」論の多くは入会について論じているが、その多くは環境論であり、入会権論ではない。「ローカル・コモンズ」論においては、自然と人間との関係、社会との関係のあり方を研究テーマとして取り上げ、その研究対象として入会をあげているように思われる。(2)

これまでの入会研究は、法律学者が権利関係について論究してきたが、法律学者の入会研究は主として入会判決例の分析・検討であり、入会の実態を具体的に調査して入会の権利関係を理論化するものではなかった。実証と理論の入会の科学的研究は、中田薫・末広厳太郎氏の研究をうけて、川島武宜・福島正夫・渡辺洋三・朝見俊隆・中尾英俊氏らを中心とするグループの一部の法社会学者に限られていた。これにたいして、「ローカル・コモンズ」論者は、入会を「コモンズ」と位置づけた上で、法律学者が論究しなかった――あるいは論究しえなかった――自然環境や天然資源の保護・保全や管理のあり方等を学際的に論じている。こうした問題に取り組んでいる「コモンズ」論者にたいしては積極的に評価しなければならないが、そもそも入会権論と「コモンズ」論とでは、入会にたいする理解を異にしている側面があるように思われる。法社会学においては、入会の「近代化」という問題を前提にしながら、かえって、入会の権利関係の抽象的規定——これには、解釈学上の課題に接点をもつ——と、現実の入会に直面して、近代化との関連をどう解釈するかの相互矛盾におちいっている感がある。それを打破するために法制定というかたちでの国家権力に依存する、という方法をとる。すなわち、『入会林野等に係る権利関係の近代化の助長に関する法律』昭和四一年、法律第一二六号。『入会林野近代化法』（「入会林野近代化法」として略称した）がその一つである。そこにおける入会についての理解ないし論議では、この法律の意義に接点をもつ歴史的規定や政策的問題は無視され、安易な「近代化」論を重ねただけにすぎないのである。そればかりではない。少なくとも、法社会学の川島武宜・渡辺洋三氏の研究業績をも理解していないのである。しかし、その川島武宜・渡辺洋三氏においても、入会研究における「近代化」論のイデオロギーが問題となる。その両氏とも、入会権と近代化論の理論的問題を克服するまでにはいたっていないように思われるからである。

ローカル・コモンズを入会に重ねるか、あるいは並行して考察するか、いずれの場合であっても、入会研究側の一定の研究業績を考慮しなければならないことはいうまでもない。その原点に立つのが、川島入会権論にほかならない。

いずれにしても——克服するか踏襲する、批判するかはともかく——入会権論を集成し発展させた川島入会権論は、戦後における入会研究の出発点であり、ときには回帰点である。この研究業績を無視して、入会をローカル・コモンズ論の対象とした研究は成り立たない。したがって、法律学者からのコモンズ論への接触（言及）には、少なくとも、これまでの入会研究のうち、川島・渡辺入会理論をどう咀嚼して成されているかが、基本的に問われるであろう。

二

入会研究は、法社会学にとって重要な研究テーマの一つである。しかし、法解釈学においては、権利義務関係についての紛争を解決することが目的であるために判決中心となり、学際的なアプローチや研究の深化、ならびに実態調査は必要とされず、むしろ不必要とすらみなされてきた。しかし、問題はそれにとどまるものではない。入会権について言及する法解釈学者に、どのくらいの判決にたいする知識があるのか、ということでさえ、疑わしいのである。

そのためであろうか、多くの法解釈学者や法実務家は、権利関係はもとより、入会の実態や入会の果たす様々な役割を十分に理解することなく、ときには、まったく知らないで、『民法』二六三条・二九四条（以下では、民法の条文を引用する場合には『民法』を省略する）に規定されている「各地方の慣習」の意味内容について、「徳川時代からの慣習」とか「明治民法制定以前の慣習」という、なんらの理論的・実証的根拠もなく、単純な発想で概念規定をしていた。もちろん、慣習論といった学問上の研究すらされていない。しかも、慣習ということばを、入会権の内容として「小柴・下草」や「薪炭材」の採取という収益行為を念頭において、それを慣習的権利、あるいは権利そのものとして判断していた、という非実証的・非理論的な前提に立っていた。しかも、このような収益行為を共同で同時に（いっせいに）行なうものと考えている。すなわち、多くの法解釈学者・法実務家は、入会権を封建時代に特徴的な前近代的権利である、と簡単に解した上で、団体の統制に従って小柴・下草、ときには薪炭材を共同していっせいに採取することを入会の慣習的行為（権利）として捉えているのである。しかし、今日、小柴・下草等の採取を主として行なっている入会地は、国内に存在する入会地のわずかごく一部（ないしは皆無）にすぎず、入会をこのようにのみ捉えるのは、今日の入会の実態にたいする理解として不正確であることのみならず、旧時においてさえも、入会がそれだけを権利の内容としていたのではないことも認識（理解）していない。また、草刈りを含めて、小柴・下草や薪炭材を共同で採取するのは一般的でないであろう。しかも、そもそも入会権を封建時代に成立した前近代的な権利であると解しているばかりか、封建的な制度に特徴的なものと思っていることじたいが、すでに誤りなのである。にもかかわらず、入会権は林野の近代的な利用を図るために解体・消滅されるべきである、ときわめて単純に、理解しているのである。これは、『入会林野近代化法』の制定にたずさわった民法学者――ならびにそのほかの分野の研究者・実務家――に共通する。たしかに、入会権は、封建時代において、実態的には『民法』で規定する二様の権利形態――一つは「共有の性質を有する入会権」、二つは「共有の性質を有しない入会権」――に重ねることができる。しかし、新『民法』制定のために、明治二六（一八九三）年に設置された法典調査会において、『民法』の起草を担当した起草委員は、今日における入会権にたいする法律学者・法実務家の右の認識とは異なる理解を示している。

この点について、まず、民法起草委員の一人である梅謙次郎氏は『民法要義巻之二物権篇』（初版は一八九六（明治二九）年）において、入会権についてつぎのように述べている。

「入会権ニシテ共有ノ性質ヲ有スルモノハ果シテ如何ナルモノカ曰ク例エハ入会権者ノ共有ニ属スル山

林ニ於テ各入会権ハ相当ノ条件ヲ以テ或ハ樹木ヲ伐採シ或ハ落葉ヲ拾取シ或ハ下草ヲ刈取ル等ノ権是ナリ此種ノ入会権ハ甚タ頻繁ナラスト雖モ時ニ全ク之ナキニ非ス」[3]。

このように、梅謙次郎氏は、共有の性質を有する入会権について、「例エハ入会権者ノ共有ニ属スル山林ニ於テ」・「或ハ樹木ヲ伐採シ」・「或ハ落葉ヲ拾取シ」・「或ハ下草ヲ刈取ル等」というように例としてあげている（傍点は引用者）。梅謙次郎氏は、「例エハ」とか「或ハ」というにとどまり、入会権行使の具体例を幾つか示しているにすぎない。したがって、この表現は入会の多様性を示唆するものである。「例ヘハ」・「或ハ」という用語を除いて、収益行為の事例だけをもって入会権の内容ないしは態様だと理解するのは、梅謙次郎氏の説明を歪曲するものである。梅謙次郎氏は、この民法概説書では、入会権について「例エハ入会権者ノ共有ニ属スル」と述べ、「共有ニ属スル山林」については、山林の共同所有を前提にしているものと思われる。収益行為をもって入会権とは規定していないのである。

つぎに、同じく民法起草委員の一人である富井政章氏は『民法原論第二巻物権上』（初版は一九〇六〔明治三九〕年）で、入会権についてつぎのように述べている。

「入会権トハ一定ノ土地ニ住スル人ガ一定ノ森林、原野ニ於テ共同シテ収益ヲ為ス権利ヲ謂フ」[4]、「要スルニ入会権ハ所有権、地上権又ハ地役権ト云ウ如キ特種ノ物権ニ非スシテ一ノ包括名称ノ下ニ一定ノ性質、要件ヲ具ヘタル種多ノ財産権ヲ総称スルモノト謂フヘシ」[5]、「物権ノ部類ニ属スル入会権ハ共有ノ性質ヲ有スルモノ（二六三条）ト地役権ニ準スヘキモノ（二九四条）トノ二種トス所謂共有ノ性質ヲ有スル入会権トハ森林、原野ノ共有者カ其森林、原野ニ於テ入会シテ其権利ヲ行使スルコトヲ謂フ故ニ其ノ本質タルヤ畢竟森林、原野ノ共有権ノ行使ニ外ナラス之ニ入会権ナル特別ノ名称ヲ附スル所以ハ唯共有者タル人、共有ノ目的、共有権行使ノ方法等ガ普通ノ場合ト趣ヲ異ニスル所アルニ由ルノミ毫モ其所有権タル性質ニ差異アルニ非サルナリ故ニ此ノ種ノ入会権ハ其内容、範囲最モ広ク土地ノ副産物ヲ採取スル外地盤ノ利用（土地ノ開拓、植林等）及ビ主産物ノ収益（立木ノ伐採、炭焼等）ヲモ包含スルモノトス唯共有者間ノ規約、土地ノ慣習及ヒ法律ノ規定ニ従イ各共有者ハ他ノ共有者ノ権利ヲ侵害セサル範囲内ニ於テ其権利ヲ行使スヘキノミ」[6]（圏点・傍点とも原文）。

富井政章氏は、入会権について、「一定地域ノ住民ガ共同シテ有スル権利」であり、「森林、原野ノ上ニ行ハルル権利」[7]である、と説明している。そうして、入会権の範囲については、「一定セルニ非ス或ハ地盤、毛上ニ及ブコトアリ或ハ単ニ毛上ノミヲ目的トスルコトアリ又土地ノ主産物ニ及フモノト其副産物ノ採取ニ止マルモノトアリ最多数ノ場合ニ於テハ秣、肥料、薪等ノ副産物ヲ採取スルヲ目的ト為スモノナリ……少クモ民法上ニ於ケル入会権ハ専ラ森林、原野ノ上ニ行ハルル収益権ノ一部類ト見ルヲ至当トス」[7]、と述べている。このことから、富井政章氏は、一見すると、入会権を収益権の一種として捉えているかのようにみえる。しかし、「共有ノ性質ヲ有スル入会権」について、「森林、原野ノ共有者」が「其権利ヲ行使スルコト」、すなわち、「森林、原野ノ共有権ノ行使」であると説明し、その性質について、「毫モ其所有者タル性質ニ差異アルニ非サルナリ」と述べて、所有権との同質性を強調している。

ところで、梅謙次郎氏や富井政章氏はどのようにして入会の実態を認識し、また、富井政章氏はどのようにして入会権を正確に理解するようになったのであろうか。この当時に入会慣行を調査した資料は幾つかあったが、そのうちで今日、公刊されている資料のなかでもっとも重要なのは、『明治二十六年全国山林原野入会慣行調査資料』[8]である。これは、明治二三年公布の旧民法（いわゆるボアソナード民法）に入会権の規定を欠いていることが重大な理由の一つとされて、旧民法の実施が延期されて新に民法が起草されることになったが、入会の実態についての知識が法典調査会の民法起草委員に乏しかったために、立法目的のために全国的規模で実施した入会慣行調査の報告書である。(9) しかし、この『資料』は、厖大な量であるとともに、内容が複雑であるために、民法起草委員は、短時日で収集された資料のすべてに目を通して入会の実態を詳細に分析することができなく、補助委員の報告でもって入会権の規定を草案している。このことから、おそらく、民法起草委員は、入会の実態について当初は十分に熟知しているわけではなかったが、法典調査会において論議する過程で入会の実態を次第に正確に理解するようになったものと思われる。

富井政章氏は、最終的に共有の性質を有する入会権を所有権と同質の権利と解するにいたったのであろう。しかも、「入会権ハ所有権、地上権又ハ地役権ト言フ如キ特種ノ物権ニ非スシテ一ノ包括的名称ノ下ニ一定ノ性質、要件ヲ具ヘタル種多ノ財産権ヲ総称スルモノト謂フヘシ」と指摘している。この指摘はきわめて重要である。

しかしながら、富井政章氏の入会権論は、『民法原論』以後に出版された多くの民法学者の民法概説書をみる限り、引用ないしは参照されていない。したがって、富井政章氏の入会権概念は、学説として十分に継承されていないようである。むしろ、入会権の所有権的性質から離れて説明しているのを多くみるのである。すなわち、それらの民法概説書によれば、入会の慣習的権利とは、小柴・下草の採取というような使用・収益行為を内容とする、と説明しているのである。しかし、それにしても『民法概説書』のほとんどの著者達は、小柴・下草がどのようなものであるのか、その有用性がどのようなものであるのかを知らないで記述しているのであろう。また、小柴・下草がどのような状況のもとにおいて、どのような方法で採取されているのかも知らないであろう。つまり、入会の実態がどのようなものであるのか、についての説明はほとんどみられない。さらに、入会権がいかなる社会構成を基礎にしているのか、また、入会権がいかなる権利であるのか、ということについては、末広厳太郎氏の民法概説書の具体的叙述があるにもかかわらず、今日では、まったくといっていいほど取り上げられていないのである。もちろん、入会の調査・研究が今日までなされなかったわけではなく、いくつかのすぐれた研究をみる。それにもかかわらずである。

第二次世界大戦後に本格的な入会の調査・研究が行なわれるようになったのは、川島武宜氏が主宰した『入会権研究会』および『温泉権研究会』による入会のフィールドワーク研究をあげることができる。また、この研究会では入会理論の検討も行なわれた。しかし、こうした研究成果もまた、多くの民法概説書、さらには判決においても十分に理解され引用・参照されていないのをみるのである。

民法概説書のおよぼす影響は、法律学の内部にとどまらないであろう。裁判官の入会権についての知識や理解にも影響を与えるし、その他の実務家にも影響を与えるであろう。かつて川島武宜氏は、規範の構造を把握して分析するために、法社会学と民俗学との間の学際的研究（interdisciplinary study）の必要性を力説したことがあるが[10]、このことも、法解釈学者に理解されなかったし、その意味内容ですらわからなかったのであろう。このことは法社会学者にもあてはまる。したがって、入会（権）についての民法概説書のような不充分な説明をもっているのもかかわらず、法律学者が入会の、あるいは、権利の本質を明らかにしている、と「コモンズ」研究者が思うかぎり、「コモンズ」研究者は入会（権）について正確に理解することは困難であろうし、「コモンズ」研究者が入会をフィールドワークによって研究をする際に入会（権）にたいして誤解しかねない知識をあたえることになるであろう。むしろ、有害な知識ということになる。

三

周知のように、入会権には「共有の性質を有する入会権」（二六三条）と「共有の性質を有しない入会権」（二九四条）とがある。前者は、『民法』物権編第三章所有権中の第三節共有のなかに規定されていて、第三節共有中に規定されている準共有（二六四条）の規定とは別に規定されている。これには理由があり、富井政章氏が『民法原論』において述べているように、「共有の性質を有する入会権」は、所有権の一種である「共同所有権」であって、しかも、特殊的——共有権の一般的概念とは異なる——包括的共同所有権とみることができるからであるとの認識にもとづく。したがって、「共有の性質を有する入会権」の効力は、教科書的に表現すると、土地所有権の一般的効力と同じく、「その土地の上下に及ぶ」（二〇七条）ことになる。

戦後において、入会権を所有権の一態様として把握したのは川島武宜氏である。川島武宜氏は、『注釈民法(7)物権(2)』[11]（一九六八〔昭和四三〕年）で、入会権についての従来の学説が「入会権にもとづく収益行為の一部分（入会稼と呼ばれる）しか視野に入れていない」と批判し、「そのような特定の収益行為がなくなると入会権は消滅するとか、入会権者たる農民が貨幣経済に移行したり農業をやめたりした場合には入会権は消滅する、と解する誤れる法律論さえ生じている」、と述べて、最高裁判所の判決[12]を批判し、「民法上の入会権は特定の収益行為を要素とする権利ではない」、とか、「広汎な権利を包括し・収益行為をしない場合もありうるところの共同所有の一形態であることは、多くの実態調査から明らかなところである」（傍点は原文）、と述べている。きわめて富井政章氏の理論に近似している。

川島武宜氏は裁判所の判決が入会権にたいする無知からくるものであることを批判しているが、他方において入会学説を展開した戒能通孝入会理論の重大な誤りを視野に入れているものと思われる。

入会権の本質を説明するに際して、富井政章氏は「共有権」という概念を用い、川島武宜氏は「共同所有」という概念を用いているが、両者の理解には類似性があるとみてよいであろう。川島武宜氏はさらに、これを一歩進めて、マックス・ヴェーバー（Max Weber）に依拠して〝Gemeinde〟の〝Appropriation〟の基本的特徴である〝formale Gleichheit〟（形式的平等性）概念を用いつつ、ドイツの法学者ギールケ（Otto von Gierke）のいわゆる〝Genossenschaft〟（仲間的共同体）による〝Gesamthand〟（総手）を入会権論の基礎におき、入会の共同関係的性格を説明している。[13] このように、川島武宜氏の入会権論は、ギールケとヴェーバーの分析概念が二重構造となってあらわれている。しかし、川島武宜氏にとっては、この両概念は、あくまで自己の入会理論を比較法的に説明するための道具概念にすぎないのである。したがって、川島入会理論はギールケやヴェーバーの著作の引用にかかわらず、独自の理論ということになる。川島武宜氏の思考ないしは著作の基礎には、ヴェーバー、ギルーケ、ならびに、マルクス等の理論の影響があったことは明らかである。しかし、川島入会理論にとって入会権を説明する場合、——比喩的に言えば——古典的名著を引用することによって、一般の研究者の追従を許さない権威をもたせるとともに、自らをそのレベルに置いたともいえるのではないか。たしかに、川島武宜氏は、その専門部門に関する限り、これらの著作に精通している。

そこで、川島武宜氏が入会集団の基本として説明した「仲間的共同体」を日本の入会ないし村落の歴史・現実から説明しておくことにする。

「仲間的共同体」とは、入会権利者の集団（以下、権利者集団、入会集団ということがある）によって構成される地域社会ということができる。徳川時代においては、この地域社会は外枠として一般的には村という行政単位をもつが、総村民が権利者集団によって構成されている場合と、総村民の中核（村民編成の大部分）が権利者集団であって、その外部に権利者集団外の村民をもつ場合とがある。しかし、外部に権利者外の者が存在するか否かにかかわらず、他の村々に対峙する意味での村は、一つの地域社会として構成される。村民の再生産を基本的に保障するのは、この村落共同体という社会構成にほかならない。明治政府の成立とともに、明治初年になされた合村[14]（村合併）によって村の行政的権能を失った旧村の地域社会は、部落（村落共同体）として独立の権利者集団としての社会構成となる。この明治初年の合村については、あまり論究されていないが、この合村によって部落が旧村落の財産を所有し、一つの独立した私的権利者集団として「部落」という名称を行政庁から付与され、学術的、行政的にも用いられ、裁判所もこれを用いた、ということなのである。一般的には、この事実関係についての認識がないように思われる。つまり合村は、明治二一（一八八八）年の市制・町村制に始まると思われているからなのである。

合村が（したがって、部落の成立）明治初年の合村にもとづくものであるか、明治二一年の合村であるかにかかわらず、合村については、権利者集団である「仲間的共同体」は、その外枠をかたちづくる単位とされ、その財産はすべて、権利者集団の私有財産となる。これがいわゆる「部落有財産」といわれるものである。

以上のように、入会権の規定（二六三条・二九四条）は、この集団的（団体的）財産について権利主体の有する権利に関する規定である。川島武宜氏が入会権の主体を「仲間的共同体を構成している構成員である」[15]と概念構成するとき、この「仲間的共同体」（という集団・団体）とは、権利者集団の外枠であり、法人格を実質的に有する団体にほかならない。「仲間的共同体」が法人格を形式的に取得することにならなかったのは、登記制度の欠陥によるものであるが、むしろ、法典調査会において民法起草委員が説明しているように、民法の起草に際して入会権に関する章ないし節を設けてこの点について詳細に規定しなかったからであろう。また、二六三条・二九四条にいう「慣習」とは、入会権主体の規範のことであって、権利者集団を前提とする。具体的な収益行為でないにもかかわらず、入会集団による一部の収益行為と収益内容（物の採取）をもって入会権そのものとしたり、徳川時代の慣習が入会権である、というような誤った理解のうえに立つ民法概説書の記述は、いずれも入会についての実態調査や、入会理論を正確に把握していないことにもとづく。

すなわち、共有の性質を有する入会権（二六三条）は、前述したように、所有権の一態様なのであるから、土地を所有している場合と同様に、土地をどのように利用するかは入会権利者集団の自由であり、したがって、入会地を処分することも入会権利者集団の自由である。ただし、入会権利者がその地方の「慣習」の主体である権利者集団の規範に従わなければならないことはいうまでもない。また、入会権には登記をする途がないので、入会集団が入会地の所有者であっても、入会集団名義で入会の登記をすることはできない。そこで、このような場合には登記名義が仮装されることになる。これも入会権を理解するうえで重要なことなのである。

かつて、渡辺洋三氏は、国や山梨県が入会権を否定ないし制限しようとしたために、山梨県富士北麓における入会集団の招きで『入会権の公権論と私権論』と題しておこなった講演において、仮装された形式上の名義の例として、一部事務組合、財産区、神社、公益法人、生産森林組合をあげている。(16) ただし、仮装の形式はこれにとどまるものではない。入会地の所有の実態と法形式とを異にするこのような入会地は国内に少なからず存在し、この場合の入会権は、共有の性質を有しない入会権（二九四条）であるとみることも一応できようが、入会集団が実質的に入会地を所有しているのであるから、その所有名義の形式にかかわらず実質的には共有の性質を有する入会地（二六三条）である、とみなければならない。また、入会集団が入会地の地盤こそ共同所有していなくとも、入会地を支配し、ここ存在する林産物を共同に所有している場合もある。この場合には、入会集団が林産物について共同所有の性質を有する入会権を有しているとみることもできよう。それはともかく、入会集団が所有するものは、動産と不動産とを問わず、すべて入会集団の財産なのであるから、入会的共同所有を財産支配（所有）という広いことばで〝Gesamteigentum〟（総有）とよんでも、それが権利内容を的確に示しているならば、法技術的概念として用いてもよいであろう。もっとも、〝Gesamteigentum〟という概念は、特殊ヨーロッパ＝ドイツにおける法制史的な意味をもつ概念であるから、この概念を用いる場合には地理的・歴史的な法制の特殊性に注意を払う必要があろう。そうして、このように考えることが許されるとするならば、日本の入会権についての説明に、ゲルマン＝ドイツ法制史上の概念をそのまま用いる必要性は必ずしもないように思われる。いずれにせよ、日本の入会権を説明する際にしばしば用いられる総有的権利とは、所有権であり、しかも、共同の団体的権利にほかならない。したがって、たとえ入会権利者が林野に立ち入らなくとも、入会権が消滅することはない。すなわち、入会林野を使用・収益しなくとも、林野を維持・管理することによって入会権は確保され明認することができるのである。常時、小柴・下草を刈っていなければ入会権が消滅する、というのは、所有者が所有物を使用・収益しなければ所有権が消滅するというのと同様に誤った理解である。例えば、留山（止め山〈入山禁止〉）とすることによって、林野への立ち入りを禁止し、小柴・下草・林木の採取などが行なわれないようにすることがある。しかし、それでも入会地にほかならないのである。むしろ、入会地であるがゆえに留山とすることができるのである。

また、林地での使用・収益行為をしないで、そのままの状態で自然林として環境保全に役立てることもある。また、収益が行なわれずに自然林のまま置いて、水源源養林とすることもある。いずれにしても入会権については、所有という概念に注意すべきである。

四

以上のように、二六三条・二九四条にいう「慣習」を徳川時代から一部の入会地で行なわれている特定の収益行為に限定することは、入会にたいする理解として不正確であるというよりも無知であり、有害である。

すでに述べたように、富井政章氏は入会権を所有権の一形態として位置づけ、川島武宜氏は、入会の実態調査を踏まえた上で、入会権の主体を「仲間的共同体を構成している構成員」と捉えるとともに、権利の内容は所有権であると位置づけるにいたっている。これが両氏の入会についての基本概念であることもすでに指摘したとおりである。

しかし、政府・行政庁は、その政策的意図からこのように理解しないのである。たとえば、明治政府は、部落有林野の統一および公有林野の整理政策に際して、入会地で行なわれている慣習が小柴・下草の採取であると意図的に限定し、小柴・下草の採取行為を粗放的・非生産的で反国家的だと位置づけ、論理を倫理に切り換えて入会地を公有財産として編入し、入会権の解体・消滅ないしは制限を企図した。この部落有林野の統一・公有林野の整理では、「近代化」ということばこそ用いていないものの、徳川時代の旧慣による粗放な経営であるから、明治国家的ではない封建的であるというのであろう。このことから導かれる――あるいはその根底にある――のは、「近代的」国家体制の要求に従わない「前近代的」な部落集団がもつ入会権であるために、その解体・消滅しなければならないのである。この国家体制というのは、山田盛太郎氏の国家の概念規定になぞらえて表現すれば、天皇制絶対主義的軍事的な半封建的官僚制国家とでも規定すべきであろう。そして、そのもとでの富国強兵策にほかならない。政府のこの政策はその後も一貫して続けられた。

敗戦によって、右の国家体制から「軍事的」は一掃されたが、本質は依然として残り、官僚制が強化される。近時では、さきの部落有林野の統一・公有林野の整理政策が基本的に『入会林野近代化法』による入会林野等整備事業に継承されていることをあげることができる。この『入会林野近代化法』では、政策のタイトルが入会の排除という露骨なものではなく、入会林野の「近代化」ということばを使用して封建的権利関係ならびに使用、収益との対峙が前提になっている。

広大な林野――あるいは水――が地域とのかかわりにおいて入会集団によって保護・管理されている場

合、その土地（林野）は私権である入会地であるために、公法人である地方自治体とは権利上においてかかわりがない。

同じように、広大な林野を個人で所有している場合も僅かながらあるが、この場合には、山林地主が地域とかかわりをもつことなく財貨を生むもの（営林事業）として林木を個人的に所有しているにすぎない。したがって、伐採は自由である。これにたいして、入会林野の場合には、かっては、入会権利者の再生産と密接なかかわりをもって存在していたために、入会林野においては、入会地に存在する林木等を大量に伐採し、それによって得た利益を分配する目的で林木等を育成しているという例はほとんどなく、あっても、それは営林としての育林によるものではないのである。

かっての入会林野は、入会権利者の生活や生業に直接にかかわっているだけでない。村落生活――そしてその再生産――を前提として、治山・治水や生活水や農業用水の保水、自然環境の保護・保全や生態系の維持・保全という重要な役割を担っていた。そのために、山見・山守等と言われている者が監視員として置かれている。林野での使用・収益や保護については、多くの場合、不文律の規範が存在する。自然環境の保護・保全が村落生活を再生産するための絶対的条件であったからにほかならない。ただし、この場合の自然環境の保護・保全は、村落――徳川時代では村、明治以降においては部落――の入会権利者にとっては、生活と生業を維持するためであるから、今日で一般的にいうところの自然環境の保護・保全とは次元を異にする、ということに注意すべきであろう。

部落有林野（ならびに、他の財産等）は、権利者総体に帰属する権利者の共同の財産にほかならないからである。この財産から利益を享受するのは権利者（入会権利者）にほかならないが、権利者以外の者（居住者）も環境等について間接的に利益を享受している。また、部落を基本として催される民俗的行事等にも居住者は参加することができる。「コモンズ」論者がこうした実態を踏まえて「コモンズ」論を展開するのであれば、入会権論とは合同するかたちをとり、これまで法律学者——とくに民法解釈学者——が行なってきた入会の概念よりも、一層現実的にグローバルなかたちで入会を把握することができる。

部落は、一般的にいって、その区域が旧村であり、学術用語では村落共同体である。その区域（テリトリー）は歴史的に規定されたものであり、他の区域とは権利関係と居住とにおいて区別されている。その一例を概念的に示すことにする。

まず、第一例は、村落の支配領域（部落ないし地域社会）は地図上にはないものがあるが、実態的には明確に区分されているということである。その中心となっているのは権利者集団である。権利者が集団的にまとまって居住しているとは限らない（もちろん、集団的にまとまって居住している例もある）。この外部には、権利者集団のほかに権利者となることができる準権利者が存在し、残余は権利者となることができない居住者であることを示している。これらの者によって、地域社会が構成される。

第二例は、権利者集団と準権利者集団によって地域社会が構成されている例である。ここでは、権利資格がまったく付与されることのない居住者をみない。

第三例は、権利者集団と居住者である非権利者とによって、地域社会が構成されている例である。この型で居住者である非権利者の割合（比率）が多いのは都市型である。このほかに、居住者全員が権利者である例もある。いずれの型でも「離村失権」——部落を離れた者は入会権利者の資格を失う——のルールがある。旧時代においては、これらのいずれかについても、部落とよび、権利者集団を中心とした社会を形成していた。

私的な権利である入会権の帰属は右にみたとおりであり、これにたいして第三者が自由に変更を加えることは許されない。しかし、地域社会や村落共同体という視点から入会財産をみると、入会財産は共同の利益の上に成り立っているということがわかる。例えば、居住地域の後背にある森林は、生態系を維持・保全し、水等を確保し、土石を扞止するとともに、気候風土を調和させている。権利者共同の林野（入会地）は、生業の変化に応じて有効に利用することができる。また、エリノア・オストロム教授がフィールドワークとして引用している山梨県富士山麓の村々のように、徳川時代から明治期にかけて馬による輸送（駄賃付）が盛んであったところでは、原野は牛馬の飼料の供給地（草地）として利用された。草地がなければ馬を飼育することができないから、運送の営業にとって草地の存在は不可欠である。全村的規模からみて、運送業を営んでいるのは半数以上であった。馬を一〇〇頭以上も存在していた村もあった。したがって、農業による収益は生活の補助的存在にすぎない。このように、運送業が村落生活に直接・間接に村落生活を支え、村落自体の経済を支えていたのである。歴史的にみると、この生業や林野とのかかわりは、一定不変のものではなく、外部との関係において柔軟に変化している。

もう一つの例として、養蚕——あるいは製糸・織布——をあげることができる。養蚕はある時期において外部からの需要によって盛んになったことがあるが、その場合は養蚕に必要な材料等を雑木林から得ていた。製糸についても同様であり、煮繭に必要な燃料を雑木林から得ていたのである。つまり、村落が生産手段・財貨等を所有するかぎり、社会的経済的変動にたいして対応することができるのである。そうして、その生活源・生業源としての林野をどのように維持・管理するかが、入会集団の重要な課題であった。

ところで、この例示にはもう一つの問題を説明するための有用性がある。前述のとおり、当該の村落といわれている地域社会は、入会財産およびその権利行使の範囲であって、他の村落の者はこの範囲内に立ち入ることはできない。すなわち、権利関係において村落と村落との境界が厳重に区分されているので、他の村落が所有する林野等に立ち入ることはできない。入会林野は、単なる所有としてではなく、村民の再生産や環境保護・保全に重要なかかわりがあるからにほかならない。ただし、数村入会の場合には、部落と部落との接点内において、対象地域、対象物の利用が可能であり、その利用は村落（旧時代では村、明治期以降では部落）と村落との共同規範を媒介している。

山梨県下においては、明治期に入ってすぐに、明治政府は天領の御林《おはやし》をはじめ各藩の御林を官林に編入するようになり、その後は、官林での入会が制限もしくは禁止されるようになる。『地租改正』（一八七三〔明治六〕年）においては、所有は官有と私有とに大別され、ここでも、村持地および大量の入会地は官林として編入された[17]。村持地・入会地で所有を認められた林野等は、まず、明治初年の合村の際に部落有地となる。これと並行するようにして、明治政府は、富国強兵策を遂行しようとするために特定樹種の伐採を禁止したり、富国強兵策に直接のかかわりをもつ植林政策を展開する。しかし、この植林政策は部落にとって受け入れるところとはならない。部落所有の林野ならびに入会地は部落民にとって不可欠の存在であり、富国強兵策にとって必要となる林木の植林は、入会民の再生産を破壊するばかりか、環境の保全を破壊するからである。したがって、政府が一貫して富国強兵策を遂行するにもかかわらず、部落は、この政策を消極的に受け入れても積極的には受け入れなかったのである。そこで、この政策を強行するために、農商務省山林局（のちの農林省）・内務省は、部落有林野の統一・公有林野の整理ということで、入会権を制限ないし廃止する政策を展開したのである。しかし、この政策は二律背反を伴うことになる。すなわち、植林政策が富国強兵策・戦争（準備）体制に直結するために特定樹種の植林を部落に強制するとともに、部落有林野・入会林野を部落有林野の統一・公有林野政策で強制的に公有林野に編入して植林を行なった結果、従来の生態系や生産資源は破壊されることになる。そうして、従来から部落有林野・入会林野によって生活を維持し、生業を営んでいた者は、生活の困窮をもたらした。農林省の内部においても、畜産局が植林政策に反対した。農耕用・輸送用の牛馬の飼料給源である草地の減少・消滅は、農林生活のみならず、また、輸送手段を奪うのみならず、さらに、戦争を支える軍馬の飼育にも影響をあたえるからである。帝国議会においても、国家の基本である村落の破壊を防ぐために、部落有林野の統一・公有林野の整理政策の中止を求めるようになった。[18]しかし、それでも政府は、林学者・林政学者・地方官・教育者を動員して、富国強兵策からさらに戦争（準備）体制の一環である特定樹種の植林樹種の植林政策を遂行するためのキャンペーンを行なったのである。[19]このような、状況であるから、入会林野にたいしては、治山・治水、自然保護・環境等について補助金を支出したことはない。また、こと部落における生業のための意味をもつ植林についても、部落入会地に補助金を出したことはない。

五

日本の村落は、たえず外部からの影響に対応するかたちで変化してきていたが、自律的な変化もあった。しかし、『町村制』ならびに部落有林野の統一・公有林野の整理、戦後の『地方自治法』などの、制度や政策という、国による強制にも対応せざるをえなかった。国の強権的な林野利用の例として、戦前における陸軍演習場がある。また、現在、自衛隊およびアメリカ軍の演習場となっている地域の林野をあげることができる。[20] さらに、『入会林野近代化法』もつけ加えられる。

国による入会地の収奪は、まず、明治二(一八六九)年の御林の官有地編入にはじまり、ついで、『地租改正』によって村持地・部落有地・入会地の収奪が行なわれる。前者(御林)は、幕府・藩所有であるという前提に立ち、後者(地租改正)は所有権の認定基準に適合しないという理由にもとづいている。ついで、明治二一(一八八八)年に公布された町村制によって町村および財産区への編入が行なわれ、さらに、明治末期から部落有林野・入会公有林野の荒廃を理由として部落有林野の統一・公有林野の整理事業が強圧的に行なわれ、これにより、入会山林は町村へ編入され、入会権が制限され、もしくは廃止されるようになる。

官有地に編入されて国有林となった林野――および温泉・水等――は、明治二一年に天皇家の御料地として編入された部分があるので、国有林と御料林に大別されることになる。このいずれもには、入会権が存在していたが、大正四(一九一五)年の大審院判決において国有地入会が否定されたことによって、明治初年に官有地に編入された土地にまでさかのぼって入会が否定された。[21] ここでは、御料地入会も、国有地より編入された林野等についても入会権は否定され、山梨県のように御料地が県有地(山梨県)等に編入された林野にも適用される。しかし、実際には制度上において御料地入会が肯定されているのをみる(「御料地草木払下規則」)。[22] また、国有地入会否定の判決がでた後において、判決に依拠する多くの民法学者は裁判所の判決に従うが、末弘厳太郎・山下博章氏等は右の判決を批判して、国有地入会を認めている。[23] 国有地入会が法律上において肯定されるためには、戦後の最高裁判所の判決を待たねばならなかった。すなわち、国有地入会肯定の最高裁判決は二件あり、一つは昭和四八(一九七三)年の判決[24](青森県屏風山)

であり、もう一つは昭和五七（一九八二）年の判決[25]（山梨県山中浅間神社有地）である。いずれも、国有地入会権の存在を地租改正（林野官有地区別）に遡って再構成したものである。

ところで、最高裁判所の国有地入会肯定の判決が出される前の昭和四一（一九六六）年には、前述した『入会林野近代化法』が制定されている。この法案の作成を企画したのは、旧農林省で部落有林野統一・公有林野政策に深くかかわった農林官僚の系譜を引く林野庁官僚である。ここでとられた政策の目的は入会林野の「近代化」ということであるが、その内容は部落有林野統一・公有林野整理につながるものであり、かつての入会地荒廃論を「近代化」論に切り換えたという衣だけの（表面上）斬新さがあった。これに民法学者を中心とした各道府県委員が選出される。いずれの者も、入会権は「近代化」されなければならないというのである。

なぜ入会林野は「近代化」されなければならないのであろうか。『入会林野近代化法』の推進者の一人である黒木三郎氏は、「入会権や旧慣使用権が前近代的慣習上の権利であるため旧来の慣習に制約されて農林業経営の健全な発展に支障を来しているため、権利関係の近代化が要請されている[26]」、と同法の目的を述べている。入会林野・入会権についてのこの認識は、法律の解釈・適用にたずさわる法学者・実務家のほぼ一致したものであろう。入会権が、「農林業経営の健全な発展に支障を来す」というのであるから、入会地は農林業経営にとって不健全な存在ということになる。きわめて文学的な倫理的規定である。この、法社会学者らしからぬ指摘は、戦前の部落有村野の統一・公有林野の整理についての行政庁が行ったキャンペーンの文言であり、イデオロギーと同一であることに本人は気づいていないのであろう。ところで、「農林業」というからには、農業と林業のことであろうが、ここにいう農業とは米穀生産のことなのであろうか。

また、林業というのは、特定樹種による植林とこれの伐採のことであろうか。ということになると、入会山林原野は水田に適しているということになる。そのような水田に適している土地が入会地にあるのであろうか。また、米の減反政策が行なわれている現状にあっても、水田を開発しなければならない必要性が存在するのであろうか。また、農業とは入会地を畠にすることなのであろうか。恐るべき論理である。また、林業は、入会権・入会地を否定ないしは廃止して、私有林政策を展開し、林業経営を行なうことが近代化であり、近代的林業経営と言うのであろうか。しかし、なぜ入会林野を否定して、また、どのような樹種の植林をするのか。これらについても明らかではない。入会林が長い間にわたって自然を保護し、環境保全をしてきたことにも触れていない、一方的なものである。さらに、林業経営のみで林業による農家経営が成り立つとでも思っているのであろうか。しかも、入会権利者全員が、入会権を廃止して、林業家に転向するというのであろうか。この論理は黒木三郎氏自身が入会の実情や入会権についての知識をもっている結果からの結論なのであろうか。

しかし、黒木三郎氏の、林野庁の法案趣旨のまる写しのような解釈に法律学者・実務家が追従したのである。

『入会林野近代法』の背景には、部落有林野の統一・公有林野の整理という強行政策の中心的課題であった特定樹種の植林政策の思想ないし発想が依然として存在する。この思想ないしは発想は、かっては、国有地入会を否定することと、部落有林野・公有入会林野の入会を排除して、公有地に編入するという目的があった。その発想の前提には、入会林野の荒廃と粗放経営ということばがあった。そこでは中央集権的な官僚制下での市・町・村にたいして、入会を有する部落は「前近代的」な遺制と捉えているといっても過言でない認識にもとづいていたのであろう。この一例を法案に沿ってみればつぎのようになる。すなわち、「部落有林野は、もともと山村民がその個別私経済のために用益してきたものであり[26]」・「その利用状況は、極めて粗放であって、当面の農林業生産の高度化の要請に十分には寄与することができない状況である。このような状況は、基本的には山村における零細な保有農林要地を基礎とする半自給経済的な農林業経営の停滞性に起因するものであり、このことが技術水準の低位とあいまって部落有林野の利用を粗放ならしめ、さらに利用をめぐって前近代的な部落共同体的拘束を伴う複雑かつ不明確な権利関係を残存せしめているのである[27]」、というのである。

これを部落有林野の統一・公有林野の整理のスローガンと重ねると、全く同じであることがわかる。したがって、「入会権を撲滅する」ことについて、『入会林野近代化法』では、入会林野が「きわめて粗放で」あり、入会権という権利が「前近代的な部落共同体的拘束を伴う複雑かつ不明確な権利関係」であり、旧い慣習にもとづく小柴・下草の採取という用益である、という不正確な知識をもとに入会権の解体を意図したのである。民法学者や実務家（とくに裁判官）が認識している入会権は、既述したように、入会は前近代化的なものであり、その慣習的権利は一般的には小柴・下草を採取する権利である、という認識の前提に立っている。この入会林野における、入会権を解体し、特定の樹種の植林をすることが林野利用の高度化というのである。まさに、木を見て森を見ない、という類である。入会の実態を不充分にしか知らないか、入会を前近代の遺制と誤まって捉える民法学者をたくみに利用して、部落有林野の統一・公有林野の整理のイデオロギーと政策を再現したのである。

『入会林野近代化法』が、戦前の富国強兵策にもとづく部落有林野の統一・公有林野の整理という入会権排除・解体政策と同じであり、かつ、この政策に系譜をひくものであることは、しばしば指摘した。『入会林野近代法』が部落有林野の統一・公有林野の整理と異なる点は、第一に、戦前の入会林野政策が、強権発動によったのにたいして、戦後の入会林野の否定は、法制定をともなったことである。第二に、部落有林野の統一・公有林野の整理政策が内務・農林両省の強硬弾圧政策によったものであるのにたいして、今日の入会解体政策は、政策の正当性を裏付けるために近代化論を置き、その近代化なるものに際して補助をしたのであり、第三に、公有林野政策をとらなかった点である。『入会林野近代法』は、林野庁の主導によって法制定が行われたことだからである。これに、政策の客観性と正当性を印象づけるために、民法学者を中心に、行政法学者・実務家（県）を参加させて、『入会林野近代法』の促進のためのコンサルタント協議会がつくられたことである。両者に共通する点に、入会林野が粗放経営であり、入会地が荒れているという前提が存在することである。異なっている点は、『入会林野近代法』が入会林野の近代化というお題目を正面から掲げている点だけである。

なぜ、入会林野の近代化なのか。『入会林野近代法』の推進者であった黒木三郎氏の著書『近代農業法と入会権の近代化』(28)（一九七一年）についてこれをみてみる。

この著書は、書評と資料をのぞく一〇項目から成っていて、その二項目が農業法関係であるほかは、あとは『入会林野近代法』に関するものである。それだけに同氏の入会の近代化についての取り組みの強いことがわかる。

それでは、いったい黒木三郎氏の入会の近代化はどのような理論構成をとっているのか。これについて、黒木三郎氏はなんら自説を展開していない。もっぱら、『入会林野近代化法』の解説ないしは説明に終始しているのである。黒木三郎氏の近代化論・入会権論は、右の著書に関するかぎり、独自の理論的展開もないし実証もない。したがって、『入会林野近代化法』の林野庁の説明が黒木三郎氏の入会林野の近代化理論であり、認識ということになる。そのかぎりにおいてその著書は『入会林野近代化法』の解説書であって、政府(林野庁)の法案説明がそのまま黒木入会近代化論である、ということになる。黒木三郎氏は、『入会林野近代化法』がかつての部落有林野統一・公有林野の政策の延長上にあるものとして位置づけながら、地方自治体への解体後の入会林野を編入することには反対する。入会林野の近代化は、慣習の否定であり、入会集団の権利を解体して個別的私的所有に転化し、さらに、生産森林組合への編成することが近代化であると、説示する。これは、林野庁の政策そのままである。言い換えるならば、入会林野の近代化、すなわち、入会を解体して生産森林組合へ編成しないかぎり個別的私的所有への移行は認めないというのである。慣習的権利である入会権を解体して個別的私的所有権へとすることが近代化であることを理論的大前提としながら、近代化のその先にあるのは生産森林組合への編成なのである。生産森林組合は、林業による私的利益の追求であるから、その目的において、自然保護ないしは環境保全とはかかわりがない。しかも、これの官轄庁は林野庁である。

ところが、黒木三郎氏は前述の著書において意見らしいことを述べている箇所がある。

「以上の理由によって、入会林野における権利者の確定、とくに入会林野地盤を入会権者に帰属させることが、入会林野の造林地化その他高度利用を促進させるために必要である。したがって、そのためには入会権という地域的にも歴史的にも漠然とした範囲の集団の構成員が、集団として有する権利を個人的に明確な近代的権利形態に確定させ、個人としての権利を登記して融資を容易に得られるようにすることは、造林意欲を助長することになり、きわめて望ましいことと思われる。」

右の箇所でも、なお意味不明のところがあるが、その一つ「入会林野地盤を入会権者に帰属させる」というのがあるが、これをそのまま読めば近代化との対応ということでは、なにを言っているのかわからない。「入会地盤」を入会であることを解体して、入会権利者個人の私的所有とする、というのであろうか。黒木三郎氏は「造林」を前提として、「集団として有する権利を個人的に明確な近代的権利形態に確定させる」（六頁、傍点、黒木氏）とあるから、入会林野の近代化というものは、入会集団という権利主体を解体して「個人的に明確」な権利とすることが近代的権利というのであろう。逆な言い方をすれば、近代的な権利というものは、集団的権利を個人的な権利とすることにあるというのであろう。しかし、集団的あるいは団体的権利がすべて前近代的なものではないから、これにたいする前提として、「入会権という地域的にも歴史的にも漠然とした範囲の集団の構成員が」という入会集団論を置く。この文章の意味がわからないが、入会権なるものは地域的にもその範囲がわからないし、歴史的にも範囲がわからないというのであろうか。そうして、その範囲が漠然としている集団であり、そのような漠然とした集団の構成員が、入会集団・入会権利者の一般的実情というのであろうか。はたして、入会集団あるいは入会権というものは、「地域的にも歴史的にも漠然とした範囲の集団」なのであろうか。そうだとすると、黒木三郎氏の入会権にたいする認識、あるいは研究は、こんな程度のものだったのかと、その学問的水準の低さを疑わざるをえない。

そうして、入会権を解体すれば「融資を容易に得られる」というのであり、その先は、林野庁の補助金も受けられることになる。いわゆる「アメ」政策の宣伝である。

「ローカル・コモンズ」論者は、この入会集団の規定にたいしてどう捉えているのか。入会集団ないしは入会権を社会的基礎とみるのか、みないのかは、「コモンズ」論者の基本にかかわる問題である。この近代化論を「コモンズ」論者がどのように受け止めるのか。「コモンズ」論の学問的位置づけの重要な課題である。

ところが、黒木三郎氏の認識――あるいは解説――には、もう一つの問題がある。入会林野の高度利用化を入会の解体から捉えているのである。その高度利用ないし近代化の目的には生産森林組合による造林が置かれている。「その他高度利用の促進」という文言もあるが、「その他」については具体的には明らかではない。ただ、たんにそう言ったにすぎないのであろうか。しかし、黒木三郎氏の入会林野の近代化には農林業ということばもある。これは、農業と造林業のためのものであろう。なぜ、入会集団・入会権を解体してまで農業と造林業を促進させることが高度化であり近代化なのか。多分、その論理的な根拠が、個別的私的所有なのであろう。そのかぎりにおいて、表面上では、戦前の部落有林野の統一・公有林野の整理政策とは結論が異なっていることと、行政庁（国家権力）が後景にしりぞいていて、民法学者等起用してこれを前面に出した点が異なっている。にもかかわらず、入会についての認識はまったく変わっていない。したがって、そこからの発想は同じなのである。

『入会林野近代化法』の実施にかかわったコンサルタント会議のメンバーには、林野の近代的展開や高度利用についてどのくらいの認識があったのか疑わしいのに加えて、入会権についてどのくらいの認識があるのかも疑わしいのである。こうした現況をふまえて、どう「コモンズ」論者が入会を捉えて理論構成していくのであろうか。

『入会林野近代化法』によって入会権を解体し、林業経営を行なった旧部落（旧入会集団）が、その林業経営によって多大の収益をあげている例を知らないし、また、環境保全や治山治水等にどのくらい貢献しているのか、その例を聞かないが、これにたいして依然として、入会林野の状態をつづけている入会集団の林野は、環境保全や治山治水、あるいは景観にさえ役立っているのをみる。

六

民法の研究者も「コモンズ」、とくに「ローカル・コモンズ」の研究者も、入会を研究対象としながらも、後者は、自然と人間との関係のあり方を問題とし、入会を「コモンズ」と位置づけて自然環境や天然資源の保護・保全や管理という視点から論究しているのがみられる。入会地をたんに経済的効率・国家利益の保護という目的のために「近代化」を図るのなら、特定樹種の植林は、自然環境の保護・保全と対立することがある。その一つの例とし、すでに述べたように、生態系の破壊がある。しかし、入会権の内容を小柴・下草の採取に限定する民法解釈学者の不正確な知識に惑わされることなく、入会林野の果たす役割を視野に入れて入会林野をトータルなものとして捉えるなら、「コモンズ」論者は入会の一部である自然環境の保護・保全や生態系の維持・保全に有効な役割を果たしている入会をみるように思われる。すなわち、部落有林野または部落有財産は、前に示したように、特定された権利者集団の私的共同所有であり、この権利者集団は部落という地域社会に居住している。その財産（とくに山林・水）は、部落の社会生活に直接・間接に影響を与えている。そうして、そのローカル性を部落においてコモンズ論でいう「共生」なるものであっても、それは、環境というかたちでの存在の共同性、つまり、共同的居住性を示すものであって、共同の権利というものではないであろう。

これにたいして、権利者集団をもつ入会権の私権的性質を否定的に解して、入会地の「公共性」なるもの——その「公共性」の概念が問題であり、入会におけるかっての公共性とどう重ねられることができるかである——に着目して「コモンズ」論を展開するなら、注意を要する。そこには、ことばにおいて、入会権公権論や、部落有林野の統一・公有林野の整理における公有のイデオロギーに接属するからである。それは、入会を『コモンズ』とよぶことによって現代的な意義を——「近代」ではない——見出すという、ことばのうえの手法（種の魔術）にもつながる。

例えば、「コモンズ」論者によるつぎのような記述がみられる。

「『コモンズ』論者に見られるほぼ共通の論調は、市場メカニズムの限界を指摘し、市場メカニズムを重要な媒介として破壊されようとしてきた人間にとっての外部環境とりわけ自然環境を市場作用の前提条件となっている私的所有（private ownership）あるいは私物化ないし私有化（privatization）の制度的欠陥を指摘しようとする強い指向である。言い換えれば、『コモンズ』論は、従来法学をはじめ社会科学の世界で総有と呼ぶ習わされ慣習によって支えられてきた伝統的な共同体的所有様式を、『コモンズ』と表現し直すことによって、これに伝統的社会制度を超えた現代的な意義を見出すとともに、近代における生産様式の政治制度的前提である私的所有の根本的矛盾により行き詰まった観のある自然と人間との関係を抜本的に見直す契機を見出すことによって未来を繫ごうとする制度論・政策論において中心的なあるいは重要な要素とする指向を有するのである(29)」。

この高踏的とも言える論調を正確に理解することは困難である。

仮りに、「コモンズ」論の志向性の一般的傾向がこのようなものだとして捉えるならば、「コモンズ」は私的財産権を内容とする入会とどのように結びつくのであろうか。また、「伝統的社会制度を超えた現代的な意義」（傍点、引用者）とはいかなるものなのであろうか。「私的所有の根本的矛盾により行き詰まった観のある自然と人間との関係を抜本的に見直す」というのは、資本主義的な経済・社会に生じた矛盾を止揚する理論を構築することを含意しているように思われるが、そのような理論を構築するに際して私的所有をどのように位置づけるのであろうか。資本主義経済が「行き詰まって」いるのか、あるいは、その根底にある私的所有権制度が「行き詰まって」いるというのであろうか。まさか、私的所有権制度を廃止すれば、資本主義経済は再生・再建ができるというものではないであろう。その前に、資本主義経済・資本主義社会の歴史的規定や構造を明らかにすべきである。「私的所有の根本的矛盾」かどのようなものであるのかは明らかではないが、これを国家社会主義制度の国有のなかに解消するのであろうか。いずれにしても、入会権はまた、私的所有とはかかわりがあるので、この点を明確にし、位置づける必要があろう。

たしかに、マルクスは、『ヴェラ・ザスリッチへの手紙』のなかで、共同体の社会主義への転換を否定していないが、共同体的所有が社会主義的集団所有であるとは規定していない。東欧の社会主義体制がきわめて簡単に資本主義へ移行した背景には、社会主義もプロシヤ的発展の一つの型（タイプ）であり、「近代」を指向する一面――できるという全面的な準備を持っていた――をもっていたからにほかならない。したがって、社会主義は窮局の生産様式ではなかったのである。これと「コモンズ」論とは次元を同じくするものと考えているのであろうか。さらにまた、「行き詰まった」という表現は、かつて文学論で流行した『近代の超克』を彷彿させるものがあるが、ここでは入会を「コモンズ」と捉え直して新しい展開を意図している、と単純に解しておくことにする。理解の仕方や論調は、著者の自由だからである。それを肯定するかしないかは、われわれの問題である。いずれにしても、「コモンズ」は、いきづまった私的所有にもとずく私的経済の救世主というのであろうか。

ところで、入会は「私的所有の根本的矛盾」のシンボルではない。「私的所有」は、社会経済史学ないしは近代化論者によって、全体から個別へと位置づけられ、その社会構成を市民社会としている。

その他にも、つぎのような記述がみられる。

「入会権は私権である。しかし、私権としての入会権には広義コモンズ論が展開するような意味で公共的な制約がかかっている。そして、入会財産が地域社会にとって強い公共性を有することを考えれば、一般の私有地よりも本来強い制約がかかってよいはずである。共有の性質を有する入会権も、一般の私有財産としての土地所有権と同様の公共的な制約の下に置かれるのに加えて、地域の公共的な財産の管理を信託されているというような意味での一層強い制約の下に置かれていると考えるべきである。したがって、たとえば土地の利用の範囲内におさまるような収穫代金の分配という範囲を超えて、コモンズ財産としての土地自体を処分するという場合には、内容的にも手続的にも強い制約がかかると考えるべきである。また、入会地の利用においても、たとえば入会山の通行や一定限度内での山菜の採取というような入会財産の亨受は入会権者以外にも広く開かれており、そのような利用にたいしては、環境や保全や資源の維持、あるいは入会構成員による生産的利用の確保等のための合理的な制約のみが許されるというように考えるべきであろう。さらに、入会集団が入会財産にて地域の公共財産たるにふさわしい管理をしていない場合には、例えば他民集団等からの代替的な管理を行うという提案を拒めない等の扱いがなされてもよいのではないであろうか。入会権は『各地方の慣習に従う』（民法二六三条、二九四条）のであるが、その慣習はあくまでも『公の秩序又は善良の風俗に反せざる慣習』（法例二条）でなければならないから、地域の公共的な財産としての入会財産の性格に著しく反するような入会慣行は入会権の内容として法的妥当性をもたないというべきであろう(30)」。『民法』に二か条の規定をもち、「慣習」を明文化されているもの――その法律的背景の法典調査会の論議――にたいして、「法令第二条」を持ちだす場違いはともかく、著者は「公の秩序」なる文言の適用に持ち出したのであろうか。

ここでは、入会権のもつ私権的性格は、「地域の公共的な財産の管理を信託されているというような意味での一層強い制約の下に置かれ」るべきことが提唱されている。だが、「地域の公共的な財産の管理を信託されているというような意味」とはどのような意味内容なのであり、また、誰が「信託」するのか、「信託」されなければならないのか。という点を明らかにすべきであろう。「信託」という用語には『信託法』とのかかわりをもつからである。また、「地域」ということばが用いられているが、法律学では「入会」を研究の対象にしている場合には、地域を漠然としたかたちでよんでいるのではない。これを具体的かつ法律的に限定して論じている。「コモンズ」論もまた「地域」というものを明らかにした上で自説を展開する必要があろう。このまま文字通り捉えると、入会権公権論の再登場ということになる。と同時に、かつての部落有財産の統一・公有林野の政策のイデオロギーにつながるものであることを指摘しておく。著者が、その意図（イデオロギー）でコモンズ論を展開しているならば、指摘は意味をなさない。「コモンズ」を入会と重ねるときに、「総有と呼び習わされ慣習によって支えられてきた伝統的な共同体的所有様式を、『コモンズ』と表記し直すことによって、これに伝統的社会制度を超えた現代的意義を見出す」と言うが、「共同体的所有様式を『コモンズ』と表記」しただけで、「伝統的な共同体的所有様式」が手品のように超能的なトリックによって再生し「現代的な意義」をもつことになる。ということは、入会あるいは総有ということばをコモンズということばであらわせば入会・総有は「近代」を超えて現代的な存在となるのである、という。入会・総有を「コモンズ」とよぶことによって入会・総有が現代的意義を見出す――入会・総有は前現代という認識なのであろう――という論理必然性はわからない。むしろ、入会・総有が「コモンズ」に移行すればよいというのであれば、その受け皿である「コモンズ」は、「私的所有の根本的矛盾」から解放されて、「近代」から「現在」へと移行されるという、理論、すなわち、近代的生産様式から現代生産様式に移行するということで、入会・総有を解体する。そうして、現代的な社会体制・制度によって再生される、というのが、すじ道の立つ論であろう。ただし、この論は採用するところではない。しかし、その前に、ことばを変えなければならない意味と、それが「コモンズ」に包括される必然性を明らかにし、移行する「コモンズ」社会体制ならびに生産様式、国家なるものの現実性を明らかにすべきである。

「コモンズ」が、ただたんに環境論を展開することに重点が置かれ、再生産論や主体の社会構成についての明確に規定しないのであれば、「コモンズ」の問題は環境論から環境政策論に移るだけで、なんの新しさも「近代的意識」・「現代的意義」も、もつものではない。いずれにしても「コモンズ」ということばを使った環境論というだけのことになる。にもかかわらず、その根底には、部落有林野統一・公有林野の整理、ならびに『入会林野近代化法』のイデオロギーをもつものとしての関連性があり、これに並列される

「コモンズ」としかいいようがないのである。

むしろ、問題は、入会権の私権性にたいする制約という点である。入会地にたいして「公共」ということばないし概念を導入して入会権の私権性に制約をかけるときには、当然のことながら、入会権公権論[31]に接近することになろう。そうだとすると、すでにみたように、旧農林省の部落有林野統一・公有林野政策や、今日における『入会林野近代化法』といった官僚主導の「近代化」への途も別のかたちでの旧政策の再来となるのは明白であろう。「入会集団が入会財産にたいして地域の公共財産たるにふさわしい管理をしていない場合には、例えば、他の住民集団等からの代替的な管理を行うという提案を拒めない等の扱いがなされてもよいのではないだろうか」、と述べているが、これは、私権・私的財産を強制的に奪う論理ないし発想であり、しかも、「他の住民集団等」を偽装にして行なう私権である入会権の強制的収奪にほかならない恐るべき思いあがった国家権力的発想方法である。「公共財産たるにふさわしい管理」の「公」というのは、国・地方自治体を示すものであれば、かつての部落有林野の然・公有林野の整理、『入会林野近代化法』に共通する官僚的発想方法にほかならないことを認識すべきである。もっとも、その思考発想方法であるならば、それだけのことである。

また、法例第二条（現行は、法の適用に関する通則法（平成一八年六月二一日、法律七八号）三条）を援用して自説を補強しているが、入会の慣習が一般的にいって「公の秩序」に反してならないことはいうまでもないとしても、法例第二条を入会にたいして直接に適用する必要はない。法例第二条の「公の秩序」という文言を入会に重ねて「地域の公共財産としての入会財産の性格」と勝手に概念規定し、「法的妥当性をもたない」と論ずるのは、法例第二条の意味するところを知らない、というよりも、ねじまげて入会権存在の妥当性を「公共」・「公」の名のもとに否定するために使用することは、入会権を知らない、というばかりではなく、これまで積み上げられてきた入会研究を否定するものとして、法的妥当性をもたないばかりか、解釈論としてさえ成りたたない。あるいは、そのイデオロギー――それが、たんなる着想であっても――が入会権公権論や部落有林野の統一・公有林野の整理の官僚的発想につながらないものとしたら、新発想なのであろうか。しかし、「地域の公共的財産としての入会財産の性格に著しく反するような入会慣行・入会権の内容として法的妥当性をもたないというべきであろう」とまで断定的に主張し、入会権の財産論としての独立的な法的存在を否定するようでは、旧農林省の部落有林野統一・公有林野政策や『入会林野近代化法』による政策が推進した「近代化」と軌を一にし、旧内務省官僚の発想と同根であろうと思われる。「コモンズ論」といえば、法律的解釈のうえでは、「公」のもとになんでもできるというのであろうか。入会財産を「地域の公共的財産として」促え、その「入会財産の性格に著しく反するような入会慣行・入会権の内容」としていることについては意味するところがわからず、とうてい理解することができない。入会財産が、いつの間にか「地域の公共的財産」になった意味がわからないからである。ここにいう、「地域」とは、いったいどのようなものなのであろうか。「公」とは具体的にどのような法的存在なのであるのか。入会集団、入会部落をこえたグローバルな存在とは、たとえば、村・町・市のことなのであろうか。「入会財産の性格」というが、その内容をどのように把握しているのであろうか。そして、「性格」なるものに「著しく反するような入会慣行・入会権」は「法的妥当性をもたない」というのであるから、「入会慣行・入会権の内容」そうして、入会財産の内容についても具体的に明らかにすべきであろう。また、「入会財産」をもって「公共的財産」という新しい説を出したのであるから、「公」・「公共」なるものと私的権利である入会権との関係について具体的に明らかにし、そのうえで、これまで積み重ねられてきた膨大な入会研究とどう対立し、どう整合性をもたすのか。あるいは、これまでの入会研究を否定するのであろうか、ということも、「コモンズ」法律論なるもの（それが、学術的に存在するか、どうかはともかくとして）から明らかにすべきであろう。少なくとも、伝統的な入会学説や判例とは根本から対立するからである。

ごく簡単にいえば、論者の「コモンズ論」は、旧官僚的発想方法の国有・公有（ただし、場合によっては財産区をのぞく）にたいして言うべきことばであって、こと、入会については関係がない。むしろ、「コモンズ論における『公ではなく共』という議論は、『公』が実質的には『官』による私有の論理に転化している状況を批判するとともに、『公』を支えるべき公共性が、その内実を問われずに人々の具体的な利益や意思から離れて抽象化され、『公』による恣意的な権力的介入を支える論理に転化することへの意義申立てでもある」[31]、と著者が適切に述べているように、「公の秩序」の名の下でも、「官」による私有の論理に転化したり、「公」による恣意的な権力的介入を支える論理に転化するおそれが十分にある、ということを認識すべきである。そのためには、入会の歴史を学ぶとともに実態を正しく把握すべきである。入会を歴史の中に位置づけ、政府の一世紀半にわたる強圧政策と、入会権公権論に翻弄され、民法学者や実務家の入会権・入会にたいする貧困な知識によって被害をうけてきた入会権利者の苦悩の歴史を謙虚に学ぶことは、これからの入会のあり方を考える上でも必要な作業であろう。そして、この歴史認識作業を通して、問われるべきは入会権の「私」権的構成ではなくして「公」権的構成であり、批判されるべきは、この「公権論」にもとづく部落有林野の統一・公有林野の整理や『入会林野近代化法』による入会林野等整理事業で推し進められてきた「入会の近代化」という国家政策なのである。そこでは、「近代化」なるものの理論も問われる。

「コモンズ」論が入会権のもつ私権性から出発し、入会権の帰属主体が私的権利者集団である「仲間的共同体」（入会権利者の集団）であることを承認し、その上で、地域社会にもたらす入会の現代的役割に着目するときにはじめて、「コモンズ」論と入会権論とは接点をもって相互に有益な議論を交わすことができるのである。しかし、「コモンズ」論者がその必要性をもたないと言うならば、その論理を明確にすべきである。とくに、「ローカル・コモンズ」論が、学術的な市民権を得ていない現況では、とくにそのことが要求される。

少なくとも、入会権・入会集団――という権利主体――に立脚しないかぎり、入会は「コモンズ」論を受け入れる余地はない。ただし、学問・学者としての発言ではなく、たんなる思いつきやお茶の間的話題で入会・入会集団を否定することについては自由であるが、それであってさえ有害であり、入会・入会集団論にとって受け入れることはできないし、また入会研究の集積からも受け入れることはできない。

(1)　Elinor Ostrom, Governing the Commons: the Evolution of Institutions for Collective Action (Cambridge University Press, 1990)。

(2)　たとえば、三俣学「コモンズ論再訪――コモンズの源流とその流域への旅」。井上真編『コモンズ論の挑戦』五〇頁以下。二〇〇八年、新曜社参照。

なお、本稿で「コモンズ」論に関して主として参照した邦語文献は、その他には次のとおりである。

鈴木龍也・富野暉一郎編『コモンズ論再考』晃洋書房、二〇〇六年。三俣学・菅豊・井上真編『ローカル・コモンズの可能性――自治と環境の新たな関係』二〇一〇年、ミネルヴァ書房。

科学研究費補助金・特定領域研究「持続可能な発展の重層的環境ガバナンス」ニュースレター『Local　Commons』(二〇〇六年〜)。
(3) 梅謙次郎『民法要義巻之二物権篇』一九五頁。一八九六年、和仏法律学校・明法堂、初版。
(4) 富井政章『民法原論第二巻物権上』二八四頁。一〇版、一九一七年、有斐閣。
(5) 富井『民法原論第二巻物権上』二八四〜二八五頁。
(6) 富井『民法原論第二巻物権上』二八六〜二八七頁。
(7) 富井『民法原論第二巻物権上』二八五頁。
(8) 福島正夫・清水誠編『明治二十六年全国山林原野入会慣行調査資料』(全五冊)(一九五六年、民法成立過程研究会。福島正夫・北條浩編『明治二十六年全国山林原野入会慣行調査資料』(全五冊)一九六四〜一九六六年)森林所有権研究会。
(9) 詳細は、福島正夫・清水誠「解説」前掲(8)『明治二十六年全国山林原野入会慣行調査資料　第一冊奈良県』、福島正夫「第一部　序説」福島正夫・北條浩編『民法成立過程と入会権――明治二十六年全国山林原野入会慣行調査資料の総括分析』一九六八年、森林所有権研究会。北條浩『入会の法社会学(上)』三五七頁以下(二〇〇〇年、御茶の水書房)を参照されたい。
(10) 川島武宜「民俗学と法社会学」民間伝承の会(後の日本民族学会)『民間伝承』一三巻二号(一九四九年)(『川島武宜著作集第一巻』一三八頁以下(一九八二年、岩波書店)にタイトルを「法社会学と民俗学」と改めて所収)。
(11) 川島武宜編『注釈民法(7)物権(2)』五〇九〜五一〇頁(一九六八年、有斐閣)(『川島武宜著作第八巻』六六〜六七頁所収)。
(12) 最高裁判所、昭和四二年三月一七日判決(民集二一巻二号三八八頁)。
(13) 川島武宜「『ゲルマン的共同体』における『形式的平等性』の原理について」、川島武宜・松田智雄編『国民経済の諸類型』(大塚久雄教授還暦記念Ⅱ、一九六八年、岩波書店)、(前掲『川島武宜著作第一巻』所収)。
(14) 明治初年の政府による「合村」については、北條浩『部落・部落有財産と近代化』一七頁以下参照。二〇〇二年、御茶の水書房。その他にも、たとえば、長野県下高井郡においても、一八七五(明治八)年に沓野・湯田中・上條の三カ村が合併して平穏村となっている(財団法人下高井郡山ノ内町和合会編『和合会の歴史――社会史編資料』四八頁参照、一九九三年、財団法人・和合会)。
(15) 川島武宜『注釈民法(7)物権(2)』五一四頁(『川島武宜著作集第八巻』七二頁所収)。
(16) 渡辺洋三著・北條浩・村田彰編『慣習的権利と所有権』三一一頁。二〇〇九年、御茶の水書房。なお、新訂版の川島武宜・川井健

『新版注釈民法⑺物権⑵』五二六頁〔執筆担当者は中尾英俊氏〕（二〇〇七年、有斐閣）は、入会地盤の所有名義を大別して、①個人名・数名名義・全員記名共有、②総代名義（肩書付）、③大字・区・旧村・部落・組、④市町村・財産区、⑤共有（氏名の記載がないもの）、⑥神社・寺院、⑦共同組合・生産組合・農事実行組合、⑧会社・社団または財団法人をあげている。

⒄　地租改正については、福島正夫『地租改正の研究』一九六二年、有斐閣、北條浩『明治初年地租改正の研究』一九九二年、御茶の水書房、参照。

⒅　例えば、青森県や秋田県などの東北地方において官有地に編入された山の状況が帝国議会において辛辣に報告され、公有林野の整理政策が批判されている（渡辺『慣習的権利と所有権』一〇四頁以下、参照）。

⒆　このことを象徴しているのは、一九四四（昭和一九）年に少国民文化協会から発表された少国民歌『お山の杉の子』（吉田テフ子作詞・サトーハチロー補作・佐々木すぐる作曲）であろう。戦前の元の歌詞を註記の最後に紹介しておく（歌詞の一、二は略）。

政府は明治初年にはじまる富国強兵策のために特定の樹種を指定して植林政策を展開したが、第二次世界大戦期における軍国主義と植林政策との結びつきは、この歌詞に端的に示されている。すなわち、歌詞には国のため（三、「大きくなったら国のため、お役に立って見せまする」）、あるいは軍事（五、「兵隊さんを運ぶ船、傷痍の勇士の寝るお家」）というのにみられるように、戦争遂行のために重要な役割を担っている杉の植林を、一般の人が国防国家のイデオロギーとして意識することを意図しているのである。杉の効用を戦争に結びつけ、その育林を戦争のために出征（あるいは戦死）した者を持つ家の「名誉」ある子と同格にして、村落の再生産や生態系を無視しても戦争の遂行のために、「神の国」・「この日本を守るために」（歌詞の六）杉の植林を奨励しているのである。

⒇　山梨県北富士演習場の沿革については、北條浩『入会の法社会学（下）』一二九頁以下参照。二〇〇一年、御茶の水書房。この地での入会の歴史（闘争史）を概観したものとして、北條浩『山梨県入会闘争史』一九九八年、御茶の水書房がある。

(21)　大判大正四年三月一六日民録二一輯三二八頁。同判決のもつ問題点については、渡辺・前掲注⒃『慣習的権利と所有権』七九頁以下参照。

(22)　『帝室林野局五十年史』昭和一四年、帝室林野局。北條浩『入会の法社会学（上）』第三部第二章。二〇〇〇年、御茶の水書房。

(23)　末弘厳太郎『物権法』大正一二年、日本評論社。山下博章『物権法論（下）』昭和二年、文精社。

(24) 最高裁判所、昭和四八年三月一三日判決(民集二七巻二号二七一頁)。
(25) 最高裁判所、昭和五七年七月一日判決(民集三六巻六号八九一頁)。
(26) 武井正臣・熊谷開作・黒木三郎・中尾英俊編『林野入会権――その整備と課題』二頁。一九八九年、一粒社。
(27) 武井ほか編『林野入会権』五頁。
(28) 武井ほか編『林野入会権』五頁。
(29) 黒木三郎『近代農業法と入会権の近代化』一九七一年、敬文堂。
(30) 池田恒男「『コモンズ』論と所有権」、鈴木ほか編『コモンズ論再考』四頁。
(31) 鈴木龍也「コモンズとしての入会」、鈴木ほか編『コモンズ論再考』二五〇頁。
(32) 入会権の「公権論」・「私権論」の内容および「公権論」的構成の問題点については、渡辺『慣習的権利と所有権』二九九頁以下参照。
(33) 鈴木「コモンズとしての入会」鈴木ほか編・前掲注(2)『コモンズ論再考』二四八頁。

(後註) 本稿は、その初出が『入会権論と「コモンズ」論の接点――入会の「近代化」との関連において」という表題で、『流経法学』(第一〇巻第二号) に村田彰氏と共著で載せたものである。原著を大幅に修正・加筆・訂正を行なった場合には単著とする。ということになっているので、これにしたがい単著とした。よって、論稿の責任は、すべて筆者にある。

「お山の杉の子」

三

こんなちび助　なんになる
びっくり仰天　杉の子は
思わずおくびを　ひっこめた　ひっこめた
ひっこめながらも　かんがえた
なんの負けるか　いまにみろ
大きくなったら　国のため
お役に立って　見せまする　見せまする

四

ラジオ体操　一二三
子供は元気で　伸びていく
昔々の　はげ山は　はげ山は
今では立派な　杉山だ
誉れの家の　子の様に
強く大きく　たくましい
椎の木見おろす　大杉だ　大杉だ

五

大きな杉は　何になる
兵隊さんを　運ぶ船
傷痍の勇士の　寝るお家　寝るお家
本箱　お机　下駄　足袋（あしだ）
おいしいおべんと　食べるはし
鉛筆ふで入れ　そのほかに
たのしや　まだまだ役に立つ　役に立つ

六

さあさ負けるな　杉の木に
勇士の遺児なら　なお強い
体を鍛え　頑張って　頑張って
今に立派な　兵隊さん
忠義孝行　ひとすじに
お日様出る国　神の国
この日本を　守りませう（しょう）　守りませう

二、「コモンズ」論と法社会学の入会権論

コモンズ論は、二〇〇九年にアメリカのエリノア・オストロム教授の〝GOVERNING the COMMONS〟がノーベル経済学賞を受賞したことによって脚光をあびる。コモンズ論については海外で「コモンズ国際学会」を中心とした長い間の研究蓄積があり、そのひとつにオストロム教授の業績があるのであって、同氏の研究は、これらの研究に依拠しないで独自に研究が行なわれ、それが脚光をあびたというものではない。オストロム教授のコモンズ論は、初版が一九九〇年である。この間においても、多くの研究業績が発表されているから、オストロム教授のコモンズ論の受賞は、その研究の蓄積上に成り立った業績に支えられてきたともいえるのである。たとえば、右の著書のなかでオストロム教授は、デューク大学のマーガレット・マッキーン教授の富士山麓の山中・長地・平野部落の入会について援用している（後出）。

したがって、日本の法社会学会のコモンズ論もそれらの研究業績の上に立っているものと思われるし、また、そうでなければならない。日本において、コモンズ研究が、どのような組織や研究体系で行なわれてきたかは知らないが、日本法社会学会がコモンズ研究を特集したことは、それなりの意義や問題が法の分野にあったからであろう。しかし、寡聞にして、法社会学の分野でコモンズ論が盛んに行われていたことを知らない。特集において始めて知ったのである。

日本国内でも、二〇一〇年九月末、日本法社会学会は、編集委員会が企画した特集「『コモンズ』と法」（特集一）および学術大会企画関連シンポジウムの一つである「コモンズ論の射程拡大と法社会学の課題」（特集二）を機関誌（『法社会学』七三号）に掲載して発行している。(1) ここで論議されている「コモンズ」論は、主として海外の「コモンズ」研究の業績の上に立っているように思われる。それはともかくとして、日本法社会学会が、「コモンズ」研究を特集として企画したことには、それなりの意義や問題があると考えたからこそ、このような特集を企画したのであろう。

『コモンズと法』（特集一）の「企画趣旨説明」によると、樫澤秀木氏は、その中で、「（日本には世界的に貴重なコモンズの制度として『入会』制度が存続(2)」している、と述べている。日本の入会制度を「世界的に貴重な」ものと認識するのはいったいどのような根拠にもとづいているのか、という疑問はここでは措いて、樫澤秀木氏は「今日、『入会』制度の構造と機能をコモンズ論に対応させて分析する作業はあまり行われていない。実際、コモンズ論について、法学者の発言はまだ少ないようである(3)」と指摘している。しかし、法学者と一般的にいわれている法解釈学者はもとより、実務家にとっては、入会紛争に際しては入会の権利義務関係についての紛争を解決することが目的であるから、入会権論あるいは「コモンズ」論という学術的・学際的な分析はおろか、知識さえも必要とされず、むしろ不要とみなされてきたからである。(4) コモンズという研究さえ知らないであろう。したがって、法解釈や裁判規範に直接関係のない「コモンズ」論について、法解釈学者・実務家が「コモンズ」論を知らないということは不当なことではなく、かえって当然のことである。また、「コモンズ」について知るべきである、とも思われない。法解釈学ないしは実務とはそのようなものだからである。もっとも、「コモンズ」論が、入会の法律実務にとって有用ないしは有効であるとみなされれば別である。しかし、現時点では、実務にとって「コモンズ」論が有用であるとは思われない。このようにみると、法律学から「コモンズ」論を検討する場合には、法社会学からのアプローチのみが可能であろうから——その必要性があるかどうかはともかくとして——、日本法社会学会が「コモンズ」研究を特集としたこと自体については首肯しうる。樫沢秀木氏が「法社会学は今日、コモンズ論にどのような関わりができるであろうか(5)」と問うているように、「コモンズ」論と法社会学とでは研究の立場や方法論等が大きく異なるので、はたして両者の間に接点があるのか。接点をもちうるとしても、どのようにして両者を接合させるのか、という重要な問題があるように思われる。

だが、その前に、法律学者（とくに法社会学者）がどのように入会について理解しているのか、ということが大きな問題である。また、入会研究においては、実証と学術研究論文がどのくらいの量があるのか、判然としないくらい多い。法律学においては、入会判決が、徳川時代以来今日にいたるまで厖大な量で存在する。法律学においては、明治以来の——とりわけ『民法』制定以後の——大審院判決と最高裁判所判決が入会解釈に重要なウエイトを占める。しかし、紛争に際して法の解決を求めるのは、権利の存在の有無、あるいは権利の強弱についての法的判断である。判決に蓄積されたのは権利帰属の判定である。ここには、少なくとも「コモンズ」論の入る余地はない。入るにしても容易なことではない。したがって、学問的意味における「コモンズ」論は、紛争の当事者間では必要がないし、必要としない。もしあったとしても、法律学者からの「コモンズ」論は、法社会学から可能であるにすぎない。しかし、法社会学じたいが概念法学的な研究に傾いている時点においては、実証性を必要とするコモンズ研究、とりわけローカル・コモンズ研究において要求される多くのフィールドワークは入会とのかかわりをもつために、その実証と分析を踏まえて「コモンズ論」を概念構成し、理論を展開することができるか、という課題も残される。すなわち、これまでに法社会学・法解釈学から権利という面から究明されてきた入会をどのように理解し、対応し、受け入れるかということにも重要なかかわりがあるからである。

そこで、日本におけるコモンズとしての入会について、いったい、『コモンズと法』において、どのように捉えられているのかが興味をひいたところである。

一

ローカル・コモンズ研究者が、共同・共有・混同・共通という特殊用語を使用するばかりでなく、公・共・私なる特殊用語も使用して、研究の道具とし、その分類によって社会の連関性を「コモンズ」論から規定するのは自由である。しかし、これについての実態として入会を対象とする場合、まず、川島入会権論（『川島武宜著作集第八巻・九巻』岩波書店）の基礎となっている実証（実地調査）と研究の同一基盤の上に立っているかどうか、あるいは、理解しているかどうか、ということが問題である。

いうまでもなく、入会は法律上において、明確に『民法』上に二か条の規定（共有的入会・地役的入会）を置き、これを法律上の根拠としている。入会権を物権として『民法』で規定しているにもかかわらず、権利を公示する方法がない。これは『民法』上の欠陥というよりも、『土地登記法』上の欠陥である。そのために、入会権は、登記なくして第三者に対抗できるという大審院の判決（大審院大正一〇年一一月二八日判決。民録二七韓二〇四五頁）が出され[6]、これを最高裁判所や学説も踏襲している。また、入会地の所有権を入会集団の所有として登記する方法もない。これも、登記法上の欠陥である。したがって、土地所有権の登記には、様々な方法がとられてきた。(7) そのために、登記簿の所有名義がただちに入会土地所有者（すなわち、入会集団）とは結びつかない。その土地が入会地であることを知るためには実態を調査しなければならないことになる。このなかで、とくに問題となるのは、私有地入会に比較するとその数は少ないが、国有地入会・公有地入会である。公有地入会は、地方自治体所有、財産区所有、一部事務組合所有などがあり、いずれも『地方自治法』の適用をうける。所有形式上においては公有地入会であるが、本来は私有地入会であり、土地所有権は入会集団に帰属すべきものなのである。それが、公有地として編入されるのは、内務省の方針によるものであり、さらに、内務省・農商務省（のち、農林省）の部落有林野の統一・公有林野の整理政策が重なり、戦後の自治省・農林省にうけつがれたからにほかならない。公有林野に入会を実証する場合には、この政策を適確に把握しなければならない。そうして、その政策の基本にあった、内務省・農商務省の入会についての政策的認識が、そのまま今日まで——少なくとも、法律学者に——引き継がれているのである。すでに指摘したように、「コモンズ」研究者の間においてさえ、その傾向がみられるように思われるのである。そうだとすると、歴史認識はもとより、事実認識に欠けるところであるといわざるをえない。

川島入会権論は、入会の形式と本質を明らかにして、裁判に際しての権利関係の判断に科学的な根拠をあたえる。それは、学術的に入会権論を体系化したからである。その意味において、「コモンズ」論が入会の領域に入るときには、川島入会理論について認識しなければならないことになる。もちろん、そのうえで川島入会理論を「コモンズ」論者が、学術的な根拠があるのならば、修正ないしは否定することもかまわない。

そこで、「コモンズ」論（とくに、ローカル・コモンズ論）が、共同ないしは共生、混同・再生等ということばであらわしている現実的基盤となにか、ということが具体的に明らかにされなければならない。まず第一に、入会・入会地をどのように捉えているのか、ということであり、第二に、入会権をどのように理解しているのか、ということである。これらは、実態調査に際しての基本的視点となるからである。とくに、法律関係研究者（民法・法社会学・法制史）が、これらのことば、とくに公・共・私を使用するときには、その法律的意味・内容と、それらが、歴史上においてどのような位置づけが与えられているのか。法社会学における入会権の概念規定と共同体論、さらには、公有財産や国家との研究業績上において、どのような関係があるのかを明らかにしたうえで使用しなければならないのであろう。「コモンズ」論者が使用しているというだけで、ただちに法律関係研究に適用するのは問題である。「コモンズ」論者が使用しているというだけで、このことばを使用すれば、法制史学者・法社会学者が「コモンズ」論と学際的な同一の研究基盤に立つ、ということにはならないからである。

そこで、「コモンズ」論と法社会学の入会権論とでは入会にたいする理解をそもそも異にしている側面があるのではないかとの問題意識のもとに、入会の「近代化」という視点から、「コモンズ」論が入会権論と接点をもちうるためには、入会権が私権であること（入会権の私権的性格）から出発し、入会権の帰属主体が「仲間的共同体」（入会権利者の集団）であること（入会権の団体的性格）、を承認した上で、地域社会にもたらす入会の現代的役割に着目することが重要であることはいうまでもないが、この「地域」ないしは「地域社会」の概念で、入会における地域との関係も明確にしなければならない。しかし、「コモンズ」論からのアプローチにたいして法社会学からの入会権論の対応もさまざまであることを想定すると、入会の基本的な概念と、入会にたいする政府の「近代化」政策を振り返った後、法社会学の入会権論を検討し、その上で、「コモンズ」論と入会権論との接合のあり方を論じなければならないであろう。とくに、法律学者——とりわけ、民法・法社会学・法制史・公法——が入会をもって「コモンズ」論に対応するときには、川島入会理論の継受か、あるいは批判的摂取か、もしくは理論的否定が必要され、その具体的内容を明らかにしなければならない。専門分野が見るというだけで無視することはとうていできない。

二

周知のように、『民法』は、物権編において入会権について二か条の規定を設けている。すなわち「共有の性質を有する入会権」（二六三条・第三章所有権第三節共有）と「共有の性質を有しない入会権」（二九四条・第六章地役権）を置き、入会権を物権の一種として位置づけている。しかし、物権であるにもかかわらず、『土地登記法』上において入会権を公示する方法は認められていない。このことは、さきに述べたように、民法上の欠陥というよりも登記法上の欠陥である。これまで関係省庁では、かつて入会権否定の政策を展開しているために、法改正を行なっていない。そこで、入会権は登記なくして第三者に対抗できる、とする大審院の判決[(7)]が出され、最高裁判所も学説もこれを踏襲している。[(8)]また、入会地の所有権を入会集団の所有（総有）として登記する方法もない。これも、登記法上の欠陥である。したがって、入会土地所有権の登記には様々の方法がとられてきた。[(9)]そこで、登記簿にあらわされている権利者が実際に本来の権利者であるかどうかを知るためには、その実質的内容を調査しなければならないことになる。また、入会地には、国有地と公有地と私有地とがあるが、特に問題となるのは財産区を含む公有地における入会である。この公有地入会は、私有地入会と比較してその数は少ないが、政府（当該官省）の強制によって入会を編入し、法形式として、地方自治体有・財産区有・一部事務組合有などにしたものがある。公有地入会は、確かに所有形式をみる限り、地方自治体等が所有名義人となっている入会である。しかも、土地財産の管理には市制町村制（のち、地方自治法）が適用されているから、それだけでは入会であるかどうかについては判断がつかない。しかし、公有地の多くは、本来は私有地入会であり、土地所有権が本来的に入会集団に帰属する、というべきものがある。それが公有地として編入されるにいたったのは、当時の内務省の方針によるものであり、さらに、内務省・農商務省（のち農林省）の部落有林野の統一・公有林野の整理政策が重なり、第二次世界大戦後の自治省・農林省に受け継がれたかたちにほかならない。したがって、公有林野上の入会を調査・研究する場合には、国家主導の経済的効率・国家利益の保護を図るために強行した入会の解体政策を正確かつ十分に理解しておく必要がある。また、その政策の基本にあった——内務省・農商務省（のち、自治省・農林省）の——入会にたいする政策的認識がそのまま今日まで法律学者に引き継がれているという例をみるという点についても見過すべきではないように思われる。

そこで、まず、戦前における政府の入会政策をここで確認しておくことにする。

入会林野の解体を目的とした部落有財産の統一・公有林野の整理を強力に展開したのは内務省・農商務省山林局である。たとえば、東京帝国大学農科大学教授・川瀬善太郎氏は、農商務省山林局の依頼で山梨県甲府市で『公有林野の整理』という講演を行なったことがある（農商務省山林局編、明治四五年）。その中で、大審院[10]が町村の所有地に入会権を認めたことを批判して「勝手に這入って秣等を取るのも入会権であると斯う云ふのです」（五九頁。傍点は引用者）といい、「村民の有する物権として保護されたとは思へぬ。只村山を使用収益させて置いたに過ぎぬと考へられる」（五九頁）といって、大審院の判決を否定している。入会を「どうしても整理しなければならぬ」（四二頁）という前提には、「部落有林野と云ふものの荒れ方が一番ひどい」（四一頁）、「どうしても荒れなければならぬ性質を持って居る」（四一頁）、と述べている。

川瀬氏は、「勝手に這入って」とか「村山を使用収益させて置いたに過ぎぬ」、あるいは、「部落有林野」は「荒れ方が一番ひどい」といい、また、部落有林野は「どうしても荒れなければならぬ性質を持って居る」と入会についての宿命論的な発言をしているが、入会が具体的にどのような状態であるのかを明らかにしていない。ただ、ことばのうえで言っているのにすぎないのである。学者の発言としては科学的根拠を欠くばかりでなく、きわめて非学術的で政治的である。しかし、東京帝国大学農科大学教授の言であるから、これを信じた者もいたであろう。

この講演は、山梨県で行なわれたが、それには重要な政策的、政治的な理由がある。すなわち、山梨県では、一九一一（明治四四）年に全山におよぶといわれたほど広大な御料林野が山梨県へ「御下賜」になる。その「御下賜」の表現上の文言はともかくとして、明治初年に村持地と入会地が官有地に編入されて以来、全村的規模で返還のための抗争や訴訟がくりかえし行なわれてきた結果、水害を期として「御下賜」され山梨県有地として編入されることになったのである。そこで、編入された御料地を県有林として施業するためには、旧御料地上の入会権を除去する必要があったので——御料局は御料林野の入会権を法制度で認めていたからである——ある。そこで、農商務省山林局長・上山満之進氏と山梨県知事・熊谷喜一郎氏とで東京帝国大学の林政学の権威を招いたのである。そして、川瀬善太郎氏は、講演の中で、公有地入会なるものが法律上存在せず、入会地は粗放経営であるばかりでなく、荒れ果てている、ということを指摘したのである。

林学者・林政学者が国の富国強兵策に従って入会地を公有地に編入させるための部落有林野の統一・公有地整理（入会権の排除）に協力する、というのは、当該官庁の政策を支援するためである。そうしてそれは、国策に適合する特定樹種の植林を入会地の村民（権利者）に強要することにほかならない。しかし、入会地の場合には、入会権利者の生活や生業の維持が重要であり、さらに、水源涵養地等を確保・保護したり、土石の流入をせき止めることも必要であるから、国策のために、むやみに特定樹種の植林を強行するわけにはいかないのである。したがって、国家政策に適合する特定樹種の植林をしないから入会は粗放であるとか荒れ地だというのは、国家政策の一方的な押しつけをするための虚言にほかならない。農商務省山林局・内務省はこの政策を強行するために、部落有林野を市・町・村へ編入して公有地における入会権を制限ないしは廃止する政策[11]を断行し、部落有林野の統一・公有林野を整理しようとした。植林は、ただ木を植えるというのではなくして、特定の樹種でなければならない。すなわち、明治政府は、部落有林野の統一および公有林野の整理に際して、入会地で行なわれている慣習が小柴・下草の採取であると意図的に限定し、小柴・下草の採取行為を粗放的・非生産的で反国家的だと一方的に位置づけ、入会地を公有財産として再編し、入会権の解体・消滅、あるいは制限を企図したのである。

しかし、入会権者側からすると、土地は荒廃しているとも粗放経営であるとも思っていない。山林の手入れもしているし、乱伐ということもない。また、入会権者に必要な樹種の植林もしている。荒れ地といわれている原野は、採草地であり、放牧地である。これにたいして、政府側は、これらの土地に国家が必要とする特定樹種の植林をしないことをもって荒れ地というのである。また、焼畑というかたちでしか生産を行なうことができない劣悪な土地条件のところでは、いったん収穫を終えると、四年から一〇年も放置することがある。これも植林を怠っている荒地とみられる。しかし、現実の入会山林では、天然更新も含めて植林がなされ、林木の伐採は厳重な規範の下で行なわれているのである。生活や生業に重要なかかわりをもつ林野の管理・保護ならびに自然保護や環境保全も部落の仕事である。

かつて徳川時代においては、養蚕・製糸・製織が行なわれた。絹産業は、明治時代以後において、生糸や絹織物が「本邦輸出の太宗」(12)といわれ国益の一翼を担ったことがあった。その生産過程の基礎を支える養蚕業にとって桑木の存在は絶対不可欠の前提であった。林野に桑を植付けたり、原野を開墾して桑を植付けるのは、特定樹種の植林政策を強要する農商務省山林局の政策に反することになる。さらに、家内手工業によって展開される養蚕・製糸・製織の一般的過程においては、上簇《じょうぞく》——蚕を集めて蔟《まぶし》に移すこと——や煮繭のための燃料等にとって雑木林が必要であったために、農商務省山林局のいう特定樹種の植林を受け入れることはできないのである。さらに、原野・草地を失えば、牛馬の飼養はできなくなるし、肥料の給源も失うことになる。

以上のように、入会林野では、部落にとって必要とされる樹種が優先的に存続されている、ないしは植林（天然更新も含めて）されるので、その場合には部落の利益に反する国家政策を受け入れることはできない。にもかかわらず、内務・農商務省山林局は、入会地において部落民の生活を保障している再生産構造を考慮することなく、一方的に入会排除を前提とする国防国家政策のもとで公有地化政策を強行してきたのである。

三

ところで、法社会学者は入会とコモンズとを接合させるためにどのような主張をしているのか。さしあたり、日本法社会学会の学術大会企画関連シンポジウム「コモンズ論の射程拡大と法社会学の課題」（特集二）中にある楜澤能生氏の論文「持続的生産活動を通じた自然資源の維持管理――ローカルコモンズ論への法社会学からの応答[13]」を取り上げることにする。

楜澤能生氏は、同論文において、そのスタイルにもあるように、「持続的生産活動」という、入会を権利の側面よりも使用収益の使用価値的側面から捉えている。その際、入会権論の原点に末広厳太郎氏を置き、これに戒能通孝氏を接続させて、自らを末広＝戒能入会論の系譜に位置づけている。それが正しい入会理論の継承なのか、どうかは、ここでは問わない。

楜澤能生氏はつぎのように述べる。

「末広・戒能が取り組んだのは、農民の生産活動を保障する生産的所有権の確立という課題に他ならなかった。入会権もまた生産的所有権の一つとして位置付けられていたのであり、それによって保障される自然資源の生産的利用の実現こそが、まずもって取り組まれるべき課題とされた。コモンズによる資源の維持管理という視覚から改めて入会権論から学ぼうとするなら、入会権を近代的持ち分権の近傍にあるものとして捉え、やがては持ち分として分割されるべき権利と理解する理論系譜からよりも、具体的生産活動と一体的に考察された入会理論の系譜からこそ重要な示唆を得ることができると私は考える[14]」、と。

栩澤能生氏が入会権を「やがては持ち分として分割されるべき権利と理解」すべきでないと主張することと自体には、首肯することができる。しかし、続いて、「具体的生産活動と一体的に考察された入会理論の系譜からこそ重要な示唆を得ることができる」というとき、この「具体的生産活動と一体的に考察された入会理論」（傍点は引用者）とはどのようなものであろうか。また、「生産的所有権」とはどのような所有権なのであろうか。明確にはわからない。この用語が、末弘入会理論につながる栩澤能生氏の造語であり、同氏の入会理論の中核をなすものであるならば、従来の所有権論――とくに、川島武宜氏の所有権論――とは、どう重なるのか。もしくは、重ならないのかを明らかにして欲しい。

栩澤能生氏は、自己の学説の理論的系譜として、「寄生所有権に対する農民的生産所有権の社会的形成の課題に取り組んだ[15]」研究者として戒能通孝氏をあげ、つぎのように述べている。すなわち、栩澤能生氏は、「入会地上での自然の恵みの採取、これを戒能は『拾い屋』と表現し、農民は拾い屋から生産者にならなければ、結局において裁判には勝てない[16]」（傍点は引用者）、として「生産者」論に賛同する。しかし、戒能通孝氏は入会裁判に勝ったことがあったのであろうか。さらに、この「拾い屋」という入会権利者にたいする侮辱的ともとれる表現の是非、ならびに「寄生的所有権」ということばが所有権論のなかでどのような学説上の位置があるのか、を問うのはここではさて措き、戒能通孝氏によれば、農民が「拾い屋から生産者に成長[17]」することによって、入会権は持続される、ということになる。入会権というものは、そんなものなのであるのか、という疑問はともかくとして、その理論に接続させるために、そうして、戒能通孝氏はその入会権を具体的に展開するために、小繋部落での「山林原野の酪農的利用[18]」をそのテストケースとして位置づけようとしたとされる。今日の小繋部落において酪農経営が入会集団（部落）によって全面的に展開されているのかどうかは知らないが――小繋部落で酪農経営が行なわれていない場合には入会権は消滅するのであろうか――、かつて「入会地上での自然の恵みの採取」が農業における「生産者」ではなく、養蚕業・製糸業という手工業に直結していた地域がきわめて多く現実に存在したことがある、ということも忘れてはならない。しかし、家内での養蚕や製糸が農業的・農家的でない、ということになるとこれらの人々の入会地の利用は不法であるとともに反論理的ということになる。この歴史的事実はともかくとして、酪農と入会の生産的利用とを結びつけることが戒能通孝氏の入会理論の基本的立場であるとみて誤りはないであろう。

　戒能通孝氏は入会の歴史的事実について無知であるとともに、また、現実について把握していないし、入会の多くの例も知らない。そのうえに、入会理論を独自に立てているのであるから、「小繋事件」が敗訴する原因がある。それは、証人調書をみても明らかである。

　そこで、戒能通孝氏の入会理論をもう少し詳細にみるために、『山梨県山中浅間神社入会事件』における戒能氏の立場と入会論をみることにする。ここに、準備書面を作成し証人として証言して、山中部落の入会を否定した戒能通孝氏の入会理論や現状認識が登場するからである。

　この事件は、東京在住の原告（自動車中古品販売業）が山梨県山中湖村に位置する山中浅間神社所有の土地（一四万四六〇〇坪）を氏子総代と山中区長との間で地上権設定契約をし、これを拒んだ浅間神社を相手にその履行を求めたというものである。その争点の中心は、山中部落住民は入会集団として浅間神社の土地に入会権を有するか、否か、であった。[19]第一審において、戒能通孝氏は、原告の依頼によって協力する。すなわち、一九六六（昭和四一）年五月一日付の『準備書面』を作成するとともに、それ以降においても作成し、一六九九（昭和四一）年四月一〇日には証人として出廷している[20]。

そして、戒能通孝氏は、山中浅間神社の所有する土地には山中部落民に入会権がないとの立場から、つぎのように述べている。

すなわち、「入会というものは、現実の収益行為をめざすものであって」（『証人調書』一五頁。以下、頁数のみ示す）、「山にはいって木をきるとか、薪炭用材をきるとか、草を刈るということを必要としないような、草の必要でない人」（二四〜二五頁）には入会権がない。入会権というものは、「本来から申しますと、農村的、権利、権限、農民的権利であります。農民が入会権をもつというのが原則です」（五八頁）、「慣習による入会権と申しますのは農民が入会権を持つということでございますんで、徳川時代からずっと農民たちだけが、入会権を持っているわけでありますす」（五八頁）、「農民以外には、農業というものを離れると入会の必要がございませんから」（五九頁）、と述べている。また、戒能通孝氏が作成に関与した右の『準備書面』においても、「けだし入会の参加者は常に現地に住所を有し、入会地に依存して生活する自然人たる農民でなければならないからである」、とも記述している。

以上のとおり、戒能通孝氏は、入会権が農村における自然人たる農民に固有の現実的権利であり、「徳川時代からずっと農民たちだけが、入会権を持っている」といっているのであるから、まず、歴史的規定性において、徳川時代からの「農民たちだけが」現実に農民として草を刈ったり薪炭材を切ることが入会権の内容である、と理解していることになる。「入会地に依存して生活」している農民、ということであるから、農業的入会地がなければ生活することができない、というのであろう。

しかし、仮にそうだとしても、草を刈るという現実的行為が入会として認められるためには、なぜ酪農しかないのであろうか。牛に草を与えるために草を刈るというのが入会の現実的行為であるとすれば、駄賃稼ぎのために馬を飼育して草を刈って食べさせるのも入会ということになろう。ここでは、たしかに牛馬は草を食べているが、輸送のための牛馬であり、乳を出さないことにおいて酪農とは異なっている。したがって、農業的ではない、「生産的」でないのであり、農民は入会ではないことになる。しかし、こうしたことは、係争地の部落はもとより、この地域のいくつかの部落の一般的かつ現実的に富士山麓の村々に多く見られた現象である。山梨県下において三〇〇頭の乳牛もしくは肉牛を飼うのに必要な入会地を数字だけで数か所は求めることができても、入会地に酪農に適する条件の土地をいたるところに見出すことは非常に困難であろう(21)。

ところで、さきに戒能通孝氏が入会権を自然人である農民に固有の権利であると規定したことは、裁判での証言においても、戒能通孝氏自身が関与した山梨県の忍草入会組合の規約においても、また、栂澤能生氏が理解する戒能入会権においても、確認することができる。戒能通孝氏が関与した入会組合の規約では、入会権利者は一定以上の農地を所有していて農業を営んでいなければならないし、草等を直接的に必要としなければ入会権はないことになっている。すなわち、農民が一定以下――戒能通孝氏が指導して作成した「忍草入会組合」の規約では三反――の農地の所有者ないしは借地者では入会権を認めないのである。しかし、戒能通孝氏が徳川時代の農民の存在形態を具体的にどのように把握し理解していたのか。また、農林業と農民、そうして入会とを具体的に関連させてどのように理解していたのかについては、明らかではないが、これまでにみてきたような理解を適用するのであれば、歴史的にも実態的にも誤りである。戒能通孝氏は、さきの山中浅間神社入会裁判における『準備書面』と『証人調書』で、山中部落には入会権がないと指摘した、その山中部落の旧隣村である忍草部落の入会権について忍草区から依頼された入会権に関する『梨ヶ原入会地調査報告書』（昭和三〇年＝一九五五年）でも、同じように入会権について規定している。

このことは、「日本農業の展望を入会林野の生産的利用を通じて切り開こう[22]」という構想を持つにいたったとされる戒能入会論の限界を示すものであろう。戒能通孝氏は、入会地の所有権と入会権を団体的所有権として把握していなかったからであろう。仮に団体的所有権であると把握していても、それは、入会地を農業＝農民の直接的な共同（ないし協同）による生産的利用という限定的な権利として観念していたのであろう。したがって、戒能通孝氏によれば、入会権は、入会にたいする農民の直接的利用が行なわれなくなれば、消滅することになるのであろう。同じことが下草についてもいえるであろうから、下草等の林野雑産物が農業として利用されなくなれば、入会権も消滅することになるのであろう。もっとも、戒能通孝氏は、下草がどんなものかを知らない。さらに証言によれば草地でさえも知らない。

戒能通孝氏は、「入会権は農村の必要から生れる権利である」（第一項のタイトル）と前提する。その内容は、「入会権とはある部落もしくはある村の住民が、何人にも妨げられることなくして特定の場所に立入り、薪伐・秣刈などを行なう権利である」と規定する。ついで、「入会権は農村の必要によって確定する権利である」（第二項のタイトル）と規定する。これによって明らかなように、戒能通孝氏は、入会権は、「農村の必要から生れた権利である」と述べ、なによりも農家・農業の「必要」が存在しなければならない、というのである。その内容は、「薪伐・秣刈など」の収益行為であり、それが権利なのであるとする。

つまり、入会権は、農村において農業を営む農民にとって、農業生産に必要なものを採取することが要件というのであろう。このことは、「農業によって家計を支持する程度の土地を所有し又は『小作』する場合」と入会権について述べた『民法入門』（昭和二二年、巌松堂書店）に接続する。その後に山中浅間神社入会裁判における「準備書面」と「証言」にみられるように、より明確となるものである。小作人に入会権があるということを入会権の一般としたことは、小作は、土地を所有していなくとも農業を営み、これに必要とするものを入会林野から直接にえていたからということになるからであろう。しかしながら、小作人にたいして独立した物権としての入会権を認めるという例を聞かない。小作人が他村の者（入作人）であればなおさらのことである。このことは、使用収益の実態の内容とその権利関係・社会構造について知らなかったことからであろう。権利者としての法律的根拠には、農業とこれに使用する「薪伐・秣刈など」ということがあったからにほかならない。あくまでも、農業を営む農民であることが入会権利者の前提なのである。したがって、入会集団は、部落であるか村であるかにかかわりなく、一〇〇パーセント農民によって占められている農村でなければならないことになる。それが入会集団であろう。これが戒能入会理論の骨子である。

右によって明らかなように、入会権は農村における農家（すなわち農民）が農業に必要なものを林野において収益する権利である、ということになる。したがって、農村から農地がなくなったり、農地が減少すれば農村ではなく、農民でもなくなる。農民が余業を営んでいたらそれは農民ではないから入会権利者ではない（前掲、戒能証言）。また、農業を営まなかったら農家ではないのであるから、入会権はなくなるということになる。『調査報告』を提出した忍草部落の例についてみれば、戒能通孝氏が関与したと言われる入会組合規約に、農地を三反歩以上を持つことを農家の基準としており、これをもって入会権利者としている。農家であっても、農業ならびに農家の経済生活の変化によって、林野生産物の採取が必要でなくなれば入会権利者ではないし、農業以外の職業を持っているときは入会権利者でないことも前記の『調査報告』で指摘しているし、山中浅間神社裁判での準備書面や証言でも指摘している。この理論を戒能通孝氏が指導した忍草入会組合に適用すると、その規約上において、忍草入会組合は入会集団ではないことになり、たんなる隣保関係にすぎなくなる。

四

右にあるように、「共有の性質を有する入会」とは、「利用者が互いに差等を立てず、平等に利用する可能がある」と規定する。共有とは、土地の所有についてではなく、収益についての共有なのである。「平等に利用する」というのがこのことを示している。しかし、ここでは「可能」ということばを使っているのであるから、実際の収益ないしは収益行為についてではなく、「平等に利用する可能」という想定が前提である。したがって、可能でないものについては共有入会権は適用されないということになる

この「共有の性質を有する入会」（第二六三条）については、大審院が「毛上ノミ入会権利者共有シテ共同収益スル場合ヲ指シタルモノ」（明治三七年一二月二日判決、民録一〇輯一六八三頁）という解釈していたことに根拠をもつ。戒能通孝氏がその著『民法学概論』において、この判決に自己の使用・収益説を重ねるとき、大審院のこの判決に反対したのは、中島玉吉（『民法釈義物権』五八四頁）・富井政章（『民法原論物権』二八六頁）・三潴信三（『物権法』二六六頁）――このほかに、横田秀雄（『物権法』四二六頁）・梅謙次郎（『民法釈義物権』二二二頁）・川名兼四郎（『物権法』一三二頁）――の名前をあげて、「入会に

ついて何らの知識なく、ただ机上で抽象的論議をしている人々の所説にすぎなかった。従って大審院は当然これを無視してよかったのに、遂に大正九・六・二六判決（民録九三二頁）において、無責任な学説に降服し」た判決を行なったと述べている。の諸氏であり、一応当時の民法学者を集めているが、これらの人は誰一人として入会の実態調査をしたのでなく、また前記旧大審院判決録を検討した委員は少なかったのではなかったと思われる。これらの人々は他の点については別として、こと入会権に関するかぎり、何ら発言権のない人々だけである。」と述べている。(23) この「入会の実態調査」や「旧大審院判決録を検討」しないで入会権について――少なくとも、二六三条と二九四条の性質について――論ずる資格はないものとすると、明治時代以来今日にいたるまで、民法概説書や論文を書いた者は、学問的価値がないとされるばかりか、書いてはならないということにまでなる。

ところで、前記の大審院判決の解釈に反対した民法学者のなかに、戒能通孝氏の恩師である末弘厳太郎氏と我妻栄氏が入っていない。両氏もまた、大審院明治三七年の判決を否定した者であり、入会権の実態調査をしたことがない者である。民法学者として大きな影響力をもつ両氏を入れなかったことについては明らかではない。そこで、両氏の二か条の規定についての解釈をみる。

まず、末弘厳太郎氏である（末弘厳太郎『物権法』(24)）。

1　入会地が入会権者の共有に属する場合

入会地が入会権者自らの所有――共有――に属することが屡々ある。嘗て大審院は明治三七年以来「民法第二百六十三條ニ所謂共有ノ性質ヲ有スル入会権トハ、地盤毛上トモニ入会権者ニ属スル場合ヲ指シタルモノニアラズシテ、地盤ハ第三者若クハ入会権利者中一二ノ者ニ属シ、其ノ毛上ノミ入会権利者ガ共有シテ共同収益スル場合ヲ指シタルモノト解セラルベキ」旨を主張し〔註一〇〕、爾來学者実際家の非難相次ぐに拘らず〔註一一〕、同じ判例を繰返へして居た〔註一二〕。併し、大正九年遂に多年の判例を飜して、「共有ノ性質ヲ有スル入会権」と「共有ノ性質ヲ有セザル入会権」とを「区別スル標準ハ入会権者ノ権利ガ其共有ノ地盤ヲ目的トスルヤ若クハ他人ノ所有ニ属スル地番ヲ目的トスルヤニ存」する旨を判示するに至った為め〔註一三〕、今日では、入会地が入会権者の共有に属する場合あることが判例上も亦明白になった。

〔註一〇〕大審三七・一二・二六民一録（一〇輯一六八三頁。此判決は「民法実施前ニ在リテハ多数ノ者ガ共同シテ林野ニ於テ収益ヲ為ストキハ其地盤及ビ毛上トモニ共同収益者ノ共有有ニ属スル場合ト地盤ハ第三者若クハ共同収益者ノ一二ノ者ノ所有ニ属スル場合トヲ問ハズ齋シク其収益者ヲ入会権利者ト云ヒ其権利ヲ区別ナク入会権ト称セシコトハ当院判例ニ於テモ亦属散見スル所ナリ」と謂ふに拘らず、民法施行後は民法二六三條に依って右の法制は全く改廃せられたるものとなし、而かも若し「地盤毛上共ニ入会権利者ニ属スル場合」をも「共有・性質ヲ有スル入会権」の一種なりと解するとせば、「純然タル共有」と何等区別なきに至るべく、而してかかる場合は寧ろ「直接ニ共有ニ関スル規定ノ適用ヲ受ク可キモノニシテ右第二六三條ニ依ルベキモノニアラズ」と説いて居る。

〔註一一〕田多井氏前掲二四巻三号二二頁以下、中島氏物権五八四頁、富井氏物権二八六頁、横田氏物権四二六頁、梅氏物権二二二頁、川名氏物権一三二頁、三潴氏物権二六六頁、川瀬氏前掲殊に二四八頁以下。

〔註一二〕大審三九・一・一九民二録一二輯五七頁、大審四〇・一二・二〇民二録一三輯一二一七頁等。

一「共有ノ性質ヲ有スル入会権」と「共有ノ性質ヲ有セザル入会権」との区別

大審院は嘗て「共有ノ性質ヲ有スル入会権トハ地盤毛上トモニ入会権利者ニ属スル場合ヲ指シタルモノニアラズシテ、地盤ハ第三者若クハ入会権利者中一二ノ者ニ属シ其毛上ノミ入会権利者ガ共有シテ共同シュウエキスル指シタルモノ」と解して居た〔註二五〕。けれども若し此説に従へば、「共有ノ性質ヲ有スル入会権」なるものは実際上殆どあり得なくなるのみならず、入会の実情と甚しく矛盾牴触するので、学者は筆を揃へて之に反対して居た（六八四頁註一一参照）。

其結果、大審院は遂に去る大正九年説を改めて「此二者ヲ区別スル標準ハ入会権者ノ権利ガ其共有ノ地盤ヲ目的トスルヤ若クハ他人ノ所有ニ属スル地盤ヲ目的トスルヤニ存シ、（一）入会権者ガ地盤ヲ共有スル場合ハ本来共有ノ規定ニ依リテ其効力ヲ定ムベキモノナレドモ入会権ニ付テハ各地其慣習ヲ異ニスルモノアルヲ以テ先ヅ其慣習ニ準據スベク慣習ナキ場合ニ於テ共有ノ規定ニ依ルベキモノトス（中略）。（二）之ニ反シテ入会権者ノ権利ガ他人ノ所有ニ属スル地盤ヲ目的トスル場合ハ本来地役権ニ非ザルモ他人ノ所有地ヲ目的トスル地役権ト其性質ヲ同フスルヲ以テ慣習アルトキハ之ニ準據スベキモ若シ慣習ナキトキハ地役権ノ規定ヲ準用シテ其ノ効力ヲ定メザルベカラズ」と謂ふに至り〔註二六〕、入会権の性質及び区別は之に依って稍や明瞭となったのである。

〔註二五〕大審三七・一二・二六民二録一〇輯一六八二頁〔註一〇参照〕。

〔註二六〕 大審九・六・二六民聯録二六輯九三三頁〔註一三参照〕。

つぎに、我妻栄氏である（我妻栄『物権法』[25]）。

（一）民法第二六三条に所謂「共有ノ性質ヲ有スル入会権」と第二九四条に所謂「共有ノ性質ヲ有セザル入会権」との差異は地盤の所有権が入会権者に属するか否かによって区別すべきなることは、入会権の本質に関する説の如何を問はず、総ての学者の認むる所である。例へば梅博士要義二二二頁、富井博士原論二八六頁、中島博士釈義五八四頁、横田博士物権法四二六頁、三潴博士提要二四三頁、末弘博士物権法六九一頁以下、川瀬博士前掲二四七頁以下等。

判例はこれと異なる解釈をとり地盤をも所有するときは純粋の共有となり入会権となる余地なしと判示して居った。（中略）然し先年大正九年六月二六日（民録九三三頁）遂に学者の説を容れ、戦合部判決をもって改めた。

第二　入会権の法律的性質

一　民法の規定　(1)民法は、入会権には、（a）共有の性質を有するもの（二六三条）と、（b）共有の性質を有しないもの（二九四条）、との二種があるとし、前者に共有の規定を適用し、後者に地役権の規定を準用する。思うに、入会地の地盤が入会部落の所有であるとき（〔五〇八〕に示した態様のイロ及びハの一部）は、共有の本質を有し、入会地の地盤が入会部落以外の者の所有であるとき（同前ハの一部とニホ）は、地役権に類似する性質を有する――地役権そのものと見なかったのは、部落民の利益のためであって、土地の便益のためでないから――と考えたのであろう（判例は大判大正九・六・二六民九三三頁聯合部判決以来そう解釈し、多数の学者もそれを支持した）。

右によって明らかなように、末弘厳太郎・我妻栄両氏とも、明治三七年の大審院判決を否定して、大正九年に明治三七年の判決をくつがえした聨合部判決を支持している。つまり、戒能通孝氏の入会についての理解ないしは解釈に反対の立場ということになる。しかしながら、戒能通孝氏は、この両氏の学説についてなんら具体的に触れていない。しかし、戒能通孝氏の前記の論述によれば、末弘厳太郎・我妻栄両氏ともに「入会の実態調査をしたのでなく」・「旧大審院判決を検討したのではない」ので、入会権については「何等発言権のない人々」の部類に入ることになる。

はたして、そのような高踏的なきめつけ方でよいのか。

入会の実証的研究と裁判所による入会鑑定の実務、ならびに判決検討で多大の功績をあげた『入会権の解体（全三巻）』の編著者である川島武宜氏は、『民法Ｉ』（総論・物権）において、「共有の性質を有する入会権」とは、「入会部落民が入会の山野所有権を有する場合（大正九・六・二六民連判民録九三三頁）で、「所有権の共同形態」と解釈し、「共有の性質を有せざる入会権」については、「入会部落民が入会野山の所有権を有せず、他部落や個人等の所有する野山に入会う場合であって」・「他物権の共同形態である」（傍点、原文のまま）と解釈している。[26]『註釈民法(7)物権(2)』では、大正九年の判決を支持して、その内容を詳細に論じている（同書、五二六頁以下）。

また、多くの入会実態調査と、多くの入会裁判に関与し、入会裁判実務にたずさわった中尾英俊氏も、「共有の性質を有する入会権は（事実上土地の）共同所有権である。したがって入会権を共同で収益する権利であると解することが誤りであることは明らかである。」（『新版註釈民法⑺』平成一三年）と述べている。川島武宜氏も中尾英俊氏も入会の実態調査を多く手がけた者であり――、中尾英俊氏は、川島武宜氏の主宰する「入会権研究会」・「温泉権研究会」のメンバーとして入会の実態調査にたずさわるとともに理論的研究も行なってきた研究者である――。入会の実態調査と研究においては、戒能通孝氏の比ではないキャリアがある。

それでは、入会権について、それまでに誤った解釈をしていた大審院の判決をくつがえした大正九年六月二六日の大審院聯合部判決（民録九三三頁以下）とはどのようなものであるのか。

按スルニ民法ハ入会権ヲ区別シ共有ノ性質ヲ有スル入会権及ヒ共有ノ性質ヲ有セサル入会権ノ二者トシ其効力ヲ定ムルニ付テハ何レモ各地方ニ於ケル慣習ニ従フノ外前者ニ在リテハ共有ノ規定ヲ適用シ後者ニ在リテハ地役権ノ規定ヲ準用スヘキモノナルトハ民法第二百六十三條及ヒ第二百九十四條ノ定ムル所ナリトス而テ此二者ヲ区別スルノ標準ハ入会権者ノ権利カ其共有ノ地盤ヲ目的トスルヤ若クハ他人ノ所有ニ属スル地盤ヲ目的トスルヤニ存シ入会権者カ地盤ヲ共有スル本来共有ノ規定ニ依リテ其効力ヲ定ムヘキモノナレトモ入会権ニ付テハ各地其慣習ヲ異ニスルモノアルヲ以テ先ツ其慣習ニ準據スヘク慣習ナキ場合ニ於テ共有ノ規定ニ依ルヘキモノトス是レ民法第二百六十三條ニ共有ノ性質ヲ有スル入会権ニ付テハ各地方ノ慣習ニ従フ外共有ノ規定ヲ適用スヘキ旨ヲ定ムタル所以ナリ之ニ反シテ入会権者ノ

> 権利カ他人ノ所有ニ属スル地盤ヲ目的トスル場合ハ本来地役権ニ非サルモ他人ノ所有地ヲ目的トスル地役権ト其性質ヲ同フスルヲ以テ慣習アルトキハ之ニ準據スヘキモ若シ慣習ナキトキハ地役権ノ規定ヲ準用シテ其効力ヲ定メサル可ラス是レ民法第二百九十四條ニ共有ノ性質ヲ有セサル入会権ニ付テハ各地方ノ慣習ニ従フ外地役権ノ規定ヲ準用スヘキ旨ヲ定メタル所以ナリト若シ共有ノ性質ヲ有スル入会権ヲ解シテ地盤ヲ共有スルコトナク単ニ毛上ノミヲ共有スル入会権ナリトスルトキハ我民法上地役権ノ性質ヲ有スル入会権ナルモノハ存在セサルニ至ルヘク斯クノ如キハ固ヨリ解釈ノ正鵠ヲ得タルモノニ非サルヲ以テ叙上ノ見解ニ反スル当院従来ノ判例ハ之ヲ變更スルヲ至当ナリトス然レハ則チ原判決カ民法第二百六十三條ニ所謂共有ノ性質ヲ有スル入会権トハ地盤及ヒ毛上共ニ入会権者ニ属スル場合ヲ指シタルモノニ非スシテ地盤カ第三者若クハ入会権者中一、二ノ者ニ属シ其毛上ノミ入会権者共有シテ共同収益スル場合ヲ指シタルモノナルヲ以テ地盤ヲ共有スル本件ニ付テハ地方慣習ニ依リテ其効力ヲ定ムヘキモノニ非スト判示シタルハ失当ニシテ原判決ハ破毀ヲ免レサルモノトス

以後、今日までの入会判決はこの大審院判決を踏襲し、判例として確定しているし、学説も定着しているはずである。

明治三七年の大審院判決ならびに戒能通孝氏の入会解釈には所有権が抜けているのである。このことは、戒能通孝氏の徳川時代ならびに明治初年における入会についての理解・認識についてみれば明らかである。さらに、中田薫氏の所有説を批判した論旨（戒能通孝『入会の研究』）をみれば、より明確となる。もう一つ、つけ加えるならば「地役」（権）についても抜けているのである。二か条の条文についてはともに収益と

いう使用からのみ入会を解釈しているからなのである。慣習についても同じである。これはもう、法律論ではない。この解釈については、所有を基本とした判決が確定し、判例となっているということと、学説上においても、また、『民法』の起草にあたった法典調査会においても明治三七年の大審院判決や戒能通孝氏の説とは反対の立場である、というばかりでなく、もともと、両者は、入会の歴史ならびに実態からも遊離しているのである。したがって、判決としても学説（解釈）としても成り立たない。

戒能通孝氏は、「入会権の存続は、他方において入会の事実あることを要求する。しかも入会の事実は飽くまでも入会の必要から起る。」・「かくして入会権の存続は、必要によって裏づけられ、必要の解消によって消滅する。」（『同書』五一頁）。この入会についての理解の仕方は、タイトルになってあらわれる。

所有権抜きの入会権と、農家＝農民＝必要性という概念は、戒能通孝氏が忍草部落のために書いた『調査報告』という鑑定ないしは意見ともとれる入会権論は、皮肉にも、今日の忍草部落の入会権の否定につながった。すなわち、現在の忍草部落には戒能通孝氏の言う農家・農民というものはなく、小柴・下草等にたいする必要性はまったくなくなっているからである。したがって、忍草部落（入会組合）は戒能理論にしたがって解体・消滅した、と規約上から明確に判断せざるをえない。しかし、忍草部落の入会権が救われるとすれば、戒能入会権論と正面から対立した川島入会権論によってしかないのである。小繋においても忍草と同じような運命をたどる。

すなわち、山中浅間神社入会裁判において、裁判所は一貫して戒能入会理論を斥け、昭和三七年七月一日、最高裁判所の判決は、実地調査にもとづく川島入会理論と、石井良助・渡辺洋三氏の『鑑定書』を全面的に受け入れ、これに反した戒能入会理論を全面的に排除した。入会論争において戒能理論なるものを適用すれば、楜沢能生氏の言うように「裁判には勝てない」のではなく、裁判に負けるのである。さらに重要なことは、戒能入会理論にもとづくのであれば、近い将来においてほとんどの入会地（入会権）は、消滅することになる。

このような入会理論の現状と、入会権の歴史的実情を把握し理解して、「コモンズ」論者は入会について、それぞれの立場から批判的にのぞむべきであろう。

これによって明らかなように、戒能入会権論からは、コモンズ論の一側面である自然環境や天然資源の保護・保全や管理のあり方を考察の対象とする「ローカル・コモンズ」論と入会権とを接合させる余地はまったくでてこない、ということになるのではなかろうか。

五

入会研究については、法社会学の立場から、戒能入会権論のほかにもさまざまなかたちでこれまですぐれた研究がなされてきたが、なかでも特に注目されるべき研究は、さきに指摘した川島入会権論である。川島武宜氏の研究は、第二次世界大戦中に疎開した長野県下における入会の衝撃的体験を起点とする。(27)その後、第二次世界大戦後の一九五〇年代の農地改革・牧野の調査・研究を基点として、入会に関する共同調査・研究が本格的に行なわれた。その調査・研究成果として、『牧野の法社会学的研究』（一九五五〜五七年）、『私有牧野における共同放牧』（一九五八年）、『牧野の社会経済学的研究』（一九五八年）、『牧野の法社会学的研究報告書』（一九五八年）等があり、編著書として、『入会権の解体Ⅰ・Ⅱ・Ⅲ』（一九五九〜六八年、岩波書店）、『温泉権の研究』（一九六四年、勁草書房）、『続温泉権の研究』（一九八〇年、勁草書房)、『註釈民法(7)物権(2)』(一九七三年、有斐閣、六刷)等があり、その他にも多くの入会権・温泉権についての論文ならびに鑑定書・意見書・判決の評釈等がある(『川島武宜著作集』所収)。このことからも明らかなように、川島入会権論は、豊富な実証と研究にもとづいた成果であり、他の研究者の追随を許さないくらいである。それゆえに、法社会学者・入会研究者・法解釈論者はもとより、「ローカル・コモンズ」研究者もまた、入会と「コモンズ」とを重ねて研究する限り、川島入会権論――これに、渡辺洋三氏の研究業績を接続させるなら、川島・渡辺入会権論といってもよいであろうし、さらに福島正夫氏をつけ加えてもよい――を出発点としなければならないことになる。また、後続の中尾英俊氏の解釈論からの入会権研究も注目されなければならない。したがって、「コモンズ」研究者が、これまでに蓄積されてきた入会についての膨大な研究を無視することはできないのである。また、それらの入会研究を否定するのであるならば、その実態的・理論的根拠を示さなければならない。さきに例示した入会公権論的発言も――入会について知らないからであろうか――これに該当する。

ローカル・コモンズ研究者が、入会を、コモンズ論の実証的側面のひとつとして究明したときに、その専攻のいかんにかかわらず、相当の調査・研究を行なわなければならないことになる。とくに、法律学者が入会をベースにコモンズ論を行なう場合には、川島入会権論と、自らの調査・研究を対比させて、川島入会権論――これに、渡辺洋三氏・福島正夫氏の研究業績を接続させて、川島・渡辺・福島入会権論といってもよい――を基礎にするか、あるいは克服して論じなければならないであろう。そこには、川島入会権論を理解することが前提である。ローカル・コモンズ論は、川島入会権論を媒介として、入会の法社会学的研究と接続することになる。

このことは、川島入会権論が絶対不変であることを意味しているものではない。川島入会権論には、なお、克服・修正すべきものがあるように思われるからである。その一例としてあげられるのは、入会と近代化の理論的問題であり、また、所有権論に関係するゲベーレ Gewere の理論ないし適用の問題である。少なくとも、この二つの問題は、コモンズ研究者にとっても、克服すべきものであり、川島入会権論をそのまま継承すべきものではないと考えるからである。

すでに述べたように、戒能通孝氏が全面的に関与した『山梨県山中浅間神社入会裁判』において、裁判所は、入会権存在の有無についての民法的側面について川島武宜・渡辺洋三の両氏にたいして鑑定を依頼している。また、法制的側面において石井良助氏に鑑定を依頼している（さらに、林学の佐藤大七郎氏の鑑定がつけ加えられる）。そこで、川島・渡辺氏は、入会理論と実証的調査にもとづいて入会の存否を検証して『鑑定書』(28)を裁判所に提出している。

この事件では、同一の事件について川島・渡辺・石井氏等と、戒能通孝氏とでは入会権の解釈や存否がわかれたが、甲府地方裁判所は、川島武宜・渡辺洋三・石井良助氏らの『鑑定書』を全面的に採用して戒能通孝氏の『準備書面』と『証言』を全面的に斥けて、山中浅間神社に入会権の存在を認める判決を下した。そうして、控訴審である東京高等裁判所(29)も、上告審である最高裁判所(30)も一審判決を支持し、右の『鑑定書』にそって入会権の存在を認めた。

川島武宜氏は、『鑑定書』において、従来の入会権判決にたいし、「従来一般に民法学者が入会権について説明するところは、幕末ならびに明治初年の入会権に関するものを一般化したものであって、明治以後に広汎且つ深刻な変化の過程を経てきている今日の入会権の説明としては適切でなく、また入会権の性質に関する理論的研究も、特にこれらとの変化との関連で十分に明らかにされているとは言いがたい[31]」、と指摘し、さらに、「従来、入会権は、入会的利用に焦点をおいて説明され、その結果『入会権』はいわゆる『入会』的利用……を不可欠の内容とする権利であるかのごとく説明される傾向がある[32]」（傍点は原文）、と述べている。その理由は、「入会権に関する民事上の訴訟事件の多くが明治年間（特に明治初年）に起ったものであり、そのほとんどすべてが入会の利用範囲に関するものであったこと[33]」、というように、「入会」の権能、すなわち使用・収益の有無、ないしはその範囲および量的な争いが訴訟の内容であったことによるからなのである。したがって、こうした内容の訴訟の判決からのみ入会権について解釈するならば、使用・収益が権利というかたちにならざるをえないであろう。ここには、歴史学、とくに農業史・林政史学の研究成果の入る余地がないのは当然である。そこに、解釈学の一つの限界をみることができよう。これにたいして、川島武宜氏は、法社会学の視点から実態調査を研究の基礎におきつつ、入会権の構造的な特質――すなわち、権利主体としての村落共同体――から入会権の内容を明らかにしたのである。そうして、「今日においては、明治初年の判例にあらわれたような利用形態（私のいわゆる古典的利用形態）を中心とする入会権は、もはや決して支配的ではない。したがって、今日、入会権を法律上問題とする場合には、利用形態のこのような歴史的変化に留意する必要があり、その際には、明治初年の諸判決において典型的に見られるような古典的利用形態をもつ権利のみを、『入会権』だと解する誤りにおちいることのないよう、注意する必要がある[34]」、と述べている。

このことはまさに、戒能入会権論の欠陥とその限界を鋭く指摘したものである。

それでは、川島武宜氏の入会権論とはどのようなものであろうか。川島武宜氏は、入会権の諸要素につ

いてつぎのように述べている。(35)

(1) 権利主体が、一定の地域集団たる「共同体 Gemeinde」（後述五一頁注（2）参照）であること。徳川時代以来、ほとんどすべて(3)の入会主体は、村またはその部分集団たる『集落(4)』もしくは『集落』の結合体であった。

（3）私がここで「すべての」と言わないで「ほとんどすべての」と言うのは、阿蘇小国村の草地に見られるような・いくつかの「部落」のそれぞれの中に在る小さな隣保的集団が構成する共同体が、一つの入会権の主体である場合もあるからである。この場合には、この主体は一つの地域にまとまって共同体を構成しているのではないという点で、これを「部落」と呼ぶことは従来の用語慣習に反し適当でないと考えられるからである。また、このような入会主体を構成しているところの・それぞれの部落の中の数家族（全部ではない）は、かならずしも一つの地域にまとまって集団をなしているわけではないのであるから、その数家族の集団もまた「部落」と称せられるに適していない——すなわち、この入会主体による入会は、「数村入会」ともその構造を異にしている——のである。しかし、このような入会主体は全く例外的であり、「ほとんどすべての」入会は、「部落」を主体とする入会なのである。

（4）ここで「集落」というのは、ひとつのまとまった地域に居住する者によって構成される隣保集団たる「共同体」を指すものとする。隣保集団という概念については、Max Weber, Wirtschaft und Gesellschaft, 1.Bd., 3.Aufl, S.215 f.（§2 Nachbargemeinschaft, Wirtshaftsgemeinschaft und Gemeinde）。および大塚久雄『マックス・ヴェーバーのアジア社会観——とくに彼の共同体理論について——』東京大学経済学部日本産業経済研究施設研究報告17 一九六七年二頁以下を参照されたい。

(2) 入会主体が一定の地域または水域を共同して支配していること。ここに私が『共同支配』ということばで意味するところは、次のことである。すなわち、それは、地域集団の構成員が——一種の近代法たる（旧）町村制や（現行）地方自治法における町や村のごとき・その構成員とは別の独立の存在をentityであるところの地域集団の構成員とは異り――、各個人独立してではなく総員一致して――その結果、集団構成員が同時に集団的統一体として――、権利内容たる行為（権能）を行なうことを意味するのである。権利のこのような共同的帰属は、オットー・ギールケの概念スキームによると、彼のいわゆるGesamthandの一場合である。すなわち、入会においては、一定の地域または水域に対し一定の地域集団の構成員が、その構成員たる資格――その資格が何であるかが、まさに問題であり、それぞれの時代や場所によって差異があるが、しかも一定の共通点を含んでいる――にもとづいて、客体に対する支配の権能を有するのであり、特に注目すべき特色は、その地域集団構成員がその地域から転出して他の地域に移住したときは入会権者としての資格を失う――しかも通常は何らの補償を受けることなしに――という点である（このような・地域集団のGesamthand的支配を、私は総手制とよぶことにしたい）。（註5・6は省略）

(3)　入会全体が入会客体の上に及ぼす支配の権能は、前述したように、かならずしも利用にかぎらない。有体物の上に使用・収益・処分等の支配を全面的包括的に及ぼし得ることを内容とする近代的私所有権制度が成立する以前の社会においては――明治の近代的私所有権制度以前、特に徳川時代においては――、外界の有体物、特に不動産に対する支配は、その現実の利用形態にもとづいて観念され規制されたから、入会ももっぱらその利用の形態を中心として観念されていたが、それにもかかわらず、その管理や処分の権利関係も問題となっていた。すなわち、入会地上に定着する産出物（毛上）に対する総手的支配のみならず、毛上の定着する地盤そのものに対する総手的支配も存在していたのである。

以上のことは、係争地の入会権について具体的に「鑑定」するための入会権の理論的前提条件であるが、それはまた、理論と実証を重ねて研究してきた川島入会権論の基本でもある。

このようにみると、入会権利者を自然人である農民と捉え、農業と関連させて、その使用・収益と直結させる戒能入会権論と、所有権ならびに村落共同体を中心とする川島入会権論とは大きく異なっていることが理解できるであろう。しかし、ここでは詳論しないが、川島武宜・戒能通孝氏の入会権論は、例えば入会権を徳川時代に特徴的な封建的権利関係に直結させて理解している点において共通しているが、この点については検討を加える必要があるように思われる。(36)

六

かつての村落共同体ないし入会集団においては、その生活やそこでの生産が入会地の自然的条件に直接・間接に規定されていたので、村民（入会集団）が山林・原野（草地）等を支配・所有してその自然的状態を維持することは重要なことであった。そのため、これらの自然的状態を容易に変えることはなかった。また、この自然状態が村民（入会集団）の社会的環境と密接に関係したから、山林の維持・管理については、成文・不文をとわず、厳格な掟（規範）が存在した。したがって、入会を理解するには、入会の実態を調査することが必要な作業である。もちろん、入会についての実地調査を数多く行なったからといって、入会について適確な理論を構築することができるというものではなく、また、研究会を数多く開いたり、入会に関する研究書、判決、資料を読んだからといって、ただちに入会権について精通するということにはならないであろう。しかし、それにもかかわらず、入会に関する原資料、実証的研究や理論的研究、さらには入会に関する判決や資料を数多く読みこなさなければ、入会の現実や理論を明らかにすることができないことも確かであろう。「ローカル・コモンズ」研究者が入会を研究対象とするときにも、その専攻いかんにかかわらず、こうした作業は不可欠である。

しかし、われわれが参照した「コモンズ」論をみるかぎり、「コモンズ」論の特徴の一つとして、入会権抜きの入会論——論理的にも法律的にも矛盾するが——があること、ならびに研究ないしは適確な実態調査がなされていない面があることを指摘することができるように思われる。確かに、「コモンズ」論と法社会学とでは立論、方法論や視点ならびに調査方法などを異にすることもあるから、「コモンズ」論者は、必ずしも法社会学の入会研究に立脚したり、入会の権利関係を理解して、「コモンズ」論を展開する必要がないであろう。しかし、「コモンズ」論者が「共有地の管理」とか「共有資源の管理」、あるいは「共同性」とか「総有」というものについて入会を重ねて論ずるかぎり、たとえ専門の分野が異なっているとしても、入会権の内容、とくに私権的性格および団体的性格を無視してよいということにはならないであろう。したがって、その法律上の性格（規定）が研究史に照し合わせてあいまいな「公共性」ならびに「公」ということばで意味内容を要約し、定義のことばとして入会に言及するときには、そのことばの内容を厳格に規定して、これを明示することを、とくに考慮すべきであろう。コモンズ論者は、入会権が存在しないと明確に指摘することができるところでは自然環境論、開発論、地域社会論を自由に展開してもよいが、入会集団の存在をみるところでは、入会権の歴史や入会集団の基本的性格と構造と内容、そうして存在意義に十分に論求するとともに、その役割についてを明らかにすべきであろう。このことはまた、とくに法社会学についてもあてはまるであろう。しかも、今日では、法社会学じたいが概念法学的研究に向かう傾向にあるので、法社会学からの「コモンズ」研究、とりわけ「ローカル・コモンズ」研究は、入会についてのフィールドワークを基礎においた実証と分析を十分に踏まえなければならないであろう。「コモンズ」論者が入会権ならびに入会集団を無視して自説を主張するならば、そのような「コモンズ」論は入会理論にとっても入会集団にとって有害なものとなるばかりでなく、学問にとっても有害となる。

明治維新以来、政府は、国家政策の「近代化」の美名のもとで富国強兵策・戦争（準備）体制を遂行するために、入会地（林野）において村民の再生産構造を考慮することなく、一方的にその政策を強行してきたこと。ならびに、その再版とでもいうべき「近代化論」で関係省庁によって入会権の制限あるいは消滅政策にたいして民法学者らが参加したことを、十分に認識すべきである。「ローカル・コモンズ」論者や法社会学者が入会にたいして現実に行なわれていた富国強兵政策を歴史的にも実態的にも十分に研究・顧慮することなく、入会地にたいして自らの思っていることを一方的に押しつけようとするならば、このような研究態度は、政府の富国強兵策と同工異曲であろう。「ローカル・コモンズ」論者も法社会学者も、入会地・入会権が明治初年以来の明治政府による長い収奪政策と否定の論理にさらされてきたという歴史的事実を具体的に認識し、「近代化」ということばをそのまま鵜呑みにせず、入会権の私権的性格およびその団体的性格を正しく理解した上で、自らの主張を展開すべきである。

(1) 日本法社会学編『コモンズと法』法社会学七三号（二〇一〇年）。
(2) 樫澤秀木「『コモンズと法』企画趣旨説明」前掲注(1)法社会学七三号一頁。
(3) 樫澤・前掲注(1)法社会学七三号一頁。

(4) 村田彰・北條浩「入会権論と『コモンズ』論の接点——入会の『近代化』との関連において」(『流経法学』一〇巻二号) 二三頁以下 (二〇一〇年)。

(5) 楜澤・前掲注(1)『法社会学』七三号二頁。

(6) 村田・北條『前掲書』(4)参照。

(7) 大審院判決大正一〇 (一九二一) 年一一月二八日民録二七輯二〇四五頁。

(8) 判決として、例えば、後掲注(22)に掲げた最高裁判所昭和五七 (一九八三) 年七月一日をあげることができる。学説については、川島武宜編『注釈民法(7)物権(2)』五八五頁以下〔執筆担当者は潮見俊隆〕(一九六八年、有斐閣) 参照。

(9) 中尾英俊教授は、入会地盤の所有名義の例として、①個人名・数名名義・全員記名共有、②総代名義 (肩書付)、③大字・区・郷・旧村・部落・組、④市町村・財産区、⑤共有 (氏名の記載がないもの)、⑥神社・寺院、⑦共同組合・生産組合・農事実行組合、⑧会社・社団または財団法人をあげている (川島武宜・川井健編『新版注釈民法(7)物権(2)』五二六頁〔執筆担当者は中尾英俊〕(二〇〇七年、有斐閣))。

(10) 大審院明治三九 (一九〇六) 年二月五日判決、『民事判決録』一二輯一六五頁。

(11) 内務省の政策については、北條浩『日本近代林政史の研究』(一九九四年、御茶の水書房)、同『部落・部落有財産と近代化』二〇〇二年、御茶の水書房。同『日本近代化の構造的特質』二〇〇八年、御茶の水書房。などを参照されたい。

(12) 山田盛太郎『日本資本主義分析』三二頁。一九二九年、岩波書店、五版。

(13) 楜澤能生「持続的生産活動を通じた自然資源の維持管理——ローカルコモンズ論への法社会学からの応答」前掲 (注1)「コモンズと法」二〇四頁以下。

(14) 楜澤『前掲書』二一一頁。

(15) 楜澤『前掲書』二〇九頁。

(16) 楜澤『前掲書』二〇九頁。

(17) 楜澤『前掲書』二一〇頁。

(18) 楜澤『前掲書』二一〇頁。

(19) 甲府地判昭和四三（一九六八）念七月一九日（地上権確認等請求事件）民集三六巻六号九一九頁、下民集一九巻七・八号四一九頁、訟月一四巻八号八三頁、判例時報五四四号九頁、判例タイムズ二二四号九六頁。

(20) 本文で挙げた『準備書面』および戒能氏の『証人調書』（原本番号昭和四二年民第八号の一）については、山中浅間神社有地入会管理組合（高村不二義組合長）において閲覧することができる。

なお、戒能氏は、右の『準備書面』において、「大正四年三月一六日大審院判決（民録二一輯三三八頁）に従えば、旧時代の入会地であろうとも、明治初年の山林原野官民有区別にあたり、官有地に編入された分については、官有地編入と同時に入会権は消滅したというのであるから、仮に本件係争地を含む旧山中村山林原野に旧時代中入会権があったとしても、その山林原野の入会権は、明治九年の官有地編入処分と同時に消滅しているとみなければならない」、と主張している。しかし、右の『証人調書』では山梨県下で官有地編入が行なわれることについて、「この官有地の中には入会地も相当大量にはいっていたと考えなければならないと存じます。それが官有地になった結果、当然入会権がなくなってしまったというふうに考えることは、はなはだ不当な結果をきたすわけであります」（四～五頁）、と述べている。この矛盾した表現は、前者が訴訟の代理人として、後者が学者として、というように立場をわけているからであろうか。

(21) 北條浩編『北富士の入会慣行——山梨県・富士北麓の入会慣行座談会』（一九七三年、徳川林政史研究所内林野制度研究会）において、高村不二義氏（当時は山中湖村議会議長・氏子総代）は、馬「一頭がひと冬越すには三十駄は必要」（四頁）、と述べている。

(22) 栁澤・前掲注(13)二一〇頁。

(23) 戒能通孝『民法学概論』八九頁、一九五六年、日本評論社。

(24) 末弘厳太郎『物権法』六八三頁以下、大正一一年、日本評論社。

(25) 我妻栄『物権法』三一六頁、一九三〇年、日本評論社。同、二九七頁、一九五二年、岩波書店。

(26) 川島武宜『民法Ⅰ』二五五頁、一九六〇年、有斐閣。

(27) 川島武宜『ある法学者の軌跡』一三七頁以下（一九七八年、有斐閣）。

(28) この『鑑定書』は、その後、「山梨県山中部落の入会権」（法学協会雑誌八六巻一号、一九六九年）と改題されて出されたほか、『川島武宜著作集第九巻』（一九八六年、岩波書店）にも収められている。以下では、『川島武宜著作集第九巻』で引用頁を示すことにする。

(29) 東京高判昭和五〇（一九七五）年一二月二六日、民集三六巻六号九五三頁、訟月二二巻一号一頁。
(30) 最高裁判所、昭和五七（一九八三）年七月一日判決、民集三六巻六号八九一頁。
(31) 川島『前掲書』八頁。
(32) 川島『前掲書』八頁。
(33) 川島『前掲書』九頁。
(34) 川島『前掲書』九頁。
(35) 川島『前掲書』一〇頁～一二頁。
(36) その他にも、ゲヴェーレ（Gewere）論を適用して入会権を構成することにも検討を加えるべきである。ゲヴェーレを近代的土地所有権と対立する封建的な「所有」と捉え、入会権をゲヴェーレと規定するならば、入会権は前近代的な権利と位置づけられるので、解体されるべきことになるからである。詳細については、北條浩「入会権解体の行政的要因――部落有林野統一政策と入会近代化法政策」、戒能通厚・原田純孝・広渡清吾編『渡辺洋三先生追悼論集日本社会と法律学――歴史、現代、展望』（二〇〇九年、日本評論社）四七一頁以下を参照されたい。また、このように考えると、そもそも徳川時代の「所有」（所持）の基礎構造を規定づける際に、ゲヴェーレ論に依拠して封建的土地所有を「領主的所有」と「農民的所有」の重畳的所有と概念構成すること自体にも検討を加える必要があるように思われるのである（村田彰「三田用水事件における渡辺洋三氏の『鑑定書』」流経法学八巻一号五五頁〔二〇〇八年〕参照）。

〔追註記一〕
「コモンズ」論者が、日本の入会について実地調査を行なったり、研究の対象とするときに、『入会林野近代化法』の論旨や、民法学・法社会学者の「近代化」論をどう克服するかは、きわめて重要な課題である。入会権を前近代的な権利関係と位置づけ、これを個別的私的所有権利へ移行させることをもって――すなわち入会権の解体――入会権の近代化だとすると、当然のことながら入会団体（集団）は解体する。
　ローカル・コモンズないしは法社会学において、入会を研究する場合、資料はもとより実態調査をしなければならないのは言うまでもないことであろう。しかし、その実態調査がいかなるかたちと意識で行なわれたかが問題である。実態調査をしたからというだけで入会が解明されるわけではないからである。これは、とくにコモンズ研究者のフィールド・ワークにも要望したい。ということは、ときには、その実態調査が誤った入会についての認識を生むことにもなるからである。

たとえば、長野県志賀高原についての例についてみる。些細なことで、ことさらとりあげて指摘するまでのことではないが、長い間、かかわってきていたのでなんとなく気にして注意する。

その一つは、志賀高原の権利者集団である財団法人・和合会の自然保護と環境保全についてである。実態調査によって、環境保全活動の一例としてあげた「タケノコ、山菜の採取制限」では、「タケノコ・パトロール」を和合会が組織して、商品価値が上がったために外部の者が「タケノコ、山菜」の採取とこれにたいするゴミ捨ての防止や制限にあたる。「三週間あまり」のシーズン中である。この監視は、入山料（採取料金）を支払わないで「タケノコ、山菜」を採取する者を取り締まることと、入山料は一人であるにもかかわらず、複数の者が行なうことを監視し、かつ、大量の採取も監視することになる。いわば、タダで山資源を採取し、そのうえゴミを捨てられてはかなわない、ということである。入山には、地元以外の業者が不法に入り込んだりするために、権利者である和合会員の採取ができなくなるということもあった。環境保全運動とは関係がない盗採の監視である。タケノ子の採取期間のパトロールというのはこのようなものである。現在では、和合会員以外の採取は禁止されている。

コモンズ論者や、法社会学の研究者は、「公」とか「共」とか「私」とか「協働」ということばによって、入会林野の自然保護ないしは環境保全をあらわそうというのであろうか。それらのことばを使用することによって、入会の内容が集約されてわかるかどうかは知らない。とにかく、その二つは、書かれたものについてみると、「公」は農林省・長野県——環境省は入らないのであろうか——を指し、「共」は財団法人・和合会を指し、「私」はバンダイナムコホールディングスという私企業を指し、「協働」とはこれらの合体による作業というように解される。このことばによるわけかたが学術上にどのようなかかわりがあるのかは知らないが、少なくとも、「公」と「共」による「協働」が、完全な意味における自然保護や環境保護をいかに破壊したかは、志賀高原を訪れた者は観光施設を見れば一目瞭然であろう。かつて、一九九八年の長野冬季オリンピックの施設のために、大量の林木や自然性の植物等が伐採され、これを目にした古老が「泣けてきた」といったこともある。「公」がこれを容認したどころか推進したのであるから自然破壊の「協働」にほかならない。さらに、和合会員で地元のリフト業者・宿泊業者（観光協会長）が自己の利益のために、「公」の出先機関のレンジャー（環境省国立公園自然保護監督官）と「協働」して禁伐林である保安林を土地・山林の所有者である和合会の許可なく大量に伐採し、関係者は和合会からペナルティを課せられたこともある。このたぐいの「協働」はいくらでもある。調査は慎重にしなくてはならないであろう。さらに、「公」・「共」・「私」・「協働」なる無概念的なことばをもって和合会が、自然の保護や環境保全を行なっていることを位置づけるのは問題が残る。

その三つは、和合会が山の内町に金円を寄付したことをもって、「公」・「私」の「協働」とみていることについてである。この寄付は、和合会が属するもう一つの地域社会である沓野区にたいする補助金を、税制上の問題から公共団体を利用したまでのことであって、いうところの「寄付」ではないし「協働」でもない。出典（宮平慎弥「入会とガバナンス」、二二五〜二三九頁、村田彰・植村秀樹編『現代日本のガバナンス』二〇一一年）。

〔追註記二〕

本書において山梨県北富士の地方自治法上の一部事務組合である「富士吉田市外二ヶ村恩賜県有財産保護組合」（以下、恩賜林組合と略称）について、私はかつて実質的には旧一一か村の入会組合が構成母体であり、権利主体であると述べてきた。これは、川島武宜氏も同じである（『川島武宜著作集』第九巻、前出）。

しかし、この認識は、そのまま今日に適用されるものではない。なぜならば、恩賜林組合が現在においてもなお旧一一か村の入会組合を母体としているかどうかは、われわれにとって、恩賜林組合の法的実態については、かなり以前の認識によるものであって、現時点では調査をしていないからである。さらに、旧一一か村の入会組合という組織は名称上はあっても、実態的にはそのなかの入会組合は入会権利者集団としての実質がないように思われる、というような伝聞があるからである。旧一一か村の入会組合の一つである「忍草入会組合」については、すでに指摘したように、その『入会組合規約』上からでは入会組合ではないことはともかくとして――戒能通孝入会理論をそのまま受け入れて入会組合規約とした当時の指導者・天野重知氏の責任と、今日までこのことを指摘されながら依然として入会組合の規約としてきている歴代の幹部による自滅としかいいようがないものである。――、他の「入会組合」（と言われている）には、すでに入会権の基本的権利者集団の性格と実質的に失っていると思われるものがあるように思われるからである。

ということになると、恩賜林組合の実質的構成母体である旧一一か村入会組合は、一一の旧村（部落）から成る入会組合ではなくなり、その入会組合の数は少なくなる。と同時に、恩賜林組合が入会組合の信託をうけた入会財産の維持・管理団体であるという基本的性格を保持しているか、どうかは問題があるところである。これもまた調査の必要があろう。ということは、市村から選出される議員が、恩賜林組合の議員となるとき、選出された地域（入会部落）からの選任された代表としての意識や使命感に欠ける者もあり、したがって、入会組合の意向を反映しない者がいるからである。

恩賜林組合もまた、土地財産等を処分するとき、あるいは、相当の支出をするときに旧一一か村入会組合の同意によったか、ということである。さらに、恩賜林組合によって市村に配分される金円は、入会組合の収益であり、これを制度上において地方自治体を経由して入会組合に配分するものであるから、市村が配分金の窓口であるにすぎない。しかし、この窓口であることによって、地方自治体の一般会計へ繰り込み使用することは法律違反である。

これらを勘案すると、まず北富士旧一一か村の入会組合を、本来の入会集団によって再編すべきである。すでに入会集団としての本質を失っているものは自動的にこれまでの一一か村入会組合から脱落することになるから、旧一一か村という名称も構成も変化する。つぎに、恩賜林組合が、その組織・構成、そうして実質上の入会集団として本質を失っているのであれば、これを解散して、その財産の維持・管理を本来の私法集団である入会組合に返還することも考えられる。もともと、恩賜林組合の財産の処分は入会組合の同意なくしては行なうことができないのであるから、返還そのものは大きな問題ではない。あるいは、現行法制のもとにおいて、恩賜林組合を入会組合との関係において再編成することも考えられる。

いずれにしても、規約上においても、手続上においても入会ないしは入会集団の構成を明記し、その正しい法律的規定にもとづいて財産の管理・運営を制度化するとともに議員の資格と位置づけ、権能等を明記するべきである。「内規」というかたちをとることも重要な方法の一つである。

あとがき

私が「入会」を知ったのは、一九五五年頃に大学のサークルで山梨県大月市の旧村の歴史調査を行なったときである。徳川時代の入会関係の文書を解読していたときに、入会と、この地方の家内手工業である「甲斐絹」の養蚕・製糸・製織が入会と密接なかかわりがあったことを示す、いくつかの文書に与味をおぼえた。入会を知ったのも初めてであるし、この地方の主要産業が入会の存在を前提として存在し、発展したことを知ったもの初めてである。養蚕を目のあたりにしたのも初めてである。

サークルの連中は、それどころか別のところに与味をもっていたことから、入会ならびに入会と産業の関係についてはあまり与味を示さなかった。私や、二、三の学生は、入会権の権威者と言われている戒能通孝氏の『入会の研究』を読んでいた者もいたが、サークルの合宿で入会の古文書を見たり、実態調査にあたった者は、戒能通孝氏の著者が役に立たないばかりか、入会について知らないのではないか、ということで深く参照することはなかった。私も、その合宿ではそれほど深く入会について追求し研究したわけではない。しかし、この入会が生涯の研究テーマ――しかも、もっとも長い専門研究――の一つとなることをこの時には予想もしなかったのである。

大学院での専門研究は製糸産業史を地方から捉えたものであったから、大学時代のサークルでの経験の延長にあったともいえる。

地方における家内工業——養蚕・製糸・製織——と入会との関係に、大塚久雄教授（東京大学）の共同体論と中田薫教授（元・東京大学）の村ならびに総有論が加わり、古文書の解読や実地調査が行なわれ、これに参加した者達からは戒能通孝氏の「所持論」の空理・空論が確認されるとともに、入会についてもほとんどで価値がないなどと指摘された。学会での発表も研究テーマを発展させたものであった。さらに、学会誌での論文では、製糸・製織の家内工業と入会との関係を明らかにしたものではあったが、論文の審査にあたった早稲田大学の某教授から入会についての個所のカットを指示され、不本意ながら同意して発表した。しかし、別の学会の発表では、入会を正面から取り上げて、家内工業との関係を明らかにしたが、入会研究者が少なかったせいか、あまり反響はなかった。

学会発表後に、東京大学大学院農業経済研究科教授の古島敏雄先生から研究の機会を与えられたが、これは産業史であって、古島敏雄先生が発表された近世入会のすぐれた研究に接続するものではなかった。しかし、研究は有意義であった。

当時、入会研究は、東京大学法学部の川島武宜教授研究室内に置かれた先生主宰の「入会権研究会」・「温泉権研究会」の法社会学研究が、理論と実証の両面において絶大なる成果をあげていたときである。その頃、私はまだ入会にたいして感心を失っていなかったし興味はあったので、古島敏雄先生から渡辺洋三先生を経て川島武宜先生に紹介され、研究に参加することになった。川島武宜先生には、入会判決・解釈ならびに実態調査ばかりでなく、大塚久雄教授の共同体論をはじめマックス・ヴエーバー、オットー・ギールケ、カール・マルクスについての所有論と共同体論を教示していただき研究した。川島武宜先生のもとで入会権について法社会学の視点から初めて書いたのが――その以前の温泉研究の論文は別として――、一〇〇頁をこえる「御料地・県有地入会と法律」（川島武宜・潮見俊隆・渡辺洋三編『入会権の解体Ⅲ』岩波書店）である。川島武宜・渡辺洋三先生の入会権と温泉権についての「鑑定書」の作成についてはすべてかかわりをもち、実地調査を行なった「鑑定書」の作成には、自由な雰囲気のもとで先生とのディスカッションや資料の検討にもあたったから、きわめて恵まれた研究者としては他に類例をみない貴重な経験であった。

その後、福島正夫先生のご指導のもとに『民法』制定過程における実証的研究を徹底的した共同研究で行ない、さらに先生の「鑑定書」の作成にもかかわり、先生が病床にあるまで身近に研究することができたのも幸運としか言いようがない。

「コモンズ」とのかかわりは、マーガレット・マッキーン氏が東京大学へ留学したときに始まる。渡辺洋三先生からマッキーン氏が入会について興味があるようなので、フィールドワークとともに研究の指導をして欲しいということで引き受け、当時、研究の一つの拠点としていた北富士の旧三か村（山梨県山中湖村の山中・平野・長池の三部落）を選んだ。その理由は、私が三部落の入会についてかかわりをもっていいるばかりでなく、三部落の一つである山中部落において入会裁判が継続中であり、この裁判に入会部落を主導している高村不二義氏をその初めから援助していたからである。高村不二義氏の家に宿泊して実際に入会についてのヒヤリングができるとともに、高村不二義氏の主導力によって多くの人達の協力がえられるからである。高村不二義氏がいなければ裁判はとうてい勝味はなかったであろうし、マッキーン氏のコモンズ研究もなかったであろう。

その後、マッキーン氏がアメリカ・デューク大学で「コモンズ研究会」をつくるときに私も参画した。

それが縁で、アメリカ歴史学会で研究発表をしたり、デューク大学で研究発表をしたり講義もした。しかし、「コモンズ」については、その事例報告や研究などは私にとって刺激となるようなものではなかった。このことは、学問研究の視点の差からくるものであるばかりでなく、その当時の川島武宜・福島正夫・渡辺洋三先生等の主導による入会研究の質的なレヴェルの差からくるものである。つまり、共同体論を含めて、入会についての豊富な知識や理論の蓄積にもとづいていたからである。このことは私にとって今日にいたるまで変っていない。

日本におけるコモンズ研究が、その視点を、かつての法社会学的入会研究——法解釈学ではなんらのうることはない——を十分に理解して、明確に視点を確立することである。

終わりに、オストロム教授とお会いしないまま先立たれた痛恨を哀悼の辞に代える次第である。

著者紹介

北條　　浩（ほうじょう　ひろし）

東京市神田に生れる。

千葉敬愛短期大学講師。徳川林政史研究所主任研究員、同客員研究員。

帝京大学法学部教授、同大学院法学研究科教授、同文学部教授、アメリカ・ヴァージニア州立ジョージメイスン大学客員教授等を歴任。

主要著書

旧慣温泉権史料集（川島武宜監修・北條浩編著、一九六三年、宗文館書店）、下呂温泉史料集（川島武宜監修・北條浩編著、一九六七年、日本温泉協会）、城崎温泉史料集（川島武宜監修・北條浩編著、一九六八年、湯島財産区）、集中管理からみた温泉に関する権利の法制的研究（川島武宜氏と共著、一九六九年、厚生省）、河口湖水利権史（一九七〇年、慶応書房）、赤倉温泉権史論（一九七五年、楡書房）、温泉の法社会学（二〇〇〇年、御茶の水書房）その他。

入会・入会権とローカル・コモンズ

2014年 6 月 5 日　第1版第1刷発行

著　者　北　條　　浩

発行者　橋　本　盛　作

発行所　株式会社 御茶の水書房

〒113-0033　東京都文京区本郷 5-30-20

電話　03–5684–0751

FAX　03–5684–0753

振替　00180-4-14774

DTP　（株）アイ・ハブ

Printed in Japan

印刷・製本／平河工業社（株）

ISBN978-4-275-01036-0　C3021

北條浩著作